北京外国语大学汉语国际推广多语种基地
北京外国语大学中国海外汉学研究中心　联合项目
国际汉语教育史研究丛书

近代西方汉语研究论集

张西平　杨慧玲　编

2013年·北京

图书在版编目(CIP)数据

近代西方汉语研究论集/张西平,杨慧玲 编. —北京:商务印书馆,2013
(国际汉语教育史研究丛书)
ISBN 978-7-100-09507-5

Ⅰ.①近…　Ⅱ.①张…②杨…　Ⅲ.①汉语—文集
Ⅳ.①H1-53

中国版本图书馆 CIP 数据核字(2012)第 226688 号

所有权利保留。
未经许可,不得以任何方式使用。

近代西方汉语研究论集
张西平　杨慧玲　编

商 务 印 书 馆 出 版
(北京王府井大街36号　邮政编码100710)
商 务 印 书 馆 发 行
北 京 市 艺 辉 印 刷 厂 印 刷
ISBN 978-7-100-09507-5

2013年12月第1版　　开本 880×1230 1/32
2013年12月北京第1次印刷　印张 12 1/4

定价:37.00元

国际汉语教育史研究丛书

策　　划：北京外国语大学汉语国际推广多语种基地
　　　　　北京外国语大学中国海外汉学研究中心
　　　　　世界汉语教育史研究学会

主　　编：李宇明　张西平

副 主 编：柳若梅

编委会成员（按音序排列）：
　　　　　陈国华　冯　蒸　李雪涛　李宇明
　　　　　柳若梅　马西尼（意大利）
　　　　　孟柱亿（韩国）　内田庆市（日本）
　　　　　王建勤　姚小平　张西平　张晓慧
　　　　　张　博　赵金铭　周洪波

目　录

导读……………………………………………张西平　杨慧玲　1

西方近代以来汉语研究的成就………………………张西平　5
中国语言学中的"周边"研究法
　　——以文化交涉学领域之一的角度…………[日]内田庆市　33

《耶稣会士在音韵学上的贡献》补
　　——昭雪汤若望文件中的罗马字对音……………罗常培　55
罗明坚、利玛窦《葡汉辞典》所记录的明代官话……[美]杨福绵　87
马礼逊的《中文字典》和官话拼音方案………………周有光　149

普遍唯理语法和《马氏文通》…………………………陈国华　153
20世纪以前欧洲汉语语法学研究状况…………[法]贝罗贝　175
近代欧洲人撰写的汉语语法
　　——《华语官话语法》及其语言和语法特点…[日]西山美智江　188

艾儒略对汉语的贡献
　　…………………[意]马西尼著　孟伟根译　黄河清校　199
17世纪耶稣会士著作中的地名在中国的传播……[意]保罗　225

西方新概念的容受与造新字为译词
　　——以日本兰学家与来华传教士为例……………［日］沈国威　261
17、18世纪西方传教士编撰的汉语词典
　　……………………………………［意］马西尼著　钱志农译　289
SANGLEY语研究的一种资料
　　——彼得·齐瑞诺的《汉西辞典》……………［日］高田时雄　304
荷兰汉学研究的首座丰碑
　　——赫尔尼俄斯的手稿荷-汉词典与汉-拉《基督教概要》
　　……………………………………［荷兰］高柏著　杨慧玲译　321
艾约瑟《上海方言词汇》略说………………………………姚小平　355
《汉字西译》考述……………………………………………杨慧玲　370

导　　读

张西平　　杨慧玲

近代东西文化的沟通始于语言。近代西人入华之初，为了适应中国环境，他们首先致力于学习中国语言。为了直观地记录语言的发音，他们发明了音写汉字系统——拉丁字母注音方案；为了满足西人学习汉语的需要，他们编写了带有西人汉语研究印记的中文语法书和汉—欧语言的双语词典。近代的中西语言文化交流就此拉开了帷幕。从16世纪至19世纪末，来华耶稣会士、欧美新教传教士、欧美驻华外交官、海关洋员等西人的汉语著述传统，延绵300余年而不绝。

近代西人的汉语著述中，汇聚着他们的汉语研究成就。张西平认为，佛教传入后对汉语语言的影响，学界已出版了一批学术成果，然而对近代基督教传入中国以来，在汉语语言方面的影响以及近代西人的学术贡献，仍未引起学界的足够重视。有鉴于此，他对近代西人在汉外词典编纂、汉语语法研究、中文拉丁字母注音、近代汉语外来词等方面的汉语语言研究成就做了综述，充分肯定了近代西人语言著述的学术价值，倡导学界重视这批学术遗产。内田庆市提出的"周边"法研究中国语言颇有新意。他论述了欧洲人汉语研究资料的有效性，指出：自16世纪，以基督教传教士为主、从语言学角度对汉语语言的研究，对汉语的特征做出了准确的阐述，而且通过欧洲语言观照汉语,西方人更能把握中国人习而不察的语言现象。

　　近代西人语言著述,在当代是否还具有学术价值？以音韵学和语音学史的研究为例,国内学者罗常培和周有光较早注意到近代西人的汉语著述,并对他们的注音系统进行了介绍和研究。传统的反切法研究音韵学存在不足,罗常培认为近代西人的罗马字母注音则为中国音韵学研究开创出一条新路。罗常培对利玛窦、金尼阁《西儒耳目资》的注音研究得出结论:耶稣会士对于中国音韵学的第一个贡献是用"罗马字母分析汉字的音素,使向来被人看成繁难的反切变成简易的东西";第二个贡献是"用罗马字母标注明季的字音,使现在对于当时的普通音,仍可推知大概";第三个贡献是"给中国音韵学研究开出一条新路,使当时的音韵学者,如……受了很大的影响"。继此文之后,罗常培对汉拉对照的昭雪汤若望文件的注音进行了研究,以印证耶稣会士们的罗马注音方案有无一致性。然而,受时代因素限制,《〈耶稣会士在音韵学上的贡献〉补》一文待刊登之际又被撤出,这篇文章并不多见,特收入本文集。1989年,杨福绵利用罗明坚、利玛窦合著的《葡华辞典》,利玛窦的《西字奇迹》、《传教史》,金尼阁的《西儒耳目资》,同时参照《中原音韵》和中国各个主要方言,用国际音标构拟明朝官话语音系统,取得了重大突破。周有光对马礼逊拼音方案的承上启下的重要地位予以评介。虽然以近代西人语言著述为材料的研究成果从数量上看仍然寥寥无几,然而在质量方面却达到了相当高的水平。为此,我们将这些原本发表在各处、零散而又具代表性的论文汇编成册,以此推动学术进步。

　　近代西人汉语学习和研究集大成之作主要是他们编写的汉语语法书和汉外双语词典。从世界语言史看,服务于宗教活动的语言学研究在大航海后达到了一个高峰,在华传教士们以欧洲语言编写的汉语语法书和双语词典,都是在这个时代背景中孕育发展的。陈国华把《马氏文通》与普遍唯理语法进行了比较研究,揭示了《马氏文通》对西人语法的继承与创新关系。贝罗贝继又对《马氏文通》与此前欧洲人编写的 5 部汉语语法书进行了比较,同样得出了西方学者撰写的汉语语法书是《马氏文通》的来源之一。就是说,近代西人汉语语法的结构和观念受到了希腊—拉丁语法结构的影响,继而又影响到近代中国学者的语法著作。本文集还收入了西山美智江关于万济国《华语官话语法》与西方语法学著作及在华传教士语法著作的关系的文章。通过上述研究,我们可以了解到近代西人汉语语法研究的西学、中学学术源流的交汇,以及西人汉语语法体系的内在沿承与创新。

近代中西语言文化的交流,在汉语词汇方面留下了深刻的历史印记。从 16 世纪末以来,以入华耶稣会士为代表的欧洲传教士为了传播宗教,在著述中已经开始创造表达新观念的新词。马西尼在对 19 世纪现代汉语词汇的形成进行了深入研究后,愈加重视 16 世纪至 18 世纪天主教传教士著述中的新词问题。马西尼对艾儒略 3 部著述、保罗对《职方外纪》中的地理学术语的词汇研究文章,代表了国际学界对早期中欧词汇交流及其研究取得的最新成果。沈国威对 19 世纪末 20 世纪初的近代新词问题进行了深入讨论,辨析了"近代新词"的概念和特征,高屋建瓴地对创制阶段、类型及日语词汇对现代汉语词汇的影响进行了综合阐述。

数百部由明清时期入华传教士、驻华外交官、洋员等近代西人编写的汉外双语词典,在中国双语词典史上占据重要地位。这些历史汉外双语词典,由于多从汉语口语中取材,相当全面地记录并反映了当时汉语语言的实际状况,是汉语史研究的活化石。马西尼从汉外词典源流的角度,追溯了早期欧洲传教士在菲律宾和中国编写的汉语词典,介绍了耶稣会、多明我会、圣方济各会之间的"词典之争"。高田时雄在龙彼得研究的基础上更进一步,对在菲律宾编著的珍贵手稿《汉西辞典》的作者、成书过程、文本内容进行了钩沉。高柏对1628年稿本荷汉词典的作者生平、稿本词典和《基督教概要》的各个版本以及文本内容进行了考证。入华传教士还编写了相当数量的方言汉外词典,姚小平对艾约瑟《上海方言词汇》的研究,增进了学界对传教士编写的方言词典的认识。作为汉学史和汉外双语词典史上名作的《汉字西译》并不为人所知,杨慧玲初步勾勒出《汉字西译》的成书及各个版本流传演变的概况。这些研究文章使我们对近代汉外双语词典的缘起和重要发展阶段有了更深入的认识。

　　近代西人汉语著述,是在世界范围内对汉语的研究;当代学界对近代西人汉语著述的研究,是以汉语语言为共同平台的交流和沟通。在这场学术对话中,中西学者的汉语研究互为参照,相互借鉴,相互启发,扩充了语言研究的史料,也拓展了学术研究的视野。当年王力先生在《中国语言学史》和《汉语史稿》中都强调了对这一领域研究的重要性,明确将其作为中国近代语言史研究的重要内容。希望这部文集的出版,能引起学界对近代西人汉语著述的重视,让这批宝贵的学术遗产进入汉语史、中国语言学史和世界汉语教育史的研究中去,推动学术的繁荣和进步。

西方近代以来汉语研究的成就[①]

张西平[②]

大航海以后西方经历了近四百年的学习汉语的运动,从1500年至1900年,在这四百年中西方为我们留下了一笔丰富的学术遗产。这笔遗产不仅对于研究西方汉学史具有重要意义,而且对于汉语本体的研究,对于比较文化、比较语言学的研究,对于今天对外汉语教学的研究都具有重要的学术意义。对于这笔学术遗产,至今中国和西方的语言学界都还未引起足够的重视,更谈不上系统的研究。[③]以下笔者只能概略地对这一学术遗产做一个简单的评价。笔者认为西方这一时期汉语学习和研究运动的成就表现在以下几个方面。

一 开创了汉外辞典的编纂工作

根据目前的了解,"第一部中外合璧的字典,是1575年到达福建沿海的西班牙奥斯定会会士拉达(Martin de Rada,1533—1578)根

[①] 原刊《文化杂志》中文版第48期(2003年秋季号)第169—188页,有删改。
[②] 张西平,北京外国语大学教授,中国海外汉学研究中心主任,《国际汉学》主编,在传教士汉学、中西文化交流史、世界汉语教育史、西方哲学等多个学术领域展开研究。
[③] 参阅姚小平《西方人眼中的中国语言学史》,《国外语言学》1996年第3期;《〈汉文经纬〉与〈马氏文通〉历史功绩重议》,《当代语言学》1999年第2期。

据家州土音(闽南话)用西班牙文编著的《华语韵编》。"①明末耶稣会入华以后最早编纂的双语辞典是由罗明坚(Michele Ruggieri, S.J., 1543—1607)和利玛窦(Matteo Ricci, 1552—1610)所编纂的《葡汉辞典》。该辞典大约形成于1584年至1588年之间,但直到1935年才被意大利汉学家德礼贤(Pasquale D'Elia, S. J., 1890—1963)发现藏于耶稣会档案馆,近几年来才开始有人对其展开较为深入的研究。②该辞典"葡语词汇约收6000余条,而与之对应的汉语字词只有5460多条,有540多条葡语词汇尚未找到汉语对应词"③。在西方人的汉外双语辞典编纂史上,《葡汉辞典》有不可取代的学术地位:其一,它是最早的西方语言—汉语对照辞典之一。正如杨福绵所说,虽然此时中国已有《华夷译语》,但主要是汉语与少数民族及邻国语言的对照辞典,真正的汉语与欧洲语言对照的双语辞典应是从《葡汉辞典》开始的。其二,它创造了最早的用罗马字母给汉字注音的系统,实际上是最早的汉语拼音方案,这点笔者下面还要专讲。其三,它为研究晚明语言学提供了第一手的材料。杨福绵认为根据这个辞典可以判定明朝时的中国官话是以南京话为基础的。④

《葡汉辞典》作为入华传教士所编的第一部葡汉辞典还较为粗糙,"因为它属于初创,在声母和韵母拼写法上,尚未完全定型,甚至有些模糊混淆的地方"⑤。但明清之际的入华传教士,尤其是耶稣会士,沿着罗明坚、利玛窦所确立的方向不断努力,编纂出了一大批双语辞典,甚至多语对照辞典,其数量之大、成就之高都是令人吃惊的。

---

① 吴孟雪《明清时期欧洲人眼中的中国》,中华书局,2000年,第6页。
② 参阅杨福绵《罗明坚、利玛窦〈葡汉辞典〉所记录的明代官话》,《中国语言学报》第5期;张西平《西方汉学的奠基人罗明坚》,《历史研究》2001年第3期。
③④⑤ 杨福绵《罗明坚、利玛窦〈葡汉辞典〉所记录的明代官话》。

王力达认为1575年至1800年间,传教士曾编过60多种汉语或汉外对照类辞书,大部分为抄本,约有50多种保留至今。①

这里有两点应当注意:一是耶稣会不仅编写了双语对照辞典,而且还编写了多语对照辞典。比如,孙璋(Alexandre de La Charme, 1695—1767)编有一部《汉蒙法语词典》,钱德明(Jean-Joseph-Marie Amiot,1718—1793)编了《满法词典》和《满、藏、蒙、汉、梵词典》,魏继晋(Florian Bahr,1706—1771)编了《六种语言词典》,将汉语与拉丁、法、意、葡、德等语言相对照。二是在欧洲本土各类汉外双语辞典也不断被编纂出版。德国早期汉学家门采尔(Christian Mentzel, 1622—1701)所写的《汉拉字汇》(*Sylloge Minutiarum Lexici Latino-Sinico Characteristici*)是一部识字与发音的辞典。而穆勒(Andreas Müller,1630—1694)则编出了《中文之钥》(*Clavis Sinica*)一书,这部辞典曾对莱布尼茨影响很大。从德国到俄国工作的巴耶(Theophilus Sigfredus Bayer,1694—1738)写的《中国博物》(*Museum Sinicum in quo Sinicae Linguae et litteraturae ratio explicatur…*,1730)一书介绍了中文的书写和字形,这部书无论在俄国汉学史上还是在德国汉学史上都有重要意义。② 18世纪规模宏大的《汉字西译》在拿破仑的支持下于1813年由法国皇家印书局出版,"这是一项名副其实的巨大工程,硕大的汉文方块字(14300个左右,字体为40点,大于1厘米)。其中大部分的汉字是木刻版;由法国工匠从

---

① 王力达《汉语研究小史》,商务印书馆,1963年,第12页。
② Knud Lundbaek, *T. S. Bayer* (1694—1738): *Pioneer Sinologist*, Curzon Press 1986.

近一个世纪之前的傅尔蒙时代开始制作"①。

进入19世纪以后,随着基督新教传教士的入华,新一轮的汉外双语书籍编纂热潮兴起。出现了马礼逊(Robert Morrison,1782—1834)的《华英字典》(1815—1823)、《广东省土话字汇》(1828),裨治文(Elijah Coleman Bridgman,1801—1861)的《广州土话注音》(1841),吉士的《上海土白话入门》(1855),高第丕(Tarleton P. Crawford)的《上海土音字写法》,慕维廉(William Muirhead)的《英汉字典》(1848),合信(Benjamin Hobson)的《英汉医学词汇》(1858),鲍康宁(Frederic William Baller)的《汉英分析字典》,禧在明的(Walter Caine Hillier)的《袖珍英汉字典》(1910)等一批新书。据吴义雄统计:"在1849年之前,西方各国学者编著的这类书籍有40种,其中为新教传教士编著的有17种,除上述马礼逊的著作外,麦都思、裨治文、卫三畏、戴耶尔、高德、地凡、粦为仁等新教传教士编写的中西文辞典和中文词汇、对话方面的书,尚有12种,此外还有曾在英华学院学习,后任林则徐英文译员的袁德辉著作一种。"②

其他早期新教传教士编著的中文词典如下:③

---

① [法]戴仁主编、耿升译《法国当代中国学》,中国社会科学出版社,1998年,第23页。实际上这部辞典是德经在叶尊孝(Basil de Glemona)1694—1699年所编的汉拉词典基础上,将其译为法文而成,德经将叶尊孝名字略去,只署了自己的名,此事最终被雷慕沙揭露了出来。

②③ 吴义雄《在宗教与世俗之间:基督教新教传教士在华南沿海的早期活动研究》,广东教育出版社,2000年,第500—502页。

书 名	作 者	出版时间	出版地点
Dictionary of the Hokkeen Dialect of the Chinese Language 福建省土话词典	麦都思	1837	澳门
Vocabulary of the Hikkeen Dialect 福建省土话字汇	戴耶尔	1838	新加坡
A Chinese Chrestomathy in the Canton Dialect 广东方言中文文选	裨治文	1841	澳门
A Lexilogus of the English, Malay and Chinese Languages 英文-马来文-中文词典	英华书院教材	1841	马六甲
First Lessons in the Tiechiw Dialect 潮州土话初阶	粦为仁	1841	曼谷
Easy Lessons in Chinese, adapted to the Canton Dialect 拾级大成	卫三畏	1842	澳门
Chinese and English Dictionary, 2vols 汉英词典2卷	麦都思	1843	巴达维亚
An English and Chinese Vocabulary in the Court Dialect 英华韵府历阶	卫三畏	1844	澳门
Chinese Dialogues, Questions and Familiar Sentences 汉英对话、问答与例句	麦都思	1844	上海
A Chinese and English Vocabulary in the Tiechiu Dialect 汉英潮州土话字汇	高德	1847	曼谷
The Beginner's First Book in the Chinese Language (Canton Vernacular) 中文入门	地凡	1847	香港

（续表）

书　名	作　者	出版时间	出版地点
English and Chinese Dictionary，2vols 英汉词典	麦都思	1848	上海
English and Chinese Student's Assistant，*or Colloquial Phrases*，*letters* & *c*. 英华学生口语手册	袁德辉	1826	马六甲

如果说《葡汉辞典》反映了早期天主教传教士入华时在语言上的努力，那么马礼逊的《华英字典》代表了19世纪新教传教士在双语词典编写与出版的成就。《华英字典》共有三部分：第一部分六卷本名为《字典》，按照《康熙字典》的部首排序，计约2660页；第二部分二卷本名为《五车韵府》，按英文注音检索法排序的汉英词典，计约2573页；第三部分一卷本英汉词典，计480页。

《华英字典》前后历时八年，为刊印此书，东印度公司先后支付了一万余英镑。《华英字典》是近代以来西方人在学习汉语过程中编纂双语词典的一个典型代表，其学术贡献十分明显：第一，这是第一部汉英词典，对西方人学习汉语起到了重要的作用。法国汉学家雷慕沙（Jean Pierre Abel Rémusat，1783—1835）说："马礼逊博士的《华英字典》与其他词典相比，具有无可比拟的优点。"① 第二，这同时也是第一部英汉词典，对于中国人学习英文来说不可多得。吴义雄在谈到这本书时说："它本身是当时一部比较权威的中西文词典，同时也开启了19世纪包括其他传教士在内的西方学者编纂类似辞书的

---

① Broomhall Marshall，*Robert Morrison*：*A Master Builder*，p.153，转引自谭树林《马礼逊与中西文化交流》，中国美术学院出版社，2004年，第45页。

风气,从而为近代的中西文化交流提供了不可缺少的语言工具。"①

二 开拓了中国语法的研究

西人入华以后出版的第一部关于中国语法的研究著作是多明我会传教士弗朗西斯科·瓦罗(Francisco Varo,又名万济国)用西班牙文所编的《华语官话语法》(Arte de la lengua mandarina)。这本书1703年在广州以木刻出版,②实际上作者想把汉语纳入印欧语法系统之中,他编写此书时所依据的就是1481年由内卜列加(Elio Antonio Nebrija,1441—1552)所编写的《拉丁文文法入门》(Introductiones Latinae)。

而按时间推算,此时被梁宏仁带到巴黎的中国教友黄嘉略在1716年所完成的《汉语语法》应是一本重要的书。全书分两部分,前半部分讲汉语语法、语音、生活用语、书面用语,后半部分介绍中国的一般情况。此书虽然并未出版,但在法国汉学史上是有意义的。③

真正开拓了中国语法研究的是法国入华传教士马若瑟(Joseph de Premare,1666—1736)的《汉语札记》(Notitia Linguae Sinicae)。这本书1728年写于广州,但直到1831年才在马六甲出版,1847年才被裨治文的堂弟由拉丁文译为英文出版。

---

① 吴义雄《在宗教与世俗之间:基督教新教传教士在华南沿海的早期活动研究》,第499页。

② 考狄认为"1703年在广州出版《官话语法》已不是瓦罗的最初的编写本,他最初的版本只能在傅圣泽的书中看到"。参阅许光华《16至18世纪传教士与汉语研究》,《国际汉学》第6期,大象出版社,2000年,第476页。

③ 许明龙主编《中西文化交流先驱》,东方出版社,1993年,第277—280页。近年来许明龙先生对此问题有深入的研究。

《汉语札记》共分四个部分：绪论介绍了中国的典籍、汉字书写及汉字发音的特点，并按照中文发音元音的序列列出了含有1445个常用字的简表。第一部分以口语语法为主，介绍了中文口语的基本特点和语法特征。第二部分介绍了中文的书面语言，说明了古汉语的语法和句法，古汉语之虚词及书面语的修辞方法和例句。第三部分研究已经丢失。

马若瑟的《汉语札记》在西方汉语学习史、研究史上有着不可取代的地位，这表现在以下几个方面：[①]

第一，它是西方第一部系统的汉语语法著作。瓦罗虽首开汉语语法研究之先河，但他基本上仍是以拉丁文语法来套中文语法，而马若瑟的书仅从中国各类文献中引用的例句就有13000余条，虽然仍未脱印欧语法体系，但他"力求越出欧洲传统语法的范畴"[②]，努力从汉语文献本身概括出其自身的语法规律。无论从其规模、体系、还是文献的丰富性来看，把其称为"西方人研究我国文字之鼻祖"是当之无愧的。法国汉学家戴密微（Paul Demiéville，1894—1979）把这本书称为"19世纪前欧洲最完美的汉语语法书"[③]是十分恰当的。

第二，它是首次把汉语分成白话和文言两部分来研究的著作。汉语的书面语言和口头语言历来有很大区别，许多入华传教士在学习汉语时都体会到了这一点。马若瑟敏锐地意识到这个问题的重要性，在《汉语札记》中把白话与文言语法的区分作为全书的基本构架，白话部分的材料大多取自元杂剧，《水浒传》《好逑传》《玉娇梨》等小

---

① 更为深入的研究参阅李真《马若瑟〈汉语札记〉研究》，张西平等《西方人早期汉语学习史调查》，中国大百科全书出版社，2003年，第131—165页。

②③ ［法］戴密微《法国汉学研究史》，［法］戴仁主编、耿升译《法国当代中国学》，中国社会科学出版社，1998年，第16、15页。

说;而文言部分的语言材料则主要取自先秦典籍、理学名著等。

把马若瑟的这一尝试放到中国语言学史中,就可显示其学术价值。近代汉语的发展过程就是一个解决书面语与口语严重脱节而不断用现代书面汉语取代文言的历史过程。明清时的白话文运动,由黄遵宪、裘廷梁、陈荣衮开启了对文言文的批评,而"五四"时的白话文运动则将反对文言文、提倡白话文与反封建联为一体,在陈独秀、胡适、钱玄同、鲁迅、刘半农等人的努力下,终于使白话成为现代汉语的主体。① 1920年"学校语文课程也发生了突变,首先把小学儿童三千条一贯诵读的文言文改为白话文,因而把课目名称'国文'改为'国语';……这就意味着:一、是现代的汉语,不是古文(文言文);二、是大众的普通话,不是某一阶层的'行话'和某一地区的'方言'"②。这说明白话进入学校到1920年才成为现实,而被称为"第一次系统地研究了白话文语法,形成了一个完整的语法体系,使语法知识得以普及"③,因而,马若瑟这本书实际上开启了汉语白话语法研究之先河。

第三,它是近代以来汉语语法研究的奠基之作。近代以来的汉语研究在三个地域展开,一是在欧洲本土,二是在中国港澳、南洋一带,三是在中国大陆,马若瑟的《汉语札记》对这三个地域的汉语语法研究都产生了影响。

雷慕沙是"第一位在欧洲仅从书本了解中国而成功地掌握了有

---

① 何九盈《中国现代语言学史》,广东教育出版社,2000年,第130—173页。
② 黎锦熙《新著国语文法》,商务印书馆,1998年,第19页。
③ 张拱贵、廖序东《重印新著国语文法序》,《新著国语文法》,商务印书馆,1998年,第5页。

关中国深广知识的学者"①。在欧洲本土最早出版的汉语语法书是前面讲过的从德国到彼得堡的汉学家巴耶的《中国博物》。这本书不仅介绍了中国的文字,也是欧洲最早介绍汉语语法的书籍。② 当时法国学者傅尔蒙(Etienne Fourmont,1683—1745)在 1742 年也出版了一本中文语法书——《中国官话》(Linguae Sinarum Mandarinicae Hieroglyphicae Grammatica duplex),但当代学者认为该书抄袭了马若瑟书的很多内容,其水平远赶不上马若瑟。③ 在欧洲汉学界影响最大的汉语语法书是由法国第一位汉学教授雷慕沙写成的,而雷慕沙在法兰西学院开设汉语课程所参考的主要就是马若瑟的书,一百多年来这部手稿藏在图书馆无人问津,经雷慕沙的学习、介绍,它才渐为人知。雷慕沙 1822 年出版的第一部语法书《汉文启蒙》(Elémens de la grammaire chinoise)就"受到了此书的启发"④。这部书被认为是欧洲"第一部科学的从普通语言学的角度论述汉语语法的学术性著作"⑤。从此以后,"雷慕沙在法国公学开创了公开研究汉语,包括民间汉语和古典汉语的先河。从此,有关汉语语法的著述便不断增多"⑥。

在亚洲的新教传教士马礼逊于 1811 年写了《通用汉言之法》,但

---

① [法]马伯乐《汉学》,阎纯德主编《汉学研究》第 3 集,中国和平出版社,1999 年,第 48 页。

② Knud Lundbaek, T. S. Bayer (1694—1738) Pioneer Sinologist, Curzon Press, 1986。

③④ 何莫邪(Christoph Harbsmeier)《〈马氏文通〉以前的西方汉语语法书概况》,《文化的馈赠:汉学研究国际会议论文集·语言学卷》,北京大学出版社,2000 年。

⑤ [法]戴密微《法国汉学研究史》,[法]戴仁主编、耿升译《法国当代中国学》,第 27 页。

⑥ [法]艾乐桐《欧洲忘记了汉语却发现了汉字》,龙巴尔、李学勤主编《法国汉学》第 1 本,清华大学出版社,1996 年,第 184 页。

1815年才正式出版。他按照英语语法特点对汉语进行了研究,"他将英文的基本语言规律也当作中文的语言规律,而将中文纳入他非常熟悉的母语的语法结构中。……作为第一部系统论述中国语法的著作,该书在汉语语法研究史上具有开拓性意义。"①马礼逊在写这部书时未看到马若瑟的书,但他对这本书十分关心。金斯伯罗子爵(Viscount Kingsborough)出资1500英镑,在马礼逊的具体安排下1831年由马六甲英华学院出版了此书的拉丁文第一版。1847年裨治文的堂弟詹姆斯·裨治文将其翻译为英文在《中国丛报》上刊载。②这说明在南洋一带活动的新教传教士对马若瑟这本书一直十分重视。

1898年马建忠出版的《马氏文通》是在中国本土由中国学者所写的第一部中国语法书,王力先生把这一年作为中国现代语言学的开始之年。《马氏文通》对中国语法学的建立功不可没,③但有些国外学者认为马若瑟的著作"确实对《文通》起了影响。这部著作,实际上也许可以说是马建忠在上海森伊捏斯(Saint Ignace)教会学校读书期间,最早接触的语法著作之一。……实际上,我们知道当时该教会学校的耶稣会神父就是用这部著作作为语法参考书的。同时,不难看出这两部著作有着共同点,特别在组织结构方面"④。这个问题

---

①② 吴义雄《在宗教和世俗之间:基督教新教传教士在华南沿海的早期活动研究》,第480、488页。

③ 说马建忠是"第一次为汉语草创了一个完整的语法体系"显然不妥,在此之前的传教士语法书已出版很多。姚小平的意见较为中肯,应在对马建忠地位的评价前加上一个"在中国学术圈内"或者"在中国语言学的历史上"这样一个限定语更好些,见《当代语言学》第1卷,1999第2期,第1—16页。

④ [法]贝罗贝《二十世纪以前欧洲语法学研究状况》,侯精一、施关淦主编《〈马氏文通〉与汉语语法学》,商务印书馆,2000年,第157—158页。

还有待进一步从史料和内容本身去加以论证,但贝沃海力(Peverelli)的这个意见有一定的合理性,说明了马若瑟的书和《马氏文通》之间的某种联系。① 姚小平在谈到这个问题时有一段很好的说明:"在世界汉语研究史上,《文通》并非第一部完整的、构成体系的汉语语法书,也并非第一次系统地揭示出古汉语语法的特点。《文通》的历史功绩在于,它创立了中国人自己的语法学,打破了文字、音韵、训诂的三分天下,使中国传统语言文字学向现代语言学迈出了坚实的一步。……《文通》永远值得我们纪念,但对《文通》以前的历史,我们也应尊重,在那段历史未澄清之前,我们对《文通》的功过得失便不可能有全面认识。"②

19世纪西方人出版的汉语语法书还有:③

1814年,马士曼(Joshua Marshman,1768—1837)在塞兰坡出版了《中国言法》(*Elements of Chinese Grammar*, *Clavis Sinica*),1815年,马礼逊在塞兰坡出版了《通用汉言之法》。

1829年(道光九年),公神甫(J. A. Gonçalves)在澳门出版《汉字文法》(*Arte China constante de alphabeto e grammatica*)。

1834年(道光十四年),Yakinf 在俄国的圣彼得堡出版《汉语语法》(*Kitajskaya grammatika*)。

1853年(咸丰三年),在上海出版的《上海方言语法》(*A Gram-*

---

① Peverelli, *The History of Modern Chinese Grammar Studies*. Leiden University. PhD Dissertation, 1986.

② 姚小平《〈汉文经纬〉与〈马氏文通〉——〈马氏文通〉历史功绩重议》,《当代语言学》1999年第2期,第16页。

③ 这仅仅是很小的一部分,参阅何莫邪《〈马氏文通〉以前的西方汉语语法书概况》。

mar of Colloquial Chinese, as Exhibited in the Shanghai Dialect）是一部专门写方言语法的书,一直到现在仍具有历史语言学价值。作者艾约瑟(Joseph Edkins,1823—1905)是英国研究汉语语法最有成就的学者,他写了很多关于汉语语言学的著作。①

法文版最早专门写汉语官话语法的书是 1856 年(咸丰六年)在巴黎出版的巴赞(Antoine Bazin,1799—1863)的《汉语官话语法》(Grammair Mandarine, ou principes généraux de la langue chinoise parlée)。

英文版最早的有关汉语官话语法的书是 1857 年(咸丰七年)在上海出版的艾约瑟的《汉语官话语法》(A Grammar of the Chinese colloquial Language, commonly called the Mandarin Dialect)。

德文版这方面的著作虽然也有,但是国际影响不大:1857 年(咸丰七年)在柏林出版了硕特的《授课自学用汉语教程》。

英国殖民地的官僚们所编写的英文版教科书还有:

1863 年(同治二年),在牛津出版的 J. Summers 的《汉语手册、语法及文选(上、下):为学习汉语的学生们所编并为其提供初级学习材料》(A Handbook of the Chinese Language, Parts I and II: Grammar and Chrestomathy, prepared with a view to initiate the student of Chinese in the rudiments of this language, and to supply materials for his early studies)。

1864 年(同治三年),在香港出版的罗存德(Wilhelm Lobscheid, 1822—1893)的《汉语语法》(Grammar of the Chinese Language)。

---

① 详见于冉《艾若瑟〈汉语官话口语语法〉》,张西平等《西方人早期汉语学习史调查》,2003 年。

1867年（同治六年），在上海出版的威妥玛（Thomas Francis Wade,1818—1895）的《语言自迩集》（ A Progressive Course Designed to Assist the Student of Colloquial Chinese as Spoken in the Capital and the Metropolitan Department）。这部书所收集的语言材料至今仍很有价值。①

欧洲第一部专门写汉语句法的书是1869年（同治八年）在巴黎出版的儒莲（Stanislas Aignan Julien,1797—1873）的《汉语新句法》（Syntaxe nouvelle de la langue chinoise）。当代学者认为1873年（同治十二年）儒莲在巴黎出版的《汉语口语及书面语的语法（第一卷：口语；第二卷：书面语）》②参考价值现在还很高，他的语法分析能力远远超过当时存在的其他语法教科书。

从马若瑟开始到19世纪，西方人对中国语法研究的总结性著作是德国人甲伯连孜（Hans Georg von der Gabelenz,1840—1893）的《汉文经纬》(Chinesische Grammatik mit Ausschluss des niederen Stils und der heutiggen Umgangssprache)。全书共分三卷，549页。第一卷总体介绍了汉语的一般性特点，汉语的历史及汉字的书写等；第二卷具体分析了汉语的语法特点；第三卷以原始的汉语语言为材料说明中文的多种表达方法。甲伯连孜并不是汉学家，而是著名的语言学家，因而他对汉语语法的理解更为独特。

莫东寅认为甲柏连孜是"以语言学者贡献于汉学研究"③。当代德国汉学家 Eduord Erkes 认为："《汉文经纬》在汉语研究史上开辟

---

① 此书已被张卫东译为中文，《语言自迩集：19世纪中期的北京官话》，北京大学出版社，2000年。
② 何莫邪《〈马氏文通〉以前的西方汉语语法书概况》。
③ 莫东寅《汉学发达史》，上海书店，1989年影印本，第111页。

了一个新的篇章。以往的著作,从18世纪马若瑟的《汉语札记》到硕特(W. Schott)、恩德利希(Endlicher)和儒莲的语法,对汉语的语法现象已做了系统明白的解说,但对汉语的语法结构和其他特点还不甚了了。在甲柏连孜以前,人们一直无意识地受到一种成见的左右,即认为应该根据拉丁语的模式衡量每一语言、建立每一种语法体系。甲柏连孜第一个彻底摆脱了这种成见,认识到了一种印度支那语言的特性。"① 从马若瑟到甲柏连孜,西方的汉语语法研究达到了一个新的高度,何莫邪甚至认为甲柏连孜的这本书"是西方至今最著名的,资料最丰富的古汉语语法书"②。

三 开启了中文拉丁拼音化的历程

汉字音韵的字母之学"正式产生是在唐代。敦煌发现的唐人《归三十字母例》和守温韵学残卷的三十字母都是很好的证明材料"③。清代音韵学有了更进一步的发展,但以拉丁字母注音汉字却开始于明末耶稣会入华以后。

根据近十年的最新研究,第一个制定这个注音表的是罗明坚和利玛窦,此表见于他们在肇庆时所编的《葡汉辞典》,这部辞典不仅在汉外双语辞典编纂史上有着独特的地位,而且正如我们在上面所讲到的,它同时在汉字的拉丁字母注音史上也有着极其重要的地位。

---

① 转引自姚小平《〈汉文经纬〉与〈马氏文通〉——〈马氏文通〉历史功绩重议》。
② 何莫邪《〈马氏文通〉以前的西方汉语语法书概况》。
③ 何九盈《中国古代语言学史》,广州教育出版社,2000年,第140页。

按照杨福绵的研究,辞典的排列是一行葡语单词,一行罗马字,一行汉语词,通过这种平行的对比排列使传教士可以根据罗马字的注音读出中文的字或词。例如:

葡语词	罗马字	汉语词
Bom parecer	piau ci	嫖致,美貌,嘉("嫖"为"标"之别字)
Escarnar	co gio	割肉,切肉,剖肉
Espantadigo	chijn pa	惊怕,骇然、惊骇
Esperar, cofiar	van, cau, sin	望,靠,信
Estudar	to sciu	读书,看书,观书
Fallar	chiā cua, sciuo cua	讲话,说话
Fallar Mādarin	cuoō cua, cinyin	官话、正音

杨福绵认为"这是罗氏在肇庆学习汉语时所创制的最早的罗马注音,不过系统尚不完备,例如无送气音和声调符号;声母和韵母的拼法尚未完全一致,不免有模棱含混的地方"[①]。几年前笔者在中国国家图书馆工作时曾发现一份拉丁字母和汉字对照的稿本,1999年国家图书馆在《中国国家图书馆古籍珍品图录》[②]一书中正式公布了这份文献,并注明这是利玛窦所作,时间为1588年。这是一份极其珍贵的历史文献,它不仅对研究中国基督教史有着重要意义,而且对研究中文的拉丁字母注音历史有着重要意义。该文献《中国国家图书馆古籍珍品图录》只公布了书影,没有公布全文,文献一直未被研究者发现和注意。现将该文献的中文和拉丁字母注音对照表及拉丁翻译公布如下:

---

① 杨福绵《罗明坚、利玛窦〈葡汉辞典〉所记录的明代官话》,《中国语言学报》第5期,1995年6月,第38页。
② 任继愈主编《中国国家图书馆古籍珍品图录》,北京图书馆,1999年,第216页。

中文和拉丁字母注音原文

主瞻部州　chou tchan pou tcheou

经历七趣　Kin Ly tsy hu

然后坠地域　Jan heou thouy ty yu

人中无脱援生　Je tchong ou To yuen sen

而决临下　eul kue Lin hia

贫窘拯非　pin kuin tchen fey

而天子衍汶　跨高降凡　eul tien tse yen ceuen　koua kao kiang fan

怖化日甚　pou noua je chen

惶怖速往帝释天所　houang pou siou Quang ty che tien so

稽首顶足悲啼雨泪　ky cheou lin tiou pey ty yu louy

具白前唯溺　kui pe hien sse' ouy ngy

天主奈之何　tien tchou tang Lay tche ho

尔时天主闻此诸超　Eui che tian tchou ouen tie tchou ti-tao

极生惊怪作如是念　ky sen kin jen tso jou chen ngien

何为七趣　ho ouy tsy tsu

默然思惟　me jan sse ouy

以天观见猪犬、野獍、鸟、鹊、龙、蛇　y tien yen kouan kien tchou kiuen ye kin ou tsio Poung chê

系于尔所趣皆食不净　hy yu oul so tsu kiay che pou tsin

尔时天主见斯事如矛刺心忧愁不乐　ul che tieu tchou kien sse sse y jou meou tse sin yeou tsesu pou lo

念谁能救是所故投　ngien chouy nen kiesu, che so kou teou

复作是念　fou tso che ngien

唯有如来应等觉,是而旧趣　ouy yeou jou lay yn tchen ten kio che eul kouy tsu

尔时帝释至于晓,特众香花种种饮食　eul che ty che tche yu hiao che tihe tihoang hiang houa tchoug tihoung yu che

往世尊所显面礼,旋绕七匝恭敬洪养　Ouang che hen so hien mien ly suen jao tsy tsa koung kin houng yang

进坐一面于世尊　tsin tso y mien yu che tseng

见白善往士趣之事　kiu pe chan ouang tsy tihe sse

唯愿世尊哀愍救拔　ouy yuen che tsen rgay mim kieou pa

说此语已尔时从顶上放大光明照十方界远　Eul che tsoung tin tien chang fang La Kouang, mim tshao che fang kiny ynen

复口中见微笑,相告帝释言天主　fou kou tchoang

当知有一总持名曰佛顶尊踪　tang tche yeou y tsoung tche min yue fou tin tsen tsoung

能举一切如来,会受灌顶　nen kiu y tsia jou lay lin cheou kouan tin

能言忏一切有幻成清净　nen tchar y tsie yeou houan tchen tsin toin

除旧于趣所生之处　tchou kieou yu lim tou Po tsu so sen tchen tichou

能忆富命　nen y fou miń

若诵一遍　Jo sceung y pien

设寿尽者现护延寿　chen chou tsa tsin tche hian yay

cheou

 一切地域铁定箋生　　y tsie ty yu tie tin mie sen

 狱主世界悉香成空　　yu tchen che kiay sy yao tchen koung

 能开一切佛国天界之门　　nen kay y tsie fou koue tien kiay tche men

 随愿往生　chouy yuen ouang sen

 帝释天主复白佛言　ty che tien tchou fou pe fou yen

 悖赎世尊法诫总持章非时　　pey chou che tsen fa kiay tsoung tcha tchany fey che

 世尊受天主清说此陀啰吸　　che tsen cheou tien tchou tsin cho tse E po-i

 总持　tsoung tche

 总持五百八十八春　tsoung tche ou pe pa che lctouen[①]

  这份文献不仅在中国基督教思想史上有着重要意义,在中国语言学史上也有着重要意义。从时间上来说,这篇文献是继《葡汉辞典》之后,第二篇以罗马字母拼读汉字的文献,需要我们深入研究。

  尹斌庸认为《葡汉辞典》是汉字拉丁注音的初创时期,而真正的完成时期是1598年利玛窦第一次进京失败后,返回南方过程中,在运河的船中与郭居静(Lazare Cattaneo,1560—1640)合作制订的拼音方案。《利玛窦中国札记》中有这样的记载:"整整用了一个月的工

---

 ① 该拉丁文是美国学者魏若望(John W. Witek, S. J.)教授帮助我整理的,在此表示感谢。因这份文献由三部分组成,原文的中文和拉丁文注音均为手稿,汉字与拉丁文注音并非一一对应。参阅张西平《中国与欧洲早期宗教和哲学交流史》,东方出版社,2001年,第152—157页。

夫才到达临清城。这看来似乎是浪费了一个月的宝贵时间,但实际上却不是。钟鸣仁擅长使用中国语言,由于他的可贵帮助,神父们利用这个时间编制了一份中国词汇。他们还编成另外几套字词表,我们的教士们学习语言时从中学到了大量汉字。在观察中他们注意到整个中国语文都是由单音节组成,中国人用声韵和音调来变化字义。不知道这些声韵就产生语言混乱,几乎不能进行交谈,因为没有声韵,谈话的人就不能了解别人,也不能被别人了解。他们采用五种记号来区别所用的声韵,使学者可以决定特别的声韵而赋予它们各种意义,因为他们共有五声。郭居静神父对这个工作做了很大贡献。他是一个优秀的音乐家,善于分辨各种细微的声韵变化,能很快辨明声调的不同。善于聆听音乐对于学习语言是个很大的帮助。这种以音韵书写的方法,是由我们两个最早的耶稣会传教士所创作的,现在仍被步他们后尘的人们所使用。如果是随意书写而没有这种指导,就会产生混乱,而对阅读的人来说,书写就没有意义了。"①但是于这个完成时期所制定的"音韵字典"至今尚未发现。②

比利时传教士金尼阁在利玛窦死后,与中国文人王徵合作,于1626年完成了《西儒耳目资》一书。这部书是对利玛窦方案的一个具体运用,它"只是对利玛窦等人的方案做了一些非原则性的修改,其中主要是简化了拼法,可以说是对这个方案的进一步完善"③。

从《葡汉辞典》到《西儒耳目资》,入华耶稣会士完成了用拉丁字母拼读汉字方案的制订,罗常培先生把从利玛窦到金尼阁的努力称

---

① 何高济等译《利玛窦中国札记》,中华书局,1993年,第336页。
② 最新研究见杨慧玲《利玛窦与在华耶稣会汉外词典学传统》,《北京行政学院学报》2011年第6期。
③ 尹斌庸《利玛窦等创制汉语拼写方案考证》,《学术集林》卷4,第350页。

为"利-金方案",并认为这一方案对中国音韵学有三大贡献:第一,借用罗马字母作为拼音的符号,使后人对于音韵学的研究可以执简驭繁;第二,可以依据"利-金方案"所提供的材料来确定明末"官话"的音值;第三,自从利玛窦金尼阁用罗马字标注汉音,方以智、杨选杞、刘献廷受到了他们的启示,遂给中国音韵学的研究,开辟出一条新路径。①

四 丰富了中国近代汉语词汇

学习中文,编写辞典,而后翻译西方书籍,介绍西方文化。这几乎是明末清初以来所有入华传教士所要经历的两个阶段。将西方的语言学著作译介到中国,这是他们学习中文达到一定程度的一个标志,另一方面这种翻译过程又对中国语言发生了影响,这种影响的重要方面之一就是丰富了汉语的词汇。

首先,传教士的中文著作丰富了中文宗教词汇。最早传入中国的基督教流派是唐贞观年间的景教,现流传下来的汉文景教文献有九种。② 景教在译经过程中就创造了一些词汇,如:《大秦景教流行中国碑颂并序》中将"撒旦"译为"娑殚",将"弥赛亚"译为"弥施诃";在《序听迷诗所经》中将"天主"译为"天尊",将"耶和华法"译为"天尊序婆之法"。③

---

① 罗常培《耶稣会士在音韵学上的贡献》,《历史语言研究所集刊》1930年第一本,第三分册,第267—388页。
② 朱谦之《中国景教》,东方出版社,1993年,第115、117页。
③ 赵维本牧师《译经溯源——现代五大中文圣经翻译史》,香港中国神学研究院,1993年,第9页。

明末清初基督教第二次入华以后在译经过程中也创造了一些新的宗教词汇。罗明坚最早在肇庆写《祖传天主十诫》,"天主"一词属借用词,《史记》封禅书中,"天主"只是八神之一的名称,以后佛教在经书中也称诸天之主为天主。但经罗明坚之后,利玛窦写出《天主实义》等一系列书后,"天主"一词被赋予了新的含义,成了基督教中"上帝"、拉丁文 Deus 的汉文表达。类似的这种借用词还有"礼拜"等。同时,他们也创造出了一些新词:

性薄录 Simbolo(信经)　　厄格勒西亚 Ecclesia(教会)
罢德肋 Padre(圣父)　　　共斐儿玛藏 Confirmasão(坚振)
费略 Figlio(圣子)　　　　共蒙仰 Comunhao(领圣体)
拨弟斯摩 Baptismo(圣洗)　撒格辣孟多 Sacramento(圣事)

新教传教士入华以后也十分关注《圣经》中文版的翻译,马礼逊用了很大的力气去翻译《圣经》,与此同时还有马士曼的《圣经》译本。根据李志刚的研究,当时几个主要译本对《圣经》各章译名略有差异,但这些章名却对以后的基督教术语产生了重要影响。

其次,传教士的中文译本大大丰富了中文的科技词汇。例如在《几何原本》中利玛窦和徐光启创造了关于几何的一系列新词"几何、点、线、直线、平面、曲线、三边形、四边形、多边形、平行线、对角线、相似、直角、垂线、钝角"[①],这些词汇沿用至今。

利玛窦在《万国舆图》中,艾儒略(Jules Aleni,1582—1649)在《职方外纪》中,创造了"经线、纬线、热带、冷带、温带、地球、地中海、亚细亚、欧逻巴"等一系列新的地理方面的词汇,有些则是将中文原

---

① 曹增友《传教士与中国科学》,宗教文化出版社,1999 年,第 115 页。

有的词汇赋予新义,如"北极、南极、赤道"等。[①]

另外,邓玉涵(Jean Terrenz,1576—1630)对物理学词汇有所创新,巴多明(Dominique Parrenin,1663—1741)对生物学词汇有所创新等,我们不再一一列举。关于这方面的研究仍大有空间,有许多基础性研究需要去做。

新教入华以后,由于其译书的数量、规模都要超过明清间入华的耶稣会时期,因而在科技词汇的创新上更为突出。伟烈亚力(Alexander Wylie,1815—1887)和中国学者李善兰在《代数学》和《拾级》中第一次提出了解析几何、微积分的新术语。他们所创的解析几何学的新词有:

代数几何	原点	轴线
纵横线	横线	纵线
纵横轴	横轴	纵轴
极	原线	带径
极角距	直角纵横轴	相距线
圆锥曲线	抛物线	抛物线之心
准线	通径	抛物线之径
次切线	法线	次法线
椭圆	椭圆之二心	椭圆之中心
椭圆之径	长径(轴)	短径(轴)
长轴之通径	椭率	正、余通弦
相属径	双曲线	双曲线之心

[①] 艾儒略著、谢方校释《职方外纪校释》,中华书局,1996年。

双曲线之中点	双线径	双曲线之横径
横径之通径	等边双线	双线两心差率
相属双线	渐近线	立方抛物线
三乘方抛物线	半立方抛物线	三乘方抛物线
代数曲线	越曲线	摆线
摆线之母轮	摆线之母点	对数曲线
螺线	亚奇米德螺线	双曲螺线
对数螺线		

伟烈亚力在《拾级》序言中提到如下曲线名称：薛荔叶线、蚌线、余摆线、和音线、次摆线、弦切诸线、指数线、等角螺线、交互螺线、两端悬线、葛西尼诸椭圆线、平行动线等。微积分学术语有：

变数	常数	函数	阳函数	阴函数
增函数	损函数	限	微分	微系数
微长数	长数	级数	叠微分	偏微分
全微分	偏微系	极大	极小	极大点
极小点	代数函数	越函数	对函数	指函数
圆函数	线微分式	曲率	曲率半径	合吻(曲率)圆
渐伸线	独异点	凸	凹	弯点
倍点	歧点	特点	积分[①]	

由于西方书籍的大量翻译，译名的统一就成了一个大问题，比较而言新教传教士更为主动和自觉地注意到了这个问题。傅兰雅

---

① 汪晓勤《中西科学交流的功臣：伟烈亚力》，科学出版社，2000年，第77—78页。

(John Fryer,1839—1928)当时提出了名词翻译和定名的三项原则:"1.沿用中文已有名词。例如,金、银、铜、铁、硫磺等。若译名中文已有,但中文辞典内查不到,例如强水(硝酸)、磺水(硫酸)等,则可参考已有之中文同类译书,或询问知其名词的中国技术人员、商贾或工人。2.设立新名。①常用汉字加偏旁,仍借用其音。例如,镁、钾、铂、碳等。②以几个汉字表示一个译名,并常按物性意译。例如,养气(氧)、轻气(氢)、火轮船等。③直接音译为汉字,有机化学初始大多依此,如金鸡纳(奎宁)等。3.编纂外汉专科辞典。凡译书时所定新名(人名、地名、物名)皆随时收集,出版时附于书末,以便查阅。待收集足时,可汇成外汉专科辞典,以使后继译书者查考。"①

他们的确也是按照这个原则来做的,如在译数学著作时,中国有丰富的数学文献和数学术语,他们在确定译名时尽量采用,将相同或相近意义的术语对应起来,例如:

plane mensuration 方田　　　　fellowship 衰分
alligation 均输　　　　　　　　indeterminate analysis 盈月
trigonometry 三角法,勾股　　　dividend 实
altitude of a right-angled triangle 股
ratio 率　　　　　　　　　　　common measure 等数
proportion 比例,粟布　　　　　evolution 开方,少广
solid mensuration 商功②

---

① 黎难秋《中国科学文献翻译史稿》,中国科学技术大学出版社,1993年,第237页。
② 汪晓勤《中西科学交流的功臣:伟烈亚力》,第81页。

正是在傅兰雅、伟烈亚力等人的努力下，1891年益智书会成立了以傅兰雅为主席的地名人名委员会，虽然这项工作后来进展不大，但他们的设想和译名原则还是有积极意义的。以后江南制造局编制了一些专业性词典，大多也都有新教传教士的参加，如《汽机中西名目表》《化学材料中西名目表》《西药大成药品中西名目表》《金石识别表》等，这些对统一当时的科技术语都起到了重要作用。

第三，入华传教士所创立的社会科学及社会生活方面的新词。明清之际入华耶稣会士在创立社会科学的汉语词汇时，大多是音译而不是意译，如艾儒略在《西学凡》中这样翻译：

落日加 logica（逻辑）

默达费西加 metaphysica（形而上学）

费斐录所费亚 philosophia（理学）

这些词汇大多没有流传下来，但他们仍为中国的社会科学的发展留下了一些重要概念，奠定了基础，如傅泛际（François Furtado，1587—1653）和李之藻合译的《名理探》，为中国逻辑学的发展提供了一系列重要的范畴，下面这个表便可看出这一点：

《名理探》译名	今日逻辑概念
宗	类
类	种
殊	种差
独	固有非质属性
依性	偶有性

这是对亚里士多德"谓词理论"的翻译，晚清时严复翻译《穆勒名学》时，就受到了《名理探》的影响，如把"五公论"改为"五旌"，而概念

论则直接用了《名理探》的"十论"译法。①

新教传教士入华及在中国周边活动时也创造了不少新的有关社会生活和社会科学的新词汇，如：贸易(trade)，火车(train)，文学(literature)，公司(Company)，法律(law)，新闻(new)，火轮船(wheel steamship)，巴厘满(parliament)，火轮车(steam-train)。②

马礼逊在其《华英字典》中也首次使用了一些新的现代汉语语词。③ 汉语中的外来词是汉语词汇学研究中的一个重要方面，魏晋南北朝佛教传入后，"大量佛经译成汉语，对汉语尤其是汉语词汇产生了巨大影响"④。汉语词汇史上外来词最多的另一个时期就是明清时期，从利玛窦到傅兰雅，从罗明坚到马礼逊，传教士大量的中文著作为近代汉语词汇提供了大量的外来词。这些词汇中有完全音译的如"阿门(amen)"；有的是音译兼意译的，即兼顾了语音和语义两个方面，如"引擎(engine)"；也有半音译半义译的，即这些词一部分是音译，一部分是义译，如"白令海(Behring Sea)"，"白令"为音译，"海"为义译；有些是旧词新用，如"天主(Deus)""神(God)"。⑤ 王力先生认为"鸦片"就是一个借用词，《本草纲目》壳部"阿芙蓉"下说"阿芙蓉，一名阿片，俗作鸦片，是罂粟花之津液也"，所以他说鸦片"这个

---

① 楼宇烈、张西平主编《中外哲学交流史》，湖南教育出版社，1998年，第183—184页。
② [意]马西尼著、黄河清译《现代汉语词汇的形成：十九世纪汉语外来词研究》，汉语大词典出版社，1997年，第28页。
③ 刘禾《跨语界实践：文学，民族文化与被译介的现代性（中国，1900—1937）》（生活・读书・新知三联书店，2008年）第346—460页提供了一个十分详细的词表。
④ 向熹《简明汉语史》，高等教育出版社，1993年，第543页。
⑤ 向熹《简明汉语史》，第687—691页。

词是从英语 Opium 借来的"。①

传教士所创立的这些外来词,不仅丰富了汉语的词汇,也使汉语从单音节词向多音节词的发展速度加快了,更多的多音节词出现了。意大利马西尼也认为,"来自西方语言的那些借词,是促使汉语向多音节化方向发展的一个主要因素"②。

传教士所引入中文中的这些外来词不仅仅在语言学内部产生了影响,它还代表了西方文化,任何"外来词具有语言、文化、社会三种符号身份"③,因此,作为语言文化载体和外在表现的外来词,特别是利玛窦、马礼逊等人所创立的一些基督教词汇无疑代表了西方宗教文化,表现了西方文化同中国文化的融合。正如邢福义所说:"词语借用是一种广泛的语言文化现象。从表层来看,词语借用在文化交流中起到了传递文化信息的作用;而深一层来看,各个时代,各个不同社会之间文化交流的各种各样的媒介和方式及形形色色的内容都会在词语借用中留下生动的记录。"④也就是说汉语外来词是文化交流的体现,是一个民族文化变迁的见证。晚明至晚清近三百年间传教士们在他们的中文著作中对汉语词汇发展的贡献,至今尚无一部专门性的研究著作。明清天主教入华传教士的著述多达 7000 余部,而自马礼逊入华后的新教传教士也有数千部著作,由于这些中文著作大陆学者许多还读不到,因而无法深入研究。从汉语词汇学来说,这是一个亟待开发和研究的重要领域。

---

① 王力《汉语史稿》,中华书局,1980 年,下册第 523 页、中册第 343 页。
② [意]马西尼《现代汉语词汇的形成:十九世纪汉语外来词研究》,第 145 页。
③ 史有为《汉语外来词》,商务印书馆,2000 年,第 98—99 页。
④ 邢福义主编《文化语言学》,湖北教育出版社,2001 年,第 225 页。

中国语言学中的"周边"研究法

——以文化交涉学领域之一的角度

[日] 内田庆市

一 前言:"周边"研究法

事物,如果只看其"中心",往往就抓不住其"本质"。正如台风眼其实并没有风,只有其"周边"才有风一样。还是古人说得好,比如日本自古就有"丈八灯照远不照近"或"看人下棋预见八步"之说,而中国也有"当局者迷,旁观者清""不识庐山真面目,只缘身在此山中"等俗谚。

"周边"与"核心"的关系可以从各种角度来看。如下所示朱德熙所说的"比较对照",也许可以说是具体表现之一。

客:汉语语法的特点是什么?这个问题我一直弄不很清楚。今天想听听你的意见。

主:特点因比较而显,没有比较就没有特点。所以要问汉语

---

① 原刊复旦大学文史研究院编《从周边看中国》,中华书局,2009年,第457—471页。

② 内田庆市,日本关西大学教授,在中西语言文化交流史研究方面多有建树。

语法的特点是什么,先要问你是拿汉语跟哪种语言比较。①

当今的学术研究越分越细,以致变得只能解决细枝末节的某一细微现象,而无法进行通观全局的探讨。在中文语法的研究中,对个别现象的研究也在日益加深。诚然,这也是学术研究的一个进步。但与此同时,统领整体的系统性的中文"语法论"却难以构筑起来。本来,连什么是"句"、什么是"主语""谓语"等最基本的问题都还没弄清楚,就来讲什么"了"的两个用法、什么是进行时的"在"、"的"什么时候用什么时候不用、补语与状语的区别是什么等等,补语的用法等个别语法现象(当然这些个别性问题的研究也是必要的),最重要的是遗漏了"语言究竟是什么"这个最本质性的问题,缺乏所谓的语言观,更夸张一点说是缺乏世界观。这难道真能说是学术的进步与发展吗?②

最近,"跨学科""超领域"等方法作为一种"流行"受人追捧,实际上这些都是理所当然的研究方法。不过,在此我们也要注意"跨学科"并非"自始就有"的,归根结底,"跨学科"是建立在牢固的"专业"之上的。没有牢固"专业"基础的"跨学科""超领域"只能是"浮萍"。

总之,近十几年来,笔者一直提倡"周边"研究方法,并致力于该研究方法之下的中国语言学研究。在此,我想就"周边"研究法之下的语言研究,特别是其对语法研究的有效性陈述一下个人的意见。

---

① 朱德熙《语法答问》,商务印书馆,1985年,第2页。
② 其实不单是语法学家,其他的领域也一样。音韵学家只搞音韵,方言学家只搞方言,即便同为语法研究者,现代语语法研究者只研究现代语,历史语法研究者只研究历史语法等等。语言研究应当从横向与纵向两个方面进行这样一种理所当然的方法有被轻视的倾向。

二 周边资料的有效性

(一) 欧洲人的汉语研究

在中国,作为学术体系而言的"语言学"的成立是近代以后的事情。但这绝不意味着古代中国人就没有研究过"何为语言"的问题。实际上,中国人自古就对"何为语言"这个问题有过深入的探讨。譬如荀子在《正名篇》中就已经对"语言的目的""语言的社会规范性""人的认识发展过程与词的关系"等问题做过如下论述:①

(语言的目的=将对象物区别于其他,传达心中所想)

异形离心交喻,异物名实玄纽,贵贱不明,同异不别,如是则志必有不喻之祸,故知者为之分别制名以指实,上以明贵贱,下以辨同异,贵贱明,同异别,如是则志无不喻之患,事无困废之祸,此所为有名也。

名也者,所以期异实也。

彼名辞也者,志义之使也。

(语言的社会规范性=对象物与语言之间没有直接的关系=约定俗成)

名无固宜,约之以命,约定俗成,谓之宜,异于约,则谓之不宜,名无固实,约之以命实,约定俗成,谓之实名。

(人的认识发展过程[具体方向与抽象方向]与词的关系="单名""兼名""共名""别名"等)

---

① 详参内田庆市《荀子の言論》,《敦賀論叢》第10号,1995年。

单足以喻单,单不足以喻则兼。

单与兼,无所相避,则共。

万物虽众,有时而欲遍(无)举,故谓之物,物也者,大共名也。推而共之,共则有共,至于无共,然后止。

有时而欲遍举之,故谓之鸟兽,鸟兽也者,大别名也。推而别之,别则有别,至于无别,然后止。

除荀子之外,墨子、公孙龙等也阐述过精辟的语言观。但是,要说作为学术体系而言的语言学或语法学,则一直要等到清末(1898)马建忠所作的《马氏文通》①的问世才有系统性的语法研究。此前的语法研究都只不过是"经学"的"附庸",重点放在以"经文"的"注释"("训诂学")形式出现的对个别词语,而且还是"助字"的解释上。

与此相比,欧洲则早在古希腊、古罗马时期就确立了语言学这一学术领域,16世纪,以传教士为主的语言学意义上的汉语研究已经展开。他们在身为传教士的同时,又具备着出色的语言学家的素质,对汉语的各种特征(单音节、声母与韵母的关系、元音占优势、词性转化、量词的存在、动词的具体性,以至"官话"与"方言"的差异、书面语与口语的区别等)做出了准确的阐述。以汉语语法研究为例,18世纪中叶以前就已经出现了如下专业书籍:

Martino Martini(卫匡国),*Grammatica Sinica*,1653

Francisco Varo(万济国),*Arte de la lenga Mandarina*,

---

① 据笔者最新的研究,《马氏文通》之前已有毕华珍的《衍绪草堂笔记》(1840年前后),《衍》文中阐述了建立在传统虚实论上的系统性语法论,欧洲的汉语学者,比如巴赞(Bazin)与艾约瑟在自身的著作中对毕氏的语法论做了介绍。详参内田庆市《近代における東西言語文化接觸の研究》,关西大学出版部,2001年。

1703

T. S. Bayer, *Museum Sinicum*, 1730

Prémare(马若瑟), *Notitia Linguae Sinicae*, 1720

Fourmont, *Linguae Sinarrum Mandarinicae Hieroglyficae Grammatica Duplex*, 1742

19世纪以后,以新教传教士为中心的汉语研究及语法研究论著大量问世:

Joshua Marshman, *Clavis Sinica (Elements of Chinese Grammar)*〔中国言法〕,1814

Robert Morrison(马礼逊), *A Grammar of the Chinese language*〔通用汉言之法〕,1815

Abel Rémusat, *Elemens de la Grammaire Chinoise*〔汉文启蒙〕,1822

J. A. Gonçalves(公神甫), *Arte China*〔汉字文法〕,1829

Stanislas Julien, *Exercices Pratiques d'Analyse, de Syntaxe et de Lexigraphie Chinoise*,1842

Gützlaff(郭实腊), *Notices of Chinese Grammar*,1842

M. A. Bazin, *Grammaire Mandarine*, 1856

Joseph Edkins(艾约瑟), *A Grammar of the Chinese Colloquial Language, commonly called the Mandarin Dialect*, 1857

James Summers, *Handbook of the Chinese Language*, 1863

W. Lobscheid(罗存德), *Grammar of the Chinese Language,1864

  T. P. Crawford（高第丕）,*Mandarin Grammar*［文学书官话］,1869

  S. Julien,*Syntaxe nouvelle de la langue Chinoise*,1869

  P. Perny,*Grammaire de la langue Chinoise*,1873

  J. S. McIlvaine,*Grammatical Studies in the Colloquial Language of Northern China*,1880

  Imbault-Huart,*Cours éclectique de langue Chinoise parlée*,1887

  Chaunchey Goodrich,*How to learn Chinese language*,1893

  O. F. Winsner,*Some thoughts on the study of Chinese*,1893

（二）欧洲人汉语研究资料（欧文资料）的有效性

  欧洲人的汉语研究资料对汉语语言学研究究竟是否有效？如果有效，其原因何在？

  欧洲的研究对汉语研究有效的理由可以举出以下几点：第一，欧洲很早就已确立了语言学或语法学。第二，因为他们是外国人，因此通过母语与汉语的比较对照，可以抓住对中国人来说是理所当然、不言自明的现象，对其特征进行客观的描述。第三，他们的文字是表音文字，用罗马字给汉字注音，能更科学地记录当时的音韵（与中国传统的反切法相比）。第四，他们大多是传教士，传教的范围很广，能够认识到"官话"与"乡谈"（＝"方言"）的差异。上述理由一言以概之，就是"旁观者清"。

不过在日本,香坂顺一、太田辰夫、鱼返善雄、尾崎实等人从50年代起就已经反复强调欧文资料的有效性。譬如太田辰夫在《清代的北京语》(《清代の北京語》1950)、《北京话的语法特点》(《北京語の文法特点》1964)、《〈红楼梦〉新探》(《〈紅楼夢〉新探》1965)等论作中,用 Mateer 的《官话类编》和九江书会版《官话指南》中的双行注、三行注等资料阐明了北京话与南方话的特征;香坂顺一、尾崎实等利用《官话类编》中的笔记、威妥玛的《语言自迩集》、Wieger 的《汉语汉文入门》等欧文资料阐明了中国近世语的特征;鱼返善雄也很早就开始关注欧美人的汉语研究,[①]不仅翻印了欧洲人学习"官话"的必读书之一《圣谕广训》,而且涉及了琉球官话等所谓的"周边"资料。

而在中国,除了罗常培曾用金尼阁等早期传教士的资料进行了音韵学(1930)方面的研究之外,迄今为止鲜有学者涉及西文资料。不过近几年来,这方面的研究正以北京外国语大学海外汉学研究中心为主,急速地推广开来。欧洲也是一样。今后,以西文资料为材料的研究一定会在世界范围内开展起来。

(三)周边资料的具体内容

中国语言学研究的"周边"资料,除欧文资料之外,还包括以下各种资料:朝鲜资料,如《老乞大》《朴通事》《华音启蒙》等。满汉·汉满资料,即所谓"合璧"资料,如《清文指要》之类。琉球官话资料,如《白姓官话》等。唐话资料,如《唐话纂要》等唐通事的"课本"等资料。日本人编写的"课本",如《官话指南》等。越南资料,如以明清两代为

[①] 鱼返善雄《美国的支那语研究》(《アメリカの支那語研究》),《中国文学》第68号,1940年。当然,除此之外,何盛三《北京官话文法》(1928)等书中也一定程度地阐述了欧美人的汉语研究;石田干之助的一系列业绩也不可遗忘。

中心、"字喃""汉字语"等。此外,还包括所谓"旅行记"(以收于《走向世界丛书》中的为典型)、汉外对照词典以及汉译圣经等,这类资料对词汇研究尤其重要。

另外,"汉语的周边"这一概念,同时自然也可以考虑汉语内部的"中心"与"边缘"。当目光转向汉语内部时,必然会浮现出以所谓的"雅言"与"方言"、"官话"与"乡谈",或"普通话"与"方言"、"书面语"与"口语"以及"古典语"与"现代语"之间的关系为视角的观点。

三 "周边"与"中心"

(一) 语言研究中的"周边"与"中心"——"个别"与"一般"或"特殊"与"普遍"的关系

"周边"与"中心"的关系,与语言学中"个别"与"一般"或"特殊"与"普遍"之间的关系是相通的。从结论上来说,两者不是相互对立而是相互补充的,其关系不应是"非此即彼",而应是"亦此亦彼"。

然而,许多语言学家,如研究个别语言学(如汉语学、国语学、英语学等)的学者,只囿于个别语言的研究;而研究一般语言学的人又自负地认为一般语言学是指导理论,可以解决所有语种的各种问题。

关于语言研究中的"个别"与"一般"或"特殊"与"普遍"的关系,日本学者时枝诚记在《国语学原论》(岩波书店,1941)中就做过如下论述:

> 我们无法认为语言学是以将个别语言排除在外的一般语言(实际上这种东西是不存在的)为研究对象的,但同时我们要把国语学提高到一个其本身能够究明语言本质的语言学一般理论。

语言的本质究竟是什么呢？这个问题应该是国语学研究的首要课题。而且，国语学研究的最终课题，是通过国语的特殊现象把握深藏在其背后的语言本质。因此，对语言本质的探究，同时也应该是国语学研究的结论。

国语学，即日语的科学研究的使命，是摘取出国语中所发现的所有语言现象，对其进行阐述，进而探明国语的特性。与此同时，应该从国语的诸多现象中抽象出通用于所有一般语言的普遍理论，参与语言学体系的树立，为确立语言的本质观做出贡献。

也就是说，个别语言的研究都应该通过个别语言的特殊性解明存在于其背后的所有语言的本质。时枝的观点自然是毋庸置疑的。而在时枝那个年代，该两者之间也是以对立系统的方式存在的，而且一般语言学是个别语言学的指导原理，是事先设定好的理论体系。

然而，当今的语言学，对国语学而言，被看作是为其提供一般基础理论的、与国语学是对立的学问。语言学对国语学而言，就是事先设定的理论体系，是指导原理。这就是一般认为的国语学与语言学之间的关系。

此外，对于形成这种关系的原因，时枝还做了如下论述。

语言学传入我国时，与国语学形成了极为特殊的关系。这种关系，也可以看作是明治维新后西洋学术传入我国时，各学术界中都曾出现过的共同现象之一，即人们在对事物进行考察之前，事先会被授以所谓的学术方法论，然后再按照这套方法论去进行考察。国语学，并没有把以自身的研究来为语言学做贡献设为自己的目标，而是把语言学视为其赖以立足的指导原理。

明治的国语学界,之所以导致这种怪现象的产生,我想可以举出两个原因。第一,明治以前的我国国学学界的水平,与西洋相比十分落后。哪怕是暂时应付性质的,也仍然不得不借助他人的理论来修整当下的事态。……明治的国语学,在西洋语言学的理论中寻求一席之地也是事出无奈。

实际上,这也正是日本近代化发展中的必然现象。福泽谕吉为推进近代化而提倡"脱亚论"。身处这种环境之下的夏目漱石,在《三四郎》一书中借火车上坐在三四郎旁边的"那个男人"之口,对当时的近代化做出了"定会消亡"的结论。① 可以说,时枝的观点就是"那个男人"本身。

总而言之,对于"特殊"与"普遍"的关系,时枝下了如下结论:

> 人们一般认为语言学的理论和方法是普遍性的,而国语学的理论与方法则是特殊性的。这种看法是极其肤浅的,并非正确的判断。……普遍与特殊,其存在方式并不是两相对立的,所有特殊现象,其中同时亦存在着普遍性。这个道理不只存在于国语学,所有事物都是如此。对国语特殊现象的探求,同时也可能阐明语言中的普遍形态。

研究语言的人,无论是研究个别语言的,还是研究一般语言学的,都应该重新反思一遍时枝的"特殊"与"普遍"关系论。尤其是日本的许多英语研究者更应该好好咀嚼一番。有些人一味追赶潮流,构造主义语言学流行时倚靠构造主义语言学,行不通时就改随变形

---

① 参见姜尚中《夏目漱石悩む力》,《知るを楽しむ私のこだわり人物伝》,日本放送出版协会,2007年。

语法,再不行就改为格语法,而如今又盛行起了认知语言学。这样的人只一味模仿,而不去探求根本性的理论与原则。对此,爱兰·坡早就指出过:

> 如果要讨论这个问题,那首先就必须得对其原则本身进行讨论。而为此,又必须得就原则的理论依据本身进行探讨。(爱兰·坡《玛丽·罗杰疑案》)

在中国,情况也基本相同。鸦片战争以后,欧洲列强打入中国,中国处于"落后"状态,处于这种背景之下的马建忠为构筑中文的系统性语法,只能模仿拉丁语的语法。但是,此后的许多汉语学家仍是在西欧语法的框架中阐述汉语语法(当然,陈望道、张世禄等所谓"海派"学者中也曾有人提倡汉语自己的语法论)。对上述研究方法的反省是近几年才开始的(如朱德熙、申小龙等)。

不过,时枝那样的方法,同时也存在容易陷入狭隘的"民族主义"的风险,正如许多主张旧假名拼写法的人往往容易持民族主义的观点一样。虽然我本人也是旧假名拼写法赞成者,但我并不站在民族主义的立场上。一切都要看其是否具有科学性,是否合乎道理。对此,时枝本人也有过这样的阐述:

> 因此,语言学与国语学的关系,并不是前者是后者赖以立足的指导原理这样的关系,而是作为特殊语言的一个研究结论,既是国语学的批判性对象,又是它山之石。……之所以这样看问题,不是意味着要采取唯我独尊、排斥其他的彻头彻尾的狭隘立场,而是为了切实思考国语学应走的出路,同时也是为了发扬作为西洋语言学立足之点的科学精神。

上文所述的"个别"与"一般"、"特殊"与"普遍"的关系,置换成

"周边"与"中心"也是一样的。它们之间的关系应该与前两者之间的关系是相一致的,这就是笔者的基本立场。

(二)"个别"即"一般"、"特殊性"亦即"普遍性"——以"虚实论"为例

在印欧语中,一般句子里一定有主语,而且"主语"通常是动作的主体。于是,他们便先验性地做出"句子是由主语和谓语构成的"这样的说明。连被追捧为"语言学的革命"并风靡一时的乔姆斯基,也开始极其理所当然地以 S=NP+VP 为前提来分析句子。

然而,日语和汉语并非全然这样。日语方面有主张"主语废止论"的,而汉语中也存在用印欧语的"主—谓"关系无法解释的句子。如:

前边来了一个人。

台上坐着主席团。

玻璃碎了。

房子烧了。

这里的水可以喝。

这些给你。

下雨了。

上面是所谓的"存现句""自然被动句""主体化句(式)"等,这些句子无法悉数归入印欧语中的"主语""谓语"的概念范畴。这样一来,这种"句子=主语+谓语"的规则就应该是属于个别语言的,称不上是语言的本质或一般性。关于这一点,时枝有如下论述:

国语中不存在的现象,就称不上是语言的一般性。国语中不存在的一般性,假设是有,那也仍然只不过是某种语言的特殊

性而已。

印欧语与汉语或日语的差异,不仅仅是"主语"与"谓语",也存在于"动词与宾语"的关系中。印欧语的动宾关系就是"箭"与"靶"的关系,而汉语中这两者之间的关系却极其复杂。

相对于"句子＝主语＋谓语"这种印欧语的句子观,中国的传统上则存在将词语分为虚、实两大类的所谓"虚实论"①。"虚实论"中是这样解释句子概念的:

构文之道,不过实字虚字两端,实字其体骨,而虚字其性情也。(《助字辨略》序言)

构文之道,不外虚实两字,实字其体骨,虚字其神情也。(《马氏文通》例言)

这就是说,中国人认为句子是由"虚字"与"实字"构成的。这种观点也见于伊藤东涯、皆川淇园、荻生徂徕等日本江户时代的汉学家以及铃木朖、富士谷成章等国学者之间。铃木朖在《言语四种论》②中把单词分为"词(指表事物为词)"与"テニヲハ(附加于词之心声也)"两大类,进而把"词"分为了"体之词""形状之词"与"作用之词":

语言分四种。

"词"之四种,一为万物之名称,体之词。又称不动词;一为

---

① "虚实论"本始于南宋的词论,虚字是"表达说话人心情的(《虚字说》"凡其句中所用虚字,皆以托精神而传语气")",实字是"表达实体(对象)的"。古代也称"虚字"为"辞"(《墨子》"以名举实,以辞舒意")或"词"(《说文解字》"词,意内而言外也")。参见内田庆市《中国人は語をどのように分類してきたか—'馬氏文通'以前》,三浦つとむ編《現代言語学批判》,勁草書房,1981年。此外,《文心雕龙》等书中也以"貌"或"情"等词语来解释虚实。

② 1824(文政七年刊本),勉誠社文庫68(1979)。

テニヲハ；一为形状之词；一为作用（动作）之词。合此二者，世称用之词。又称动词、或活用之词、或活语。（第二页表）

前三种词与テニヲハ对照之下，三种词有所指，テニヲハ无所指。若将三种视为词，テニヲハ则为声也。三种指表示事物为词，テニヲハ则赋予其词心声也。词如玉，テニヲハ如绪。词如器物，テニヲハ则如使用器具之手也。（第八页表）

铃木朖的词汇分类法以中国的虚实论为基础，最后在时枝诚记的《词辞论》中得以继承。时枝诚记把词汇分为"词（客体性表达）"与"辞（主体性表达）"两大类，认为句子就是"词包容辞"的结构。因此，他认为"主语"与"谓语"并不是相互对立的概念，其实两者都不过是"客体性表达"，把这两者包容起来的是"辞"，也就是"主体性表达"①。这一观点就是"语言与音乐、绘画一样，都是表达方式的一种，都具有'对象—认识—表达'这一过程性构造"的观点，它基于"语言就是人类主体性活动本身"这一语言观，与构成主义语言学的"构成主义语言观"以及以斯大林为代表的"语言工具论"等观点截然不同。

仔细观察欧洲人的汉语研究，就会发现他们非常巧妙地摄取了中国传统的"虚实论"：

（1）Prémare, *Notitia Languae Sinicae*（translated into

---

① 时枝就主语与谓语的关系做了如下论述："文中出现的主语，并不是作为与谓语对立的成分出现的，而应该把它理解为原本掩藏于谓语、包含于谓语中、最终呈现于表面的成分。"（同上书第371页）汉语方面，藤堂明保氏曾在《中国文法的研究》（《中国文法の研究》，江南书院，1956年）中写道："在汉语中，主语被看作是谓语的附属成分。因此，从广义上来讲，主语也可以说是修饰谓语的成分。"（第139页）

English by Bridgman), Canton, 1847.

The Chinese language, whether spoken or written, is composed of certain parts. These are called Parts of Speech. Each sentence or phrase, to be entire, requires a verb, without which it could have no meaning; and a noun, to designate who is the actor and what is done. It has prepositions, adverb, and also many other particles, which are used rather for perspicuity and embellishment, than because they are absolutely necessary to the sense. The Chinese grammarians divide the characters which constitute the language into two classes, called hu tsz 虚子(虚字), and shih tsz 实子(实字), i.e. (literally) vacant or empty and solid characters.

The solid characters are those which are essential to language, and are subdivided into hwoh tsz 活子(活字), and sz tsz 死字, living and dead characters, i.e. verbs and nouns. (p. 27)

(2) Morrison, *Grammar of the Chinese Language*《通用汉言之法》, Serampore, 1815.

The verb is by the Chinese called sang tsee 生字, *a living word*, in contradiction from the Noun, which they call see tsee 死字, *a dead word*.

The verb is also denominated tung tsee 动字, *a moving word*, and the Noun tsing tsee 静字, *a quiescent word*. (p. 113)

(3) Morrison, *Chinese Miscellany*, London, 1825.

The Chinese usually divide their words into three classes

only, viz. *dead words*, by which they mean the names and qualities of things; secondly, *living words*, by which they mean those which denote action or suffering; and, lastly, words which they denominate *auxiliaries of speech*. (p. 28)

(4) Edkins, *A Grammar of the Chinese Colloquial Language, commonly called the Mandarin Dialect*, 1857.

If a common sentence be examined it is usually found to contain word of two kinds, viz. some that have a sense of their own independent of their use in any particular sentence, and others that are employed only for grammatical purposes, to express relations between words, to connect sentences and clauses, and to complete the sentence, so that it may be clear in meaning and elegant in form. 天晚了都是睡觉去了。In this sentence tu and liau mean nothing when viewed apart from the context. They are employed as subordinate words or particles, under the control of certain grammatical laws. We thus obtain the first and most obvious subdivision of words, and it is that commonly used by the Chinese. They call significant words, 实字 shih tsi, full characters, while the auxiliary words or those which are non-significant, they term 虚字 hu tsi, empty characters, particles.

Words may also be viewed as expressive of actions (verbs) and things (nouns). These two kinds of words are called 活字 hwoh tsi, living characters, and 死字 si tsi, dead characters. (p. 99)

欧洲人把"实字"称为 solid characters(Prémare)、full characters(Edkins)，把"虚字"称为 vacant or empty characters(Prémare)、empty characters(Edkins)，又将"实字"分为"活字"＝living characters(Prémare)、living words(Morrison)与"死字"＝dead characters(Prémare)、dead words(Morrison)。由此可以得知他们是如何把中国人对事物的看法及想法吸收到自己的研究中去的。Edkins 对"虚字"的解释 In this sentence tu and liau mean nothing when viewed apart from context(＝"不为义")忠实地继承了古代中国人的"虚字"概念。① 这不仅是他们从正面钻研汉语的证明，同时也说明他们继承了耶稣会的基督教传教中的"适应主义"方针，更体现了以马礼逊为首的、主张"尊重对方的文化""置身于对方的文化"的翻译观。②

然而，欧洲人之所以能摄取堪称中国人传统语言观的"虚实论"，应该说还有一个原因，就是他们具备了"可以吸收的基本条件"，那就是欧洲的"保尔·罗瓦雅尔语法"。

"保尔·罗瓦雅尔语法-普遍唯理语法"作为 17—18 世纪欧洲拉丁语规范语法受到了高度的评价，并对 18—19 世纪的英语语法产生了深远的影响。其中最关键的内容引述如下：

    所谓语法，就是说话的技法。说话，就是人类通过为表达自

---

① 唐孔颖达《毛诗正义》中对"辞"（即"虚字"）有如下阐述："汉有游女，不可求思，正义曰，以泳思，方思之等，皆不取思为义，故辞也。"（《周南·汉广》）也就是说，《诗经》中"汉有游女，不可求思"中的"思"这个词语，孔颖达把它视为与"泳思""方思"中的"思"一样，都是"不为义"，因此把它称作"辞"。可以说。这种观点与前文中铃木朖把テニヲハ定义为"无所指"的观点相近。

② 关于传教士的翻译观、自觉的自我同化以及"文化的翻译"，参照内田庆市《近代における東西言語文化接觸の研究》。

己的思想而发明的记号来表明自己思想的过程。(p.5)

任何哲学家都认为我们的精神具有三个作用。即认识、判断以及推测。(p.34)

第三个作用只是第二个作用的延长。(p.35)

开口说话是为了表达对认识的事物所做出的各种判断。(p.35)

我们对事物所做的判断称为命题。比如"地球是圆的"。像这样所有的命题都必然包藏着两个辞项。一个称为主部,是人下判断的对象;另一个称为谓部,是判断的内容。另有连接这两个辞项的连系部。

我们可以轻而易举地理解这两个辞项严格来讲属于精神的第一作用。因为这是我们所认识的事物,是我们思考的对象。还可以轻松地领会到两个辞项的连接属于第二个作用。可以说它是我们的精神中所固有的作用,是我们思考的方式。(pp.35—36)

综上所述,得出如下结论:人类为了表达自身精神内所产生的思想,需要有记号;同时,词语应极为普通地做如下区分:即一方表示思考的对象,另一方表示我们思考的形态与方式。(p.36)

如前所述,"保尔·罗瓦雅尔语法"在"人的精神作用大致分为两种"(实际上是三种,不过因为第三种是第二种的延伸,因此将第二作用和第三作用归为一种)的认识论基础上,将词语分为表示"思考的对象"与表示"思考的形态与方式"的两大类。所谓句中的"主部"与"谓部"都属于第一个作用,都是"认识的对象";而连接这两者的成分,即"系词"才是统括整体的"思考的形态与方式"。"思考的对象"

就是"客体性表达","思考的形态与方式"正是"主体性表达(表示说话人心情的词)"。由此可见,这种语言观与中国的"虚实论"以及时枝诚记的"词辞论"如出一辙。这才称得上是名符其实的真正的"语言的普遍性",是"个别"即"一般"、"特殊性"同时也是"普遍性"的一个典型实例。

乔姆斯基对"保尔·罗瓦雅尔语法"给予了重新评价,①指出"保尔·罗瓦雅尔语法"是其所主张的"深层构造"学的先驱。

被誉为语言学革命的乔姆斯基变形语法产生的最大原因之一,是因为以往只重视语言的形式,无视语言的"意思"与"内容"的构造主义语言学,无法解释"形式上完全相同的句子具有两个以上的不同含义"这一所谓的"语言的'多义性'(Ambiguous)"问题的缘故。比如,a light house keeper,既有"灯塔看守人"的意思,又有"轻盈的女管家"的意思。对于这种多义性的语句,乔姆斯基认为其"表层构造相同,但深层构造相异"。解释为"灯塔看守人"时,其"深层构造"应分为 light house 与 keeper;解释为"轻盈的女管家"时,"深层构造"应分为 light 与 house keeper。他认为可以通过读取这种"深层构造"的不同来解决"多义性"的问题。

然而"深层构造"究竟在哪里呢?我们称之为语言的东西,不外乎是已经表达出来的"表层构造"。况且语言表达是有"对象—认识—表达"这一过程性构造的,把"认识"从"对象"当中分割开来思考是不可能的。说是"多义性",但在实际的语言场景中,或在说话人心中,永远只存在一个含义。听话人只能进行"追体验",即从"表层构

---

① 关于保尔·罗瓦雅尔语法的本质与乔姆斯基的重新评价,以及乔姆斯基变形语法的根本性批判,参见宫下真二《英語はどう研究されてきたか》,季节社,1980年。

造"着手,去思考对象,再到达说话人的认识。在这个过程中,有时会产生不同于说话人意图的认识,这就是所谓的"误解"。

乔姆斯基所说的"深层构造",其实是指语言背后最抽象的"认识"问题。将"认识"从"对象"中分离开来,再将其作为先验性的存在去展开具体的句子(即表层构造),这就是造成"误解"的问题所在。这种观点导致人们把辞典中收集的"词汇"当作"语言"本身,或把以语言为媒介的语言规范(即语法)看作是"语言"。正如时枝诚记所讲的,收于辞典中的"词汇"是"根据具体的词语抽象而成的,就像刊印在博物学书籍中的樱花插图一样,只不过是一个具体的个别事物的样品,其本身并不是具体的语言"。也就是说,同样用"狗"这个词,但作为"语言"表达来说,我说的"狗"与他说的"狗"是不同的。

总而言之,关于语言"多义性"的正确理解应该如下所示:

> 一词有多义,是从词的各种用法中总结出来的,到了具体语言环境里,到了一个句子里,一般地说,一词还是一义。①

(三) 横在"文化交涉学"面前的课题——"文化的翻译"——代结语

"文化交涉"或"异文化接触"的过程中,自然有通过"物品"进行交流的,但更多的时候是以"语言"为媒介的。而在这一过程中随时会产生"翻译"的问题。

那么,"翻译"究竟是什么呢?

从现象来看,我们确实可以把它看作是将 A 语言中的 a 词"置换"成 B 语言中的 b 词的过程。

---

① 张鱼甫《歧义是怎样产生的》,《语言的奥妙》,少年儿童出版社,1980年。

然而,"语言与音乐、绘画一样,是人的表达方式之一",当我们立足于具有"对象—认识—表达"这一过程性构造的语言观时,作为语言表达基盘的"人"的存在便成为不可或缺的首要条件。

而且,语言本来与对象不存在直接的关系,语言的"交流"过程中"感性的一面"是被忽视的。语言的"交流"是在"超感性的一面"中进行的。所谓"超感性的一面",换言之,就是某个民族的"共同认识"或者说"规范"以及"认识的集合"。而这个"共同认识"所反映的正是该民族的历史、思维方式＝"文化"等,存在于语言背后的就是这个"文化"。

如此看来,"翻译"就不再是单纯的"词汇的置换"了。

其次,在将 A 语言的 a 词置换成 B 语言的 b 词时,还存在着一个什么是"等价(equality)"的问题。譬如,"狗"＝dog 的过程中,很明显它们的发音、字形等形式并不"相等"。那么,"等价"究竟是什么呢？翻译家们为追求"等价"而饱尝"生产的痛苦",那是因为"语言的翻译"实际上就是"文化的翻译"。对传教士们而言最重要的书籍——《圣经》的翻译过程中,之所以对"译词"如此讲究,原因应该就在于此。要互相传播"异文化",这样的纠葛就会随之而来。

在文化交涉学中,这"文化的翻译"也应该是时刻不忘的。

拙稿探讨了作为文化交涉学领域之一的中国语言学的状况与"周边研究法",进而论述了"个别"与"一般"、"特殊"与"普遍"的关系以及"文化的翻译"等问题。我们所要创建的"文化交涉学"领域中,有待研究的课题堆积如山。就笔者的研究领域而言,就存在"概念形成"(如"国家")的问题、"教育·出版印刷"的问题,以及上述问题如何在文化交涉学中进行定位等各种课题。关于这些问题,笔者将另做探讨。最后引述下文,作为给年轻学者的启示,同时也引以自戒：

> 学问中究竟采用哪种本质论，其实就是一场赌博。因为它能如实地反映学者头脑的质地，也因为"人类只能理解自己的逻辑能力范围之内的东西"这个伟大的真理贯穿其中。这场博弈对学者来说是可怕的。在此怯步不前的人，就会不经深入探讨就追随当下的流行学说以求安身立命。这种缺乏主体性的态度绝不是做学问的正道。①

---

① 铃木觉《形式と機能の彼岸を衝く体系的英文法論》，《翻訳の世界》1982 年第 6 期。

《耶稣会士在音韵学上的贡献》补[1]
——昭雪汤若望文件中的罗马字对音

罗常培[2]

一 引言

在前中央研究院历史语言研究所《集刊》第一本第三分册里（第267—338页），我曾发表了一篇《耶稣会士在音韵学上的贡献》。那篇论文所用的材料，有《程氏墨苑》里利玛窦的罗马字对音，金尼阁的《西儒耳目资》；篇末并附论到受他们影响的方以智《切韵声原》、杨选杞《声韵同然集》和刘献廷的《新韵谱》。我认为耶稣会士对于中国音韵学的第一个贡献是用罗马字母分析汉字的音素，使向来被人看成繁难的反切变成简易的东西；第二个贡献是用罗马字母标注明季的字音，使现在对于当时的普通话还可以推知大概；第三个贡献是给中国音韵学研究开辟出一条新路，使同时和后来的国内学者受了很大的影响。

---

[1] 原刊北京大学《国学季刊》第七卷第二号第211—330页，刊登后罗常培自称文章观点有待商榷，故撤出此文并求教学界批评。原文后附有现藏伦敦大英图书馆的原件，因受本论文集篇幅限制，不收。

[2] 罗常培(1899—1958)，中国著名语言学家，筹建中国科学院语言研究所并担任首任所长。

他们所用的标音系统,照金尼阁《西儒耳目资》里所定,有29个"元音"(即字母),分为三类:

(1)"自鸣"者(即元音 vowels)五:

中字	丫	额	衣	阿	午
西号	a	e	i	o	u
音值	[ɑ]	[e]或[ɛ]	[i]	[ɔ]	[u]

(2)"同鸣"者(即辅音 consonants)二十:

中字	则	测	者	扯
西号	ç	'ç	ch	'ch
音值	[ts]	[ts']	[tʃ]	[tʃ']

中字	格	克	百	魄	德	忒
西号	k	'k	p	'p	t	't
音值	[k]	[k']	[p]	[p']	[t]	[t']

中字	日	物	弗	额	勒	麦	搦
西号	j	v	f	g	l	m	n
音值	[ʒ]	[v]	[f]	[ɣ]	[l]	[m]	[n]

中字	色	石	黑
西号	s	x	h
音值	[s]	[ʃ]	[χ]

(3)"不鸣"者(即"他国用,中华不用"的辅音)四:

    b[b]   d[d]   r[r]   z[z]

"自鸣"的五字叫作"一字元母"。由"元母"互相结合或跟"同鸣"的-m、-n、-l三字结合生出22个"自鸣二字子母":

《耶稣会士在音韵学上的贡献》补

中字	爱	澳	盎	安	欧	硬	恩
西号	ai	ao	am	an	eu	em	en
音值	[ɑi]	[ɑu]	[ɑŋ]	[ɑn]	[əu]	[əŋ]	[ɛn]

中字	鸦	叶	药	鱼	应	音	阿答	阿德
西号	ia	ie	io	iu	im	in	oa	oe
音值	[iɑ]	[iɛ]	[iɔ]	[y]	[iŋ]	[in]	[ʋɑ]	[ʋə]

中字	瓦	五石	尾	屋	而	翁	无切
西号	ua	ue	ui	uo	ul	um	un
音值	[uɑ]	[uə]	[ui]	[uɔ]	[ɚ]	[uŋ]	[un]

二十二个"自鸣三字孙母":

中字	无切	无切	隘	尧	阳	有	烟	月	用	云
西号	eao	eam	iai	iao	iam	ieu	ien	iue	ium	iun
音值	[eau]	[eaŋ]	[iai]	[iau]	[iaŋ]	[iəu]	[iɛn]	[yɛ]	[yŋ]	[yn]

中字	阿盖	无切	阿刚	阿干	阿根
西号	oai	oei	oam	oan	oen
音值	[ʋai]	[ʋei]	[ʋɑŋ]	[ʋɑn]	[ʋen]

中字	歪	威	王	弯	五庚	温	碗
西号	uai	uei	uam	uan	uem	uen	uon
音值	[uai]	[uei]	[uaŋ]	[uan]	[uəŋ]	[uɛn]	[uon]

一个"自鸣四字曾孙母":

中字	西号	音值
远	iuen	[yɛn]

合起来一共有 50 个"字母"(就是韵母 final);而以自"则"至"黑"同鸣者二十字为"字父"(就是声母 initial)。20 个"字父"里头有"轻""重"的不同;从第一到第十是一"轻"一"重"对列;第十以后的九个音都是"轻"音;只有末一个是"重"音。金氏所谓"轻""重"就是"不送气"(unaspirated)和"送气"(aspirated)的分别。五十个"字母"各可分为"清"(-)、"浊"(ˆ)、"上"(ˋ)、"去"(ˊ)、"入"(ˇ)五声;并且第五 u 摄五声皆分"甚""次""中"(u、u̇、ų)三音;第二 e 摄、第十四 ie 摄、第四 o 摄、第十五 io 摄、第二十四 uo 摄的入声,各分"甚""次"二音。所谓"甚""次""中"的解释,照金氏自己说:"甚者自鸣字之完声也。次者,自鸣字之半声也。减甚之完即成次之半"。"中者,甚于次,次于甚之谓也","开唇而出者为甚,略闭唇而出者为次,是甚次者开闭之别名也"。其实,我们撇开"甚"音不论,所谓 u 的次音(u̇)就是[ɿ],u 的中音(ų)就是[ʮ]或[ʯ],e 的次音(e·)就是[ɿ],ie 的次音(ie·)是介乎[i]和[iə]之间的音,o 的次音(o·)是介乎[o]和[u]之间的音,io 的次音(io·)是介乎[io]和[y]之间的音,只有 uo 的次音(uo·),金氏《列音韵谱》第二十四摄里所收的字往往和 o· 或 uo 互见,比较是捉摸不定的。照这样说起来,e·、u̇、ų 各自代表一个特别的音,自然得分别来看,其余 ie·、o·、io·、uo·,几韵的次音符号(·),实际上含有短音符号(˘)和下降符号(˘)两种作用。①

至于利玛窦在《程氏墨苑》里所用的罗马字对音,系统上虽然不如金尼阁的谨严,可是所差的地方也有限。例如:

(1) 利金二氏都用-、ˆ、ˋ、ˊ、ˇ作清浊上去入五声的符号。

---

① 参看《耶稣会士在音韵学上的贡献》。

(2) 利金二氏都用 -n、-m 代表 [-n]、[-ŋ] 两个韵尾辅音。

(3) 利金二氏都用 x-代表 [ʃ] 声母。

(4) 金氏把利氏所分的 c [k]、'c [k‛]（在 a、o、u 前），k [c]、'k [c‛]（在 i 前），q[kw]、'q [k‛w]（在 u 前）并成 k、'k 两个音位；g [γ]、ng [ŋ] 并成一个 g 音位；c [ts]、'c [ts‛]（在 e、i、ŭ 前），ç [ts]、'ç [ts‛]（在 a、o、u 前）并成 ç、'ç 两个音位；j [ʒ]（在 a、o、u 前），g [ʒ]（在 e、i 前）并成一个 j 音位；n [n], nh [ɲ]（在 i 前）并成一个 n 音位；此外各"字父"完全相同。

(5) 金氏删掉利氏所用的 oo、oem 两母，添上 ua、un、oai、oan、uan、oen、uem 七母，又把 lh 改写 ul；此外各"字母"完全相同。

(6) 利氏对于 l 和 r、e 和 æ、i 和 y、u 和 o 的混用现象（例如："利"字或作 lý；或作 lí；"十"字或作 xě，或作 xæ̌；"形"字或作 hîm，或作 hŷm；"功"字或作 cūm，或作 cōm 之类），金氏已经免除。

(7) "字母"受"字父"影响而改变音值的现象，金氏比利氏更有系统（例如："聊"leâo、"良"leâm 和"焦"çiao，"将"çiām 的韵母不同；"爪"kuā 和"花"hoā，"堆"tūi 和"归"qūei 韵母也不同之类）。

(8) "甚""次"的区别利氏所分没有金氏的细密。（例如："俗"sǒ 或 sǒ‛、"必"pyě 或 pyě‛、"使"sǔ 或 su 等，忽分忽不分；"竭""洁"kiě 和"极""及"kiě，"则"cě 和"日"gě，"学"hiǒ 和"蓄"hiǒ，"落"lǒ 和"六"lǒ 等，当分而不分。）

此外，还有 29 个字拼法稍有出入，那就无关宏旨了。①

我在作那篇文章的时候，很想更多找到些材料，好印证当年那些耶稣会士们所用的罗马字对音有没有一致的系统。当时因为材料难

---

① 参看《耶稣会士在音韵学上的贡献》。

得,所以就那么结束了。最近承向觉明先生借给我一部昭雪汤若望文件的影片,那里边有很丰富的罗马字对音的材料,于是我现在才得到补充前文的机会。

二 杨光先诬陷汤若望案的概略

在讨论昭雪汤若望(Johannes Adam Schall von Bell)文件的内容以前,我们应该先把杨光先诬陷汤若望的经过约略叙述一下。据《清史稿》列传五十九,《汤若望传》,若望于顺治元年(1644)六月上书睿亲王多尔衮,王即命他用新法正历,并于顺治二年(1645)以新历颁行天下,定名"时宪历"。清世祖到北京,十一月以汤若望掌钦天监事,加太仆寺卿,寻改太常寺卿,十年(1653)三月赐号通玄教师。旋复加通政史,进秩正一品。当时清朝皇帝对他重用的情形,可以概见。钦天监旧设回回科,若望用新法,久之,罢回回科不置。到了十四年(1657)四月若望革职以后,回回科的秋官正吴明炫就乘机上疏来攻击他道:

> 臣祖默沙亦黑等一十八姓,本西域人。自隋开皇已未,抱其历学,重译来朝。授职历官,历一千五十九载,专管星宿行度。顺治三年掌印汤若望谕臣科,凡日月交食,及太阴五星陵犯天象,占验俱不必奏进。臣察汤若望推水星二八月皆伏不见,今于二月二十九日仍见东方。又于八月二十四日夕见。皆关象占,不敢不据推上闻,乞上复存臣科,庶绝学获传。

并上十四年回回术推算太阴五星陵犯书,日月交食天象,占验图像。别疏又举汤若望舛谬三事:一遗漏紫炁,一颠倒觜参,一颠倒罗计。

八月顺治帝命内大臣爱星阿和各部院大臣登观象台测验水星,不见。议(吴)明炫罪,坐奏事诈不以实,律绞,援赦得免。这是若望革职后所受的第一次诬陷。

到了康熙三年①(1664),新安卫官生杨光先叩阍进所著《摘谬论选择议》,斥汤若望新法十谬,并指选择荣亲王葬期误用洪范五行。又以时宪历书而题"依西洋新法"五字,非所宜用,误以顺治十八年闰十月为闰七月,推算舛误;并斥其所奏天主教为妄言惑众。② 这时候握着康熙朝政治实权的是鳌拜、索尼、遏必隆、苏克萨哈四辅臣,他们颇偏袒(杨)光先。当时礼吏二部会鞫的结果,逐由议政王定谳云:

> 历代旧法每日十二时分一百刻,新法改九十六刻。康熙三年,立春候气,先期起管,汤若望妄奏春气已应,参觜二宿改调次序,四余删去紫炁。天佑皇上,历祚无疆,汤若望只进二百年历。选荣亲王葬期不用正五行,反用洪范五行,山向年月俱犯忌杀。事犯重大,汤若望及刻漏科杜如预,五品挈壶正杨宏量,历科李祖白,春官正宋可成,秋官正宋发,冬官正朱光显,中官正刘有泰皆凌迟处死。故监官子刘必远、贾文郁、(宋)可成子哲,(李)祖白子实,汤若望义子潘尽孝皆斩。

这一网打得真不少!实际上他们所根据的只是吴明炫和杨光先一方面的说法,可是所诬陷的却比第一次凶得多。在康熙四年(1665)一月四日(汤)若望和南怀仁(Ferdinand Verbiest),利类思(Louis Bu-

---

① 《清史稿》误作五年。
② 费赖之(Louis Pfister)《入华耶稣会士列传》谓"(汤)若望被劾之疑凡三:(一)邪说惑众,不合中国忠孝礼法;(二)潜谋造反,聚兵械于澳门;(三)历法荒谬,采用足为中国羞。"(见冯承钧译本202页)。

glio)、安文思(Gabr. de Magalhaens)三神甫银铛入狱,并命将全国诸传教师拘送来京,禁华人奉教。① 幸而康熙帝念汤若望效力多年,又复衰老,杜如预、杨宏量勘定陵地有劳,皆免死,并且让议政王复议。复议的结果,除汤若望改为流徙外,其余仍如前议。奉旨汤若望等并免流徙,只把几个倒霉的李祖白、宋可成、宋发、朱光显、刘有泰砍了头!被拘的各神甫亦并开释,除汤若望外,俱发遣广东。②

这个案子定谳以后,遂罢新法,仍用大统术,除杨光先为钦天监右监副,疏辞,不许;即授监正,疏辞,复不许。(杨)光先编次他所作的书叫做《不得已》③,想拿旧说来纠正汤若望,只是学问赶不上他,于是拉了吴明炫的兄弟明烜担任推算,康熙五年(1666)春,(杨)光先疏言:

> 今候气法久失传,十二月中气不应,乞许臣延访博学有心计之人与之制器测候。并饬礼部采宜阳金门山竹管,上党羊头山玉黍,河内葭莩备用。

七年(1668)(杨)光先复疏言:

> 律管尺寸载在《史记》,而用法失传,今访求能候气者尚未能致。臣病风痹未能董理。

下礼部,言(杨)光先职监正,不当自诿,仍令访求能候气者。同时(吴)明烜奏水星当见,其言复不售。这时候杨、吴的西洋景渐渐戳穿,朝廷知道他们的学术不能胜任,于是起用南怀仁治理历法。南怀仁疏劾(吴)明烜造康熙八年七政民历,于是年十二月置闰,应在康熙

---

① 《入华耶稣会士列传及书目》冯承钧译本 202 页。
② 参用《清史稿》列传五十九,汤若望、杨光先两传,及《入华耶稣会列传》。
③ 1929 年中社影印本。

九年正月。既又言是月二十九日雨水,乃正月中气,即为康熙九年之正月闰当在是年二月。又一岁两春分,两秋分,种种舛误。① 下议政王等会议。议政王等议历法精微,难以遽定,请命大臣督同测验。八年,康熙帝派大学士图海等二十人,会监正马祜测验立春雨水两节气,及太阴水木二星躔度,南怀仁言悉应,(吴)明烜言悉不应。议政王等疏请以康熙九年历日交南怀仁推算。康熙帝问(杨)光先前劾汤若望,议政王大臣会议,以(杨)光先何者为是,汤若望何者为非?及新法当日议停,今日议复,其故安在?议政王等疏言:

> 前命大学士图海等二十人赴观象台测验,南怀仁所言悉应。吴明烜所言悉不应。问监正马祜,监副宜塔喇、胡振钺、李光显皆言南怀仁历法上合天象。一日百刻历代成法,今南怀仁推算九十六刻既合天象,自康熙九年始,应按九十六刻推行。南怀仁言,罗睺、计都、月孛、推历所用,故入历;紫炁无象,推历所不用,故不入历,自康熙九年始,紫炁不必造入七政历。又言候气为古法;推历所不用,故不入历,嗣后并应停止,请将(杨)光先夺官,交刑部议罪。

康熙帝命(杨)光先但夺官,免其罪。南怀仁等复呈告:(杨)光先依附鳌拜,将历代所用洪范五行称为灭蛮经,致李祖白等无辜被戮。援引吴明烜诬告汤若望谋叛。下议政王等议,坐(杨)光先斩。康熙帝以(杨)光先老,贷其死,遣回籍,道卒。刑部议(吴)明烜坐奏事不实,当杖流。命笞四十,释之。在这件案子平反以前,汤若望已经死了。到这时候才恢复了"通微教师"的封号,视原品赐恤。改"通玄"曰"通

---

① 南怀仁有驳杨光先文,中国未见传本。利类思驳杨光先之《不得已辨》中国有印本。

微",那是后来为康熙帝避讳的缘故。①

以上所说是这个案子的概略。不过这件事情的是非曲直,第一牵涉历法问题。这诚如当时议政王所说:"历法精微,难以遽定"。在他们争议不已的时候,康熙帝深忏"己所未学,不能定其是非",于是"发愤研讨,卒能深造密微,穷极其阃奥"。② 可见这件事是不能凭空判断的。第二得明了当时的政治背景。杨光先一方面斥天主教为妄言惑众,蓄意谋叛;在南怀仁一方面又说杨光先依附鳌拜,紊乱历法,诬陷无辜。他们的真相如何,郑毅生先生拟另作专文来研讨,我在这里且不多说外行话。本文的旨趣,只想把昭雪汤若望文件里面的罗马字对音拿来和利玛窦、金尼阁所用的系统比较一下,看一看这班耶稣会士们拼注汉字的方法是否有一致的条理。

三 昭雪汤若望文件的内容和它的音系

昭雪汤若望文件,拉丁原名叫作 Innocentia Victrix,子题作 Sententia Comitiorum Imperii Sinici pro Innocentia Christianæ Religionis Lata Juridice per Annum 1669,是康熙十年(1671)耶稣会士何大化(R. P. Antonius de Gouvea)用汉文和拉丁文对照在广州刊布的。全文除封面和扉页共计 42 页,84 面,每面长十英寸半,宽六英寸半。汉字旁边都附着罗马字对音,各文件的字体也都照原来的式样摹印。原件现藏伦敦大英博物馆(British Museum, 20 MY, 98),1937 年向觉明先生依原件大小影摄一全份。本文的材料完全拿向先生的影摄本作根据。

---

① 参用《清史稿》列传五十九、杨光先、南怀仁、汤若望传。萧穆《敬孚类稿》亦有《杨光先传》。参 Greslon: *Histoire de la Chine*, pp. 35—46.

② 《清史稿》列传五十九,传论语。

昭雪汤若望文件封面
（文件一）

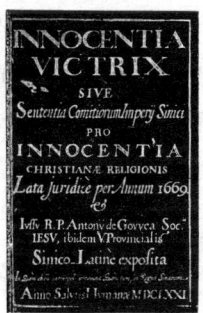

昭雪汤若望文件扉页
（文件二）

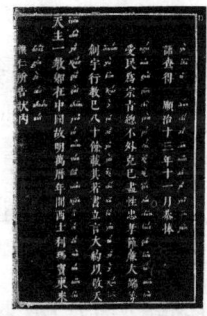

礼部等衙门为详查利类思等
呈控各由题本（文件三）

上谕免杨光先死并免其妻子
流徙天主教除南怀仁等照常奉行外
仍禁止立堂传教（文件五）

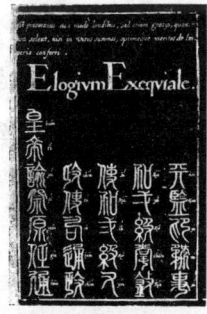

康熙帝赐祭汤若望文
（文件六）

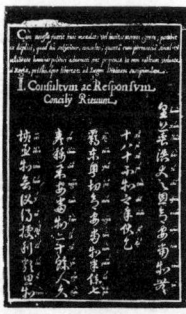

礼部会议拟将利类思具题之处
无庸再议题本（文件九）

这一份文件计有12种：(1)康熙八年五月初五日利类思、安文思、南怀仁奏控杨光先并请昭雪汤若望呈文；(2)礼部等衙门为详查利类思等呈控各由题本；(3)康熙八年七月二十六日上谕议政王贝勒大臣九卿科道会同再行详议具奏；(4)议政王大臣等复议昭雪汤若望、许缵曾、李祖白等，并议将杨光先处斩妻子流徙宁古塔题本；(5)上谕免杨光先死，并免其妻子流徙，天主教除南怀仁等照常奉行外仍禁立堂传教；(6)康熙帝赐祭汤若望文（原件系篆书）；(7)康熙九年十一月二十日利类思、安文思、南怀仁等奏请赦免栗安当等二十余人题本；(8)康熙九年十一月二十八日上谕礼部将利类思等所奏之本确议具奏；(9)礼部会议恐栗安当等各归本堂日久复立堂传教，因拟将利类思等具题之处无庸再议题本（原件系草书）；(10)礼部议羁留广东之栗安当等二十余人内有十余人通晓历法，可俱取来京城与南怀仁等一同居住题本；(11)康熙九年十二月二十一月上谕，准羁留广东之栗安当等二十余人内有通晓历法者来京与南怀仁等同居，其不晓历法者各归本堂，但仍禁止直隶各省一应人等入教；(12)康熙十年正月十八日兵部行咨各省总督抚院查明栗安当等二十五人内有通晓历法者几名即行起送来京。其不知历法者即令各归本堂文。这12件共有2666字，另外还有夹在拉丁文里的26字；两项共计有2692个对音材料。若除去重复的汉字不算，还有666个对音，比起《程氏墨苑》里所收利玛窦的罗马字对音几乎多了一倍。现在把这些对音照金尼阁《西儒耳目资》里"字父"和"字母"的顺序，列表于下：

《耶稣会士在音韵学上的贡献》补

字母\字父	ā	â	à	á	ă	è	é	ĕ	ě	ī	î	ì	í
										依3 伊6	移 仪	已10 以9 拟 倚3 矣2	议17 义 意 异
ç			杂			则3 择 泽							祭2 际
'ç			拆3				妻2						
ch				者12 这	浙	职9 直4	之26 知5			旨10 指	纸5 止		至2 致 製2 治 制 置 智
'ch		查9			察	敕					治2		
c					革								
k					革5 格		羁5			己2 几 幾			既2 忌 记 继
q													
'c													
'k					克3					其29 奇	岂2 起		器2 弃
'q													
p			八11 拔		白4 百 伯 柏								被2 畀 敝
'p													
t			大11		得11 德						弟		帝10 地3
't	他2		塔		特						题10		替
j													
g₁					日13 入10								
v					物3						微8		未
f			法11							非4	匪		费
ng					额2								
g₂													
l					勒					礼4 理4 里2 李2	利4		利10 隶4
m			玛3									弥	
n			纳										
s										西17 洗	徙5		
x				赦4	涉	十31:5实释伤饰?				施2	特5	始	世7 是6 恃 势 逝
h					赫					熙6 希			係8 繫

字母字父	o						u							
	ō	ō̄	ò	ó	ǒ	ỏ	ū	ū̄	û	û̂	ù	ủ	ú	ú̄
							鸣			五				
ç			左	作座	足		孜咨3				祖8	子4	助	自7咨
'ç	初			错							祠慈词	此12		次
ch			着6				诸3				主19	住5着2		
'ch				黜			除3				处6	处2		
c			各14	毂	姑						古2	故6		
k														
q														
'c	科3		可10								苦2			
'k														
'q														
p			暴								部3 不23			
'p														
t	多3		铎	督3 笃								度		
't			夺											
j			若16				途徒	儒汝?						
g₁														
v			屋3				无	诬7			武	务		
f			复8 覆	伏2 福			抚2				俯	负附		
ng			我5	恶7										
g₂														
l				六2 陆							鲁	露		
m				穆2 没 殁2								墓4 慕		
n				诺										
s			所10				思4俟使 师6 司3				死4 使4	数3 素庶		思11事5四 赐11士2肆
x				术	书									
h	荷2 何		火2	合3			呼	狐湖						

《耶稣会士在音韵学上的贡献》补

字母字父	ai				ao				am				an		
	āi	âi	ài	ái	āo	âo	ào	áo	ām	âm	àm	ám	ān	ân	àn
ç			载4 在10	再5			遭2		造2						
'ç		财													参
ch						肇 昭	照8	张			掌2	杜			斩
'ch	差						朝	抄		常2 长					
c		该9		概3					告6						
k															
q															
'c							考			康6			兔		
'k															
'q															
p			败 拜						报3						板
'p															
t			代			道8	到 悼		当13		党3				
't									汤12	堂31			贪		
j															
g_1															
v			外10						汪	王4 妄 亡3	枉3 罔 往2	望			
f									方 芳	房4			凡2 烦	反	
ng			爱2				敖						安17		
g_2															
l			来11				老3								
m			买	卖2			冒 貌								
n			乃										南14 男3		
s													三6		
x							烧						上13 尚2	山2	
h							昊 浩2	号							

字母字父	eu				em			en				ia			
	ēu	êu	èu	éu	ēm	êm	èm	ēn	ên	èn	én	iā	iâ	ià	iá
												衙			
ç			奏6	曾2											
'ç						曾									
ch										占2					
'ch															
c															
k												家3佳2加3嘉		假	驾价
q															
'c	看														
'k		口								恳2					
'q															
p															
'p															
t			窦2			等54									
't															
j		柔	糅												
g₁					仍13			然							
v	万							文8闻	文						
f	犯		阜2	覆											
ng	案4	偶						恩11							
g₂															
l															
m		谋3													
n					能2										
s	散				生6	省16									
x			守					善陕							
h						横									下2

《耶稣会士在音韵学上的贡献》补

字母字父	iā	iê	iè	ié	iě	iě	iǒ	iǒ	iū	iû	iù	iú	iŭ	īm	îm
	押2	也9	夜			一15翼 亦2益	约	域	於5	徐15 于渝	与8字5 语4羽	谕5 御2	聿	应8	
ç				籍3 借	节3	即2:5	爵					聚2		清	
'ç		且2			切	七4					取4			情2	
ch															
'ch														称5	成4呈4程 城3诚
c															
k			给		结	给4 及级2	鞠		居7 俱6		举		具10遽 据3	经9 京8	
q															
'c						确									
'k						乞2:1					瞿 去2	去		卿4	
'q															
p						必4 毕								兵	
'p						的4 迪								平	
t															
't														建12	
j															
g₁															
v															
f															
ng															
g₂															
l						历13立6 栗7					屡2			灵 令6	
m					蔑									明11鸣 名7命2	
n					聂2 捏						女3			宁	
s		邪5			锡2习2 邮2绁	邮4							序		
x															
h						迄		学			许4			行17 刑	

字母字父	ìm	im	ĭn	ín	ìn	ín	oa	oe	uě	ùi	ûi	ùi	úi	õi	ói
			in				oa	oe	ue		ui			oi	
	应	因9 殷	银2 淫		印										
ç					进2 尽2							罪7			
'ç	请3	侵2			尽								痒		
ch		正7 政4	真		朕3 潘 疹?										
'ch			臣15								推?		垂4		
c															
k	境2 敬	金 今12		谨	禁8										
q					国13										
'c															
'k	钦10 勤														
q															
p	并6 病												碑4	贝4	
'p			品												
t	鼎 顶														
't												退			
j												睿2			
g₁		人27 任 仁14													
v															
f															
ng															
g₂															
l	令	临		临2								类8			
m		民	闵												
n												内9			
s	性	新4 心							虽	随					
x	圣3 盛	深	神3	慎					说			水			
h	幸3	歆			化3 或6 惑										

《耶稣会士在音韵学上的贡献》补

字母\字父	uo		um				un			lh			eam	
	uó	uǒ	ūm	ûm	ùm	úm	ūn	ùn	ún	îh	ìh	íh	eâm	eám
										而5	尔3	二15		
ç			宗4 踪		总4		尊8							
'ç			从											
ch			中6 忠4 终		仲 众		准							
'ch					重2									
c			供3 公恭2 躬2 共工											
k			空		恐	控								
q	过2	郭												
'c														
'k														
'q														
p														
'p														
t			东15											
't			通14	同6 佟 铜2	痛									
j														
g₁														
v														
f			风	逢	捧	奉11								
ng														
g₂														
l												良3	两	
m				蒙										
n														
s					送5									
x								顺2						
h			洪											

字母\字父	iai		iao		iam				ieu				ien	
	iāi	iài	iāo	iáo	iām	iâm	iàm	iám	iēu	iêu	ièu	iéu	iēn	iên
ç				要	杨10 洋6	阳			由3 油				言3 严6	焉
ç					将3			将10?					歼	
'ç					详2	详2?							千 迁	前6
ch														
'ch														
c														
k	皆3	解4	交		教	江3			九7 久6	旧			监5 间2	奸3
q														
'c														
'k														
'q														
p			表3											
'p														
t														
't									天32					
j														
g₁														
v														
f														
ng						,								
g₂														
l									流5 留3	刘			廉2	怜
m														
n														
s					相3		象2 像2	修6					先18	
x														
h			晓9	孝	乡 香	享2			朽				唧	

《耶稣会士在音韵学上的贡献》补

字母字父	ièn	ién	iuě	iûm	iúm	lūn	iûn	oâi	oèi	oéi	oâm	oân	oên	uěi	uêi
			月8日3粤3	容5荣	用4		云								
ç	渐														
ʻç															
ch															
ʻch															
c															
k		见2建2鉴2													
q														归10	
ʻc															
·k	遭														
ʻq															
p	辩扁	便2变													
ʻp															
t	典														
ʻt															
j															
g₁															
v															
f															
ng															
g₂														为10危惟3	
l															
m	免														
n	辇	念6													
s			雪				巡								
x															
h	显	陷2						怀12	毁3熾		会8	皇14	还7	魂2	

字母\字父	uèi	uéi	uām	uàm	uám	uên	uèn	uén	uōn	uòn	uón	iuēn	iuèn	iuén
ç												原6爱6 缘3员	远6苑 冤3?	院
'ç														
ch			状											
'ch				创2			舛	传5						
c														
k												蠲		
q	诡		光15	广8			棍		官7 管?					
'c							宽	款2						
'k											权3			
'q														
p							本13		半3?					
'p			盆				潘		叛					
t							端2		段					
't														
j														
g₁														
v														
f			坟4 焚3				愤							
ng														
g₂		为8												
l									乱					
m				门6					满					
n														
s									宜2				选	
x														
h														

每个字后面的数字是在这份文件里发现的次数，又凡是在这文件里找不到例字的表中就不把它的音类另立空格。就上面的表来看，其中一共有 26 个声母，46 个韵母。在声母一方面，大体和金尼阁的系统相同，只有"格""克"各分三类，"日""额"各分二类，是依照利玛窦的系统；不过，"则""测""搦"各拼为一类又和利氏的拼法不同。关于没有声母的字，金尼阁都算是元音起头儿的，并没有另立"字父"。在这份文件里所有没声母的字，第一韵素是 a、o 的，归入 ng；第一韵素是 u 的，除"为""惟""危"诸字外，改写作 v，遇到单纯 u 韵有时只写 v，而省略韵母，如"呜"作 v̄，"五"作 v̀，但"无"作 vû，"务"作 vú，并不一致。前表为排列方便，"呜""五"之类，列入纯韵栏。第一韵素是 i 的，改写作 y，遇到单纯 i 韵一律写作 y，而省略韵母，如"依""伊"作 ȳ，"移""仪"作 ỳ，"已""以""倚""矣""拟"作 ý，"义""议""意""异"作 ỳ，"因""殷"作 ȳn，"银""淫"作 ŷn，"印"作 ýn，"应"作 ȳm、ým。前表为排列方便，凡由 i 改 y 者，仍列入纯韵栏。这些地方都和利玛窦的拼法比较近似。至于"额母"虽然分为 g、ng 两类，可是归字并不和利氏全同。利氏用 g 拼的疑纽的"艾""悟""吾""卧"，影纽的"秽"，云纽的"为"等，而这里只有"为""惟""危"几个字，照条理来类推，"艾"应该归入 ng，"悟""吾""卧"应该归入 v，不过这些字并不见于这份文件里罢了。此外还有些两见的字；如"尽"有 çin 和 ‘çin 两读，由于从纽的仄声变全清或次清尚没一定；"革"有 kĕ 和 cĕ 两种拼音，由于 e 音介乎侈音和弇音之间，容易发生两可的犹豫写法。除去上面所指出来的以外，都和利金二氏的一般原则相合。

在韵母一方面，这里的 46 类比金尼阁多出一个 io 韵，少了 ua、eao、uoi、uan、uem 五韵。属于 oi 韵的只有"碑""贝"两个字，照金氏的"悲"poëi、"眉"moêi 等字来类推，这两个字本来应该和"毁"

"煨"hoèi、"会"hoéi 等字同属 oei 韵的。现在单立 oi 韵,好像把唇声母的字另外分出一类来。至于所缺的五韵,有的很显然是在这份文件里找不到例字的,如 eao(应拼"聊""了""料"等字),uem(应拼"肱""矿""靰"等字),uai(应拼"怪""快"等字),ua(应拼"瓦""瓜""夸"等字)之类;有的因为把第一韵素 u 改写作 v,因而并入 an 韵的,如 uan 韵(例如"万"金氏作 uán,利氏有 ván、uán 两式,这里只写作 ván)。在《程氏墨苑》里所收利玛窦的罗马字对音也没有 ua、uan、uem 三韵。又"而"韵作 lh 不作 ul 跟利氏同,跟金氏不同;还有拿 i 介音起头儿的结合韵母,在 l 声母的后边韵头改作 e-,拿 u 介音起头儿的结合韵母在 h 声母的后边,韵头改作 o-:那是跟利金二氏的办法完全一样。此外还有四点应该提出来讨论。

(1) 在 ng 声母后边 e 写作 he,eu 写作 heu,en 写作 hen:

和 ng 声母相拼的 e 韵"额"字发现两次,都写作 nghě;eu 韵"偶"字发现一次,写作 nghèu;en 韵"恩"字发现十一次,十次写作 nghēn,一次写作 ngēn。在别的声母后边却一律写作 e、eu、en。这是因为 ng 照例只和 a、o 等相拼,而这个 e 音近于[ə]所以也可以和它相拼,为避免跟普通 e 音含混,于是在前面加上一个 h。在元朝用八思巴文所拼的汉字音,遇到[ə]音的时候也写作 he,[1]那便是一个很好的旁证。现在法国人流行的拼法遇到硬性声母有被读作软性的嫌疑时,也照例在它的后面加上一个 h,安南的"国语"罗马字,便有好多这类的例子。

(2) en、ien 两韵有时混乱:

---

[1] 参看我所作的《八思巴文和元代官话》(*hPhags-pa and Ancient Mandarin*),稿本未印。

en 韵里的"然"gên、"善""陕"xèn、"占"chén 等,和"文""闻"vên、"恩"nghēn、"恳"kèn 等,实际上并不同韵。前一类本来应该属于 ien 韵,因为在 ch、'ch、x 声母的后边,i 介音被吞掉,所以就混到这一韵里来了。若要根据现在的读法去构拟当时的实际语音,那么,前一类应该是[ɛn],后一类应该是[ən]。

(3) "甚""次"的写法不大谨严:

我在前文已经说过,利氏对于"甚""次"的分别不及金氏的细密。例如:"俗"sŏ 或 sŏ·、"速"sŏ 或 sŏ·、"必"pyě 或 pyě·、"笔"piě 或 piě·、"一"yě 或 yě·、"习"siě 或 siě·、"使"su 或 sú 等,忽分忽不分,"竭""洁"kiě 和"极""及"kiě、"则"cě 和"日"gě、"学"hiǒ 和"蓄"hiǒ、"落"lŏ 和"六"lŏ 等,当分而不分。在这份文件里也有好多类似的现象。例如:

"十"xě(31)   xě(5)   "即"ciě(2)   cie(5)
"乞"kiě(2)   ‘kiě(1)。

还有"迄"字本来应作 hiě,而在文件里仅见的一次却写作 hiě,可见这里所分的也赶不上金尼阁的谨严。

(4) 拼音的错误:

这一项又可分作三目:

(a) 念别字。这份文件里有些地方因为念别字而把拼音弄错了的。例如:

"蒙恩命南怀仁仍推新历"(原件页四前)的"推"字,本应读‘tūi,误读作‘chūi。①

---

① 案"推"《广韵》汤回切又义佳切,今两广、福州亦读"推"之字音为 chui。此处虽与北京音不合,或系根据当时之粤音而来。

"恩赐昭雪"(原件页六前)的"昭"字,本应读 chāo,误读作 cháo。

"恭捧上谕"(原件页十前)的"捧"fùm 应该是"奉"的错字。

"屡行严饬"(原件页十后)的"饬"xě字,本应作"饬"chě。

"不意余风未殄"(同上)的"殄"字,本应读 tiěn,误读作 chǐn。

"实系有徒"(同上)的"系"hí字,本应作"繁"fân。

(b) 前后的参差。有些字前后的拼音颇不一致。例如：

"邮"有的写作 siǒ：

"又李祖白等各官该部照原官恩邮"(原件页二十一后)。

"特恩邮遣官致祭"(原件页二十八前)。

"殁者赐邮"(原件页三十一前)。

"亡故者赐邮"(原件页三十七后)。

有的写作 siě：

"照伊原品赐邮"(原件页二十一前)。

"邮死报勤国家之盛典"(原件页二十七后)。

"思"有的写作 sǔ,有的写作 sú："利类思"和"安文思"的"思"字,原件在第九页以前作平声,第九页以后作去声。

"临"有的写作 lîn：

"屡次圣驾临堂"(原件页三十二前)。

有的写作 lǐn：

"上主赫临"(原件页二前)。

"临下有赫"(原件页四前)。

"文"有的写作 vên：

"安文思"(原件页三前,九后,三十后,三十二后)。

"御制碑文"(原件页五前,三十一后)。

"世祖皇帝赐汤若望碑文"(原件页十一前)。

"晓习天文"(原件页二十七后)。

有的写作 vèn：

"掌司天文"(原件页二十六后)。

"令"有的写作 lím：

"今房屋令人居住"(原件页五后)。

有的写作 lîm：

"今房屋令人居住"(原件页十二前)。

"令人居住"(原件页十二后)。

"仍令伊等照旧供奉"(原件页二十后)。

"令该督抚差人解送来京"(原件页二十一前)。

"不便令各归本堂"(原件页三十七后)。

"即令各归本省本堂可也"(原件页四十二前)。

"详"有的写作 siâm：

"再行详议具奏"(原件页十九前)。

"会同详议"(原件页三十一前)。

有的写作 siàm：

"查得此案俱系详查"(原件页十三后)。

"将"有的写作 ciām：

"将先帝数十年成法妄谮"(原件页四前)。

"将无辜远人二十余人押送广东羁绁"(原件页五后)。

有的写作 ciám：

"将通微教师之名一并革去"(原件页十三前)。

"岂可不将是非议明"(原件页十八后)。

"将天主教仍令伊等照旧供奉"(原件页二十后)。

"光先将奉旨所留天主堂龛座碑记自行拆毁"(原件页二十二前)。

"将光先仍即行处斩"(原件页二十二前)。

"将利安当二十五人不必取来京城"(原件页三十五后)。

"将利类思等具题之处无容再议"(原件页三十六前)。

"将伊等各归本堂"(原件页三十七后)。

"将利安当等俱取来京城"(原件页三十八前)。

以上这些字里,"邨"字在当时或有 siǒ、siě 两读,"思"字也许因为转译外国文的原名时声调微异。像"临"读去声,[1]"文""详"读上声,"令"读阳平,[2]却都和通行的读法不合。"将"字虽有平去两读,可是照文义看起来似乎该读平声。现在也有些人把这类用法的"将"字读作上声,却没有人把它读作去声。所以我把这些字都当作拼错了的。

(c) 读破四声。还有些字的声调在这份文件里虽然标的一致,可是和现在通行的念法不同。例如:

"冤"于袁切,应读阴平,这里作上声 yuèn(原件页五后,十八后,二十二前)。

"半"博漫切,应读去声,这里作阴平 puōn(原件页三十一前,三十五前,三十九后)。

"抚"芳武切,应读上声,这里作阳平 fû(原件页二十一前,四十二前)。

"管"古满切,应读上声,这里作阴平 quōn(原件页二十一后)。

"汝"人诸切,应读上声,这里作阳平 jû(原件页四十后)。

"共"渠用切,应读去声,这里作阴平 cūm(原件页三十前"神人共愤"句)。

照一般的念法,这些字的声调显然是标错了。

---

[1] "临"有力鸩切,但训"众哭",与此不合。
[2] "令"《集韵》有郎丁切,《正韵》有离呈切,训"厮役曰使令"。

以上这四项，我列表的时候，把 he、heu、hen 仍拼在 e、eu、en 行里不另分出。ien 写作 en 的，依照文件里的实际拼法来归类；"甚""次"混淆的，也照实际的读音归类；但把发现的次数分计，并不加在一起。例如："十"作 xě 的 31 次，作 xě 的 5 次，实际应读作 xě，便都归入 xě 格内，但在后面注明 xě(31:5)，以资识别。至于那些拼错了的字，仍照原来的拼法排列，不加改正，但在字后面附加一个疑问号(?)。

四　结论

综起上文来看，我觉得何大化刊行的这份文件里所用的罗马字拼音，虽然和利玛窦、金尼阁两个人所用的各有些小的出入，可是像拿 x 代表[ʃ]，拿 m 代表[ŋ]，以及"甚""次"的分别，五声的符号，在在都可以表现他们内部一致的地方。这份文件的刊行(1671)在利玛窦开始用罗马字标注汉音(1605)后 66 年，在《西儒耳目资》成书(1625)后 46 年，照理说它的系统应该和金尼阁接近的，可是像"格""克"各分三类，"日""额"各分二类，以及"而"韵写作 lh，和没有 ua、uan、uem 三韵之类，何以反倒和利玛窦接近呢？我以为，当时耶稣会士所用的罗马字拼音，虽然有个"大致不离"的规模，却不限制"大同小异"的出入。金尼阁《西儒耳目资》里的《列音韵谱》和《音韵经纬全局》，是经过中国学人的指示，根据中国音韵的条理，加过一番整齐划一的工夫的，自然和一般耶稣会士所用的拼音系统稍有不同。利玛窦和何大化的标音只是根据那个"大致不离"的规模来顺手拼写，并没有专心致志地想作成一部音韵学的专书，难免在有定之中略微有点儿参差，因此这两个时代距离较远的，拼音的系统反倒接近了。

(1941年1月20日写竟于昆明冈头村北大公舍,同年5月24日重订于昆明靛花巷三号北大文科研究所。1950年12月17日在北京付印。)

附录:何大化昭雪汤若望文件

这份文件是向觉明先生由英国伦敦博物馆摄照的。这篇文章的初稿曾经把其中的罗马字对音都摘记出来作为附录,但是排印时感觉非常困难,后来承向觉明先生慨然惠借原件全部影印,又承中国科学院图书馆顾家杰、胡彦久两位先生帮助照像复制,因此才能把280年前的罗马字对音的材料照原样儿印出来跟读者相见。首先我们要感谢向先生和顾、胡两先生的合作!

这份文件的内容和详细目录已见本文第三部分,这里不必再多说。它在中国音韵学上的贡献,本文里也已经分析、讨论过了。至于它在历史上的意义,向觉明先生本来答应写一篇短跋来讨论,可是他从朝鲜慰问回来,负着到各地传达的重要任务,抽不出时间来执笔,因此我不得不简单说几句话。

自从1590年以来,天主教传教士利玛窦(Matteo Riui)、龙华民(Longobardi)等陆续到中国来传教,当时中国在西洋人的眼目中正是一个新发现的大陆,是一个传布天主教的广大区域。一般欧洲的传教士都企望天主教能向中国首都逐步发展,所以东来的传教士大半都是先到了澳门、广州,然后再到杭州、南京,由杭州南京再发展到北京。汤若望就是明天启三年(公元1623)一月二十五日跟龙华民一同到北京的。

当时他们为了推广宗教的势力,就凭藉着带来的科学技术以谋求发展。发展的主要手段有两种:(1)以馈赠方物的方法来接纳高级官吏。(2)因高级官吏的引荐,假借造枪炮术和观象修历的科学知识来攀援最高的统治者,由此他们可以取得华宠,进而达到造堂传教的目的。① 例如汤若望在明末修历,后来又受过李自成的优礼,满洲入关以后又靠观象授时、制订历书的功劳,做钦天监监正,外加"通玄教师"的美名;利类恩(Ludwig Buglio)和安文思(Gabriel de Magalhaes)都做过张献忠的"天学国师"。从这种事实足可以看出他们共同的行径了。在清初汤若望有了崇高的职位以后,反而对于利类恩和安文思依附张献忠的"罪行"不肯积极营救,无怪乎给利安二人辩护的金弥格(Michael Trigault)讥讽汤若望说:"坐在玻璃房里的人不可拿石块投掷别人!"②这正说明了他们的步伐是一样的!

  杨光先跟汤若望争讼,这是历史上的一次反天主教运动,在此以前已经发生过两次。第一次在1616年,那时汤若望还没来到北京。当时南京礼部侍郎沈㴶上疏弹劾天主教,③列有北京、南京和其他城市里几个传教士的姓名。疏中所开条款的大意说:谲诈不测的外国人宣扬主宰全世界的天主教,到处劝人信奉,以为非此不足救渎灵魂;在他们的天文学中为天空的每一星宿都另画轨道,而禁止教徒奉祀祖先。它的结论是:人们应当把这些夷族摒诸八万里之外,没收他们的书籍;并且追究他们何时到中国,人数若干,款项从何处供给,何人曾经帮助他们编纂书籍:然后国家才可以太平。疏上以后,结果把住在南京的王丰肃(P. Vagnoni)、鲁德照(Alvarode Semedo),和住

---

  ① 1622年邓玉函(Terrentius)给罗马教廷法倍尔(Faber)的信里说过:"吾等在此修历,对日蚀之推算最感需要,因藉修历之名义,可免被驱逐出境也。"
  ② 参看魏特(Alfons Väth)《汤若望传》,杨丙辰译本第 98、212、227、261、265、398、467 等页。
  ③ 沈㴶字铭缜,乌程人,《明史》卷二百十八有传。

在北京的熊三拔(Sabathino de Ursis)、庞迪我(Jakob de Pantoja)都驱逐到广东、澳门去了。①

第二次是喇嘛教跟天主教的斗争。1651年顺治亲政以后,汤若望曾经弹劾喇嘛僧徒势力过于强大,结果酿成喇嘛教跟天主教的暗斗,到了顺治末年,僧侣曾经假借皇帝的名义发表一种反对天主教的文件。当时因为顺治猝死,未能实行。康熙即位后,辅政大臣清理宫廷,驱逐太监,才把僧侣所作的那些反对天主教的文件焚毁,这场斗争也就没闹起来。②

关于杨光先跟汤若望的争讼,本文中已经简略叙述过了,这里可不再提。这场争讼虽然由杨光先开端,可是政治背景并不简单。他的背后有辅政大臣、回教的天算家,以及太监、喇嘛等。他们在政治上和经济上都有很大的势力。这桩缠讼八年的案件直到1667年康熙亲政才算完结。

从现在来看,杨光先在科学上是失败的,在政治上虽然有了反对帝国主义的初步思想,不幸也终归失败。我们发表这批材料原来只为供给一些中国音韵史料,可是研究清初历史和帝国主义侵华史的人们如果能利用它再找到一些历史的意义,那更是我们所企望的了。

(一九五一,"七七"十四周年纪念,罗常培补记。)

---

① 《汤若望传》第76、95页。
② 同上书第95、262、322、327等页。

罗明坚、利玛窦《葡汉辞典》所记录的明代官话[①]

[美]杨福绵[②]

一 《葡汉辞典》手稿的发现

天主教耶稣会史学家德礼贤于1934年在罗马耶稣会档案馆中发现了一组手稿,编号是Jap.— Sin.,I,198.,手稿共189页,是写在中国纸上的。长23公分,宽16.5公分。这组手稿的内容并不一致,只是因为纸张和墨迹相同,档案保管人(年代姓名未详)把它们编为一组。手稿第32—165页是一部葡萄牙语和汉语对照的辞典。我们称它为《葡汉辞典》(以后简称《辞典》)。《辞典》前后的附页内容零散不一。包括学习汉语用的笔记、词汇、天干地支、十五省名称、天文知识及天主教教义、简介等杂项。其中最值得注意的是第3a—7a页,用罗马字标题的 Pin ciù ven tà ssì gnì(见附

[①] 原刊中国语言学会编《中国语言学报》第5期,商务印书馆,1995年,第35—81页。

[②] 杨福绵(Paul Fu-mian Yang),美籍华裔学者,曾任美国华盛顿乔治城大学教授,对汉语方言、上古汉语等都颇有研究。

图 1)。德礼贤把它译成《平常问答词意》。① 不过据笔者最近研究的结果应该译为《宾主问答辞义》。德氏把 Pin 误读为 Pim(平),把 ciù 误读为 ciā(常),把 gnì(义)误认为 yi(意)。原来这是一本会话小册子,是帮助新到中国的传教士学习会话用的。在对话各句子前面都标有 ciu gin iuo(主人曰)、chè iuo(客曰)、tū iuo(童曰)、ven you(问曰)、ta you(答曰)等字样。"主人"是指传教士;"客"(人)是指来访的中国文人或官员;"童"是指传教士雇用的童仆。全文用罗马字拼写,因为没有汉字,所以有许多词句不易辨认。从笔迹来看,我们可以断定这篇对话是罗明坚写的。其罗马字系统大致和《辞典》中用的相同。其余杂俎笔记,是利玛窦或他的汉语教师写的。

二 《葡汉辞典》的编者和年代

根据手稿的纸张、笔迹,以及内容,我们可以证明这部《辞典》的主编者是罗明坚,合编者是利玛窦。编纂年代当是罗利二氏初入中国广东肇庆传教的时期。他们两人于 1583 年秋天抵达肇庆,而罗氏则于 1588 年冬离开中国返回罗马。因此这部书稿当在 1584—1588 年间完成。也很可能是罗氏亲自带回罗马去的。除了笔迹以外,我们还可以根据《辞典》前的附页,得到更确切的结论。上面提到的《宾主问答辞义》里 5a 页有下面一段宾主对话:

  Che iuo: si fu tau cie li yi chi nien liau

---

① D'Elia, Pasquale, S. J. 1942—1949: *Fonti Ricciane*. 3 vols. Rome: La Libreria dello Stato. I:23, 脚注 1。利玛窦著、何高济等译《利玛窦札记》,中华书局,1983 年,第 336 页译注①:"即《平常问答词意》",误。

[kʻəʔ yoʔːsʅ fu tau tʃɛ li i ki niɛn liau]

客曰：师父到这里已几年了？

Ta iuo：zai yeu liā nien

[taʔ yoʔːtsʻai iəu liaŋ niɛn]

答曰：才有两年。

Che iuo：giu chin ni schiau teʼ mun cie piē cuō cua po schiau teʼ

[kʻəʔ yoʔː ʒu kin ni xiau təʔ ŋo mun tʃɛ piɛn kuɔn xua poʔ xiau təʔ]

客曰：如今你晓得我们这边官话不晓得？

Ta iuo：ye schiau teʼ chi chiu

[taʔ yoʔːiɛ xiau təʔ ki ky]

答曰：也晓得几句。

Che iuo：ye chian te.

[kʻ əʔ yoʔːiɛ kiaŋ təʔ]

客曰：也讲得？

Ta iuo：lio schio kiā chi chiu

[taʔ yaʔːlioʔ xioʔ kiaŋ ki ky]

答曰：略学讲几句。

附页中(12a—16b 页)还有用中文写的天主教教义介绍。文中有"僧（罗、利二氏初到中国时自称为'僧'）……三年前到广东肇庆"。罗利二氏于1583年秋天到肇庆开始学习汉语并建堂传教。因此"才有两年"和"三年前"，应该是1585—1586年间。也正是这个时期，他们二人在加紧学习汉语，感到双语辞典的需要，才着手编写了这部《葡汉辞典》。以葡语为原语的理由是因为葡语是当时欧洲及亚洲葡萄牙殖民地共同交际语。到印度、中国及日本等地来传教或经商的人士都通晓葡语。

三 《辞典》的内容

手稿没有封面,也没有书名和编者的姓名。德礼贤称它为 Dizionario portoghese-cinese(《葡汉辞典》),并撰文介绍过。[①]《辞典》编排的方式分三栏:第一栏是葡语词条,依拉丁字母 ABC 次序排列,不过有时次序不太严格。词条始自 Aba da vestidura "裙子",终于 Zunir a orelha "耳朵响"。德氏以为始自 Abitar "居住",[②]这是因为他把《辞典》的第一页(手稿第 32a 页,见附图 2、3)遗漏了。这一栏不但收葡语单词,有时也兼收词组和短句。例如葡语 Aguoa "水"条下收了 17 条词组:

葡语词	罗马字	汉语词
Aguoa	scioj	水
Aguoa de frol	zen sciā scioj	甄香水
Aguoa de poso	çin scioj	井水
Aguoa de fonte	yuō [sic!] scioj	泉水(案 yuō 为 çiuō 之误)
Aguoa do rio	ho scioj	河水
Aguoa da chuva	yu scioj	雨水

[①] D'Elia, Pasquale, S. J. 1938: Il primo dizionario Europeo-Cinese e la fonetizzazione Italiana del Cinese. *Atti del XIX Congresso Internazionale degli Orientalisti*. Rome, 172—178; D'Elia, Pasquale, S. J. 1938a: Découverte de nombreux et importants documents relatifs à l'histoire des missions catholiques en Chine de 1580 à 1610. *Atti del XIX Congresso Internazionale degli Orientalisti*. Rome, 693—698.

[②] D'Elia, Pasquale, S. J. 1938:173 及 1942—1949: I:23.

Aguoa salguada	yen scioj	盐水
Aguoa salobra, cozida	chiu[sic!]guo scioj	煮过水（案 chiu 为 ciu 之误）
Aguoa...	（有六条葡语词组未填汉语对应词语）	
Aguoa clara	çin scioj	清水
Aguoa da fazer	tau scioj	挑水（案 tau 为 tiau 之误）
Aguoar	（无罗马字）	灌水（案当为 cuon scioj）
Aguoar o vinho	zā scioj	渗水（酒中掺水；"渗"为"掺"之误）

第二栏是罗马字注音，是罗明坚的笔迹。这是罗氏在肇庆学习汉语汉文时所创制的最早的罗马字注音，不过系统尚不完备。例如无送气音和声调符号；声母和韵母的拼法尚未完全一致，不免有模棱含混的地方。我们可以称它为罗氏方案。利玛窦晚年(1606年)，在北京时，赠给了程大约（字幼博，1541—1616?）四篇罗马字注音文章。程氏把这四篇文章收入了他编的《程氏墨苑》里而刊行于世。[1] 利氏还写了一部《西字奇迹》，但是久已失传。最近顾保鹄教授发现了这部书的孤本。现存于罗马梵蒂冈图书馆（全书共六页，编号是 Racc. G. Orientale 231.12）。顾教授并撰文介绍证实了《西字奇迹》的内容只是三篇罗马字注音文章，而且这三篇文章和《程氏墨苑》所收的四篇罗马字注音文章中的前三篇完全相同。更指出这六页的书边上清楚地刻着《西字奇迹》的书名，是1605年利氏在北京刻印的原本。次年利氏在这三篇文章后面又加写了一篇《述文赠幼博程子》连同四幅木刻宗教画，赠给了程氏。（见附图5）[2]这两种罗马字拼音文章中的

---

[1] 程大约《程氏墨苑》，1609年；利玛窦著、北京辅仁大学编《明末罗马字注音文章》，文字改革出版社，1957年。

[2] 顾保鹄《喜见利玛窦神父的〈西字奇迹〉孤本》，《教友生活周刊》，1983年11月10日，第6页。尹斌庸《〈西字奇迹〉考》，《中国语文天地》1986年第2期，第7页，其结论与顾氏不谋而合，只是晚了三年。

音韵系统,是根据罗氏方案修订而成的。我们可以称它为利氏方案。后来金尼阁于 1626 年在杭州刊行的《西儒耳目资》就是根据利氏方案增订而成的。罗常培对利氏及金氏的方案做过详细的研究介绍。①《辞典》中并不是每个汉字每个汉语词或词组都有罗马字注音。一般来说,在一个词条中,只有第一个词或主要的词有注音,它后面的同义词或文言词则没有注音(见下面论第三栏中所举的例子)。

第三栏是汉字汉语词条。是中国人的笔迹。大概是罗利二氏的汉语教师或其他文人书写的。汉语词条中包括单音节词、双音节词、词组和短句,这些词语以口语为主,兼附同义词和文言词,可以代表明代的口语,是明末官话的珍贵语言资料。一条葡语词可能有好几个汉语对应词。一般先列口语词,然后再列同义或近义词及文言词,例如:

葡语词	罗马字	汉语词
Bom parecer	piau ci	嫖致,美貌,嘉("嫖"为"标"之别字)
Escarnar	co gio	割肉,切肉、剖肉
Espantadigo	chijn pa	惊怕,骇然,惊骇
Esperar, confiar	van, cau, sin	望,靠,信
Estudar	to sciu	读书,看书,观书
Fallar	chiā cua, sciuo cua	讲话,说话

---

① 罗常培《耶稣会士在音韵学上的贡献》,《历史语言所集刊》第一本,第三分,第 267—388 页,1930 年。

| Fallar Mādarin | cuō cua, cin yin | 官话、正音（案 Mādarin 即 Mandarin） |
| Falecer | ssi, uan, cu | 死，亡，故，殁 |

32a—34a 页第三栏后附加了意大利语词条，从笔迹上看似乎是利玛窦添加的。这部《辞典》手稿尚未完成。据初步统计，葡语词汇约收 6000 余条，而与之对应的汉语字词只有 5460 多条，有 540 多条葡语词汇未填汉语的对应词。这并不足为奇，因为这部《辞典》可能是中国第一部葡汉双语辞典，[1]当时根本没有类似的辞书可以参考，有许多西方的词语，汉语里还没有合适的对应译法。例如在葡语"水"的词条中有一条是 Aguoa benta，是天主教的主教或神父祝圣过的水，简称"圣水"（英语叫 Holy water），当时罗利二氏刚到中国，这个宗教名词尚未翻译，所以只好付诸阙如。

这部《辞典》是否有副本，后来是否完成出版，我们不得而知。在利氏晚年所著的《中国传教史》（何高济等译为《利玛窦中国札记》，刘后余、王玉川译为《利玛窦中国传教史》）第四卷第三章最后一段记述传教士们编字典的事，编纂工作是利氏及其他传教士于 1598 年，由北京返回南京的途中开始的。他说："神父们租了一艘很好的船，价钱非常便宜，因为回程的船多半是空的，租金都不贵。但舵手很穷，没有别的助手，也没有仪器设备。因此航行了一个月才到临清。为了避免荒废旅途中的时光，早来（中国）的会士们，便利用这段时间编写了一部优美的字典。钟鸣仁修士（Sebastiano Hernandez, S. J., 1563(?)—1621(?)）精通中国语言，给予了很大的帮助。他们把汉语

---

[1] 明代的《华夷译语》是番汉对照的分类词汇，不是狭义的双语辞典。

的字和词按照一定的规律和次序编成了一套表格,这对(后来传教士)学习汉语有很大的帮助。他们发现,这个语言(即汉语)都是由单音节的字或词组成;中国人发音时,必须注意每个字的声调和送气音,要注意用哪一类的发音来区别词义,否则每个词或字听起来好像都没有区别一样。这是中国语言最难学的地方。对于仔细分辨送气音和不同的声调方面,郭居静神父(Lazzaro Cattaneo, S. J., 1560—1640)贡献很大。因为他是一位优秀的音乐家,善于分辨各种细微的声韵变化,精确地辨明声调的高低。于是他们拟定了五个符号来区别声调,一个符号来表示送气。利玛窦神父命令全体耶稣会士都一律采用这几个符号,不得擅自增减更改,以免造成混乱。会士们将统一的标音法用于已编好的字典,及将来要编的其他字典,这样都可以彼此传阅,一目了然,使我们全体会士在这门学问上,获得更大的效果与用途。"①

德礼贤以为利氏上面所述的字典就是《葡汉辞典》。他说:"我也找到了欧洲人编写的第一部欧汉字典。这是罗明坚和利玛窦合编的第一部汉学著作。毫无疑义地,这便是季尔赫尔(Athanasius Kircher,又名基歇尔)在1667年所提到的。"他说:"我有一部为我们(耶稣会传教士)使用的汉语词典手稿,如能获得印刷费,我很想把它付印成书。"②但是事实上恐怕并非如此。17世纪耶稣会史学家巴尔多里(Daniello Bartoli, S. J., 1608—1685)在他的《耶稣会史》称

---

① D'Elia,1942—1949,Ⅰ:31—33;利玛窦,1983:336,译者注①谓"即《平常问答词意》",误;利玛窦著,刘俊余、王玉川合译《利玛窦中国传教史》,台北光启出版社、辅仁大学出版社,1986年。

② D'Elia,1938a:695.

这部字典为 Vocabulario Sinicoeoruopeo《汉欧字汇》或《汉欧字典》。① 上述季尔赫尔称它为《汉语字典》，而且是可以付梓的定稿，就是说，其中罗马字系统声调及送气音符号都已定型。这一切都表示这部字典的原语是汉语，是一部《汉欧（葡）字典》，它与《葡汉辞典》并非一书。那么《汉葡字典》是否已经出版？这问题很难回答，因为现在我们尚未发现和这部手稿相同的辞典。不过还有一个探究的线索，那就是费赖之（Louis Pfister, S. J., 1833—1891）的《入华耶稣会士列传》1934 年法文增订版的卷末参考书中（996 页）附了一条 * Catalogue Ms de Pékin《北京手抄（耶稣会士人名）目录》。在该条脚注中谓这份目录是裴化行（Henri Bernard, S. J.）和范德本（Fr. Van den Brandt, C. M.）两位神父在一部《汉葡字典》手稿附录里发现的。而这部字典是他二人于 1933 年在北京图书馆发现的。该手稿编号是 22.658，共 8+624+34 页，32 开本。字典未标明编著者姓名、成书年月及地址。费氏书增订人在括弧里注有"或许是 1660—1661？（年间完成的）"②。这部字典很可能是根据利玛窦等的《汉葡字典》编成的。不过要解答这个问题，必须查阅该稿本，并与《葡汉辞典》的罗马拼音方案以及词汇做一番比较和考证的工作，才能得到结论。

---

① Bartoli, Daniello, S. J. 1665: *Dell'historia della Compagnia de, Giesù. La Cina*. Torino, 1825, repr. 16:196—200.

② Pfister, Louis, S. J. 1932—1934: *Notices biographiques et bibliographiques sur les Jésuites de l'ancienne mission de Chine*, 1552—1773. 2 vols. Variétés Sinologiques, 59. Shanghai: Imprimerie de la Mission Catholique. II:996.

四 罗明坚汉语拼音早期方案的系统

上一节已经提过,《辞典》中所用的罗马字拼音系统恐怕是中国最早的一套汉语拼音方案。不过因为它属于初创,在声母和韵母拼写法上,尚未完全定型,甚至有些模棱混淆的地方。下面就把这方案的拼写特点摘要地介绍一下。

(一) 根据 16 世纪意大利语及葡萄牙语字母的拼音

1. 根据意大利语的拼法。

(1) c=[tʃ]或[tʃ·]:在 i,e 元音前。例如战 cen[tʃɛn],丈 ciam[tʃaŋ];臭 ceu[tʃ·əu],出 cio[tʃ·ɔʔ]。利氏方案中改用 ch 和 ch·。

(2) c=[k]或[k·]:在 a,o,u 元音前。例如该 cai[kai],官 cuon[kuɔn];看 can[k·an],可 co[k·ɔ],苦 cu[k·u]。利氏方案中改用 k,k·,q(u),q·(u)。

(3) c=[x]:有时在 u 元音前。例如花 cua[xua],火 cuo[xuɔ],欢 cuon[xuɔn]。意大利中西部托斯卡纳(Toscana)区方言中,c 在两个元音之间读如[x]。罗氏用 c 代表[x],大概是借用了这个方言的读法。不过这样一来,(b)和(c)便混淆了。因此利氏方案中把 c 改为 h。

(4) ch=[k]或[k·]:在 i,e 元音前。例如家 chia[kia],狗 cheu[kəu];巧 chiau[k·iau],口 cheu[k·əu]。利氏方案中改用 k 及 k·。

(5) q=[k]或[k·]:在 u 元音前。例如怪 quai[kuai],广 quan[kuaŋ];快 quai[k·uai],旷 quam[k·uaŋ]。

(6) sch=[x]:在 i 元音前。例如喜 schi[xi],下 schia[xia],学 schio[xiɔʔ]。利氏方案中改用 h。

(7) sc＝[ʃ]：在 i 元音前。例如是 sci[ʃʅ]，水 scioi[ʃui]，善 scien[ʃɛn]。利氏方案中改用葡语字母 x。

(8) z＝[ts]或[tsʻ]：在 i(ʅ)，a, e, u 元音前。例如自 zi[tsʅ]，在 zai[tsai]，助 zu[tsu]；菜 zai[tsʻai]，粗 zu[tsʻu]。利氏方案中改用 ç 及 çʻ。

(9) gn＝[ɲ]：例如业 gnie'[ɲieʔ]，砚 gnien[ɲiɛn]，源 gniuon[ɲyɔn]。利氏方案中改用葡语字母 nh。

2. 根据葡萄牙语的拼法。

(1) ç（或 ç c）＝[ts]或[tsʻ]：在 i 元音前。例如自 çi[tsʅ]，节 cie'[tsieʔ]，酒 çiu[tsiəu]；慈 çci[tsʻʅ]，前 çien[tsʻiɛn]。

(2) g＝[ʒ]：在 e, i 元音前。例如人 ge'[ʒəʔ]，人 gin[ʒin]，肉 gio[ʒɔʔ]。利氏方案中在其他元音（指 a, o, u）前改用法语字母 j。

(3) -m＝[-ŋ]：例如当 tam[taŋ]，像 siam[siaŋ]，中 cium[tʃuŋ]。

(4) -ṽ＝[-n]或[-ŋ]：天 tien 或 tiē[tʻiɛn]，看 can 或 cā[kʻan]；当 tam 或 tā[taŋ]；窗 zam 或 zā[tsʻaŋ]；想 siam 或 siā, siāo[siaŋ]；顿 tun 或 tū [tun]；东 tun 或 tū[tuŋ]。从上面的几个例子可以看出，用这个鼻化音符号代表-n 和-ŋ 很容易把 an—aŋ 和 un—uŋ 两对韵相混。因此利氏方案中把它取消了。（见下文）。

（二）声母拼法特点

1. 无送气音符号。

这并不证明，罗氏当时未注意到送气音的存在，而只是还没有找到适当的符号。原来罗曼语族语言中没有送气音与不送气音的区别，因而在用罗马字拼写汉语音节，包括拼写人名地名时，都不加送气音符号。利氏方案中采用了/ʻ/号附在辅音后面上端表示送气音，例如怕 pʻa[pʻa]、他 tʻa[tʻa]、开 cʻai[kʻai]，以别于罢 pa[pa]、大 ta

[ta]、该[kai]等。后来拟制汉语拼音方案的人大多沿用了利氏的方法。

2. 用同一音标拼写不同的声母。

(1) 以 c 拼[k],[kʻ],[x]。上面已举过数例,这种模棱两可的拼音,大多出现在合口韵前面,偶然也出现在开口韵前面。例如"看"和"漢"(汉)都拼作 can,但为数甚少。一般在开口韵前罗氏用 h[x],例如海 hai[xai]、好 hau[xau]、后 heu[xəu]、黑 he'[xə?]。

(2) 以 g 拼写[x]及[ʔ]声母。例如湖 gu[xu]、滑 gua[xua]、灰 guei [xuei];瓦 guɑ[ʔua]、卧 guo[ʔɔu]、为 guei[ʔuei]。关于瓦、卧。为等字声母 g 字的音值,我们还不甚清楚,它可能代表一种喉塞音或喉擦音。罗常培把它拟为浊喉擦音[ɣ]。我们把它拟为喉塞音[ʔ]。因为瓦、卧、为等字,在现代江淮方言中,没有读擦音的,绝大多数读零声母。再者,从喉塞音变为零声母,更合乎音变的规律。

3. 用同部位的辅音拼写同一个声母。

例如以 c 及 g 拼[x]:红[xuŋ]有 cum 及 gum 两种拼法;以 ch 及 gh 拼[k(i)];紧[kin]有 chin 及 ghin 两种拼法;起[kʻi]有 chi 及 ghi 两种拼法。不过第二种拼法(gh)比较少见。

4. 同一个字的声母(及韵母)拼法不同。

有一些字的拼法声母(和韵母)不同。有时音标相同,有时音标完全不同。例如"花"字有 cua[xua],fa[fa]两种拼法;"还"字有 cuan,guan[xuan],fau[fau]三种拼法。cua 及 cuan 是罗氏方案的官话音拼法;fa,fau 是当时某种方音的拼法。我们把《辞典》中声母有两种不同拼法的一些字和几个现代方言读法比较如下:

表1

例字	罗氏记音		现代方音						
	官话音	方音	扬州	南京	北京	长沙	南昌	梅县	广州
花	cua[xua]	fa	₅xuɑ	₅xuɑ	₅xua	₅fa	₅ɸa	₅fa	₅fa
火	cuo[xuo]	fo	ˆxo	ˆxo	ˆxuo	ˆxo	ˆɸo	ˆfɔ	ˆfɔ
户	cu[xu]	fu	xuˀ	xuˀ	xuˀ	fuˀ	ɸu²	fuˀ	wu²
婚	cun[xun]	fun	₅xuəŋ	₅xuəŋ	₅xun	₅fən	₅ɸun	₅fun	₅fɐn
还	cuan[xuan]	fan	₅xuē	₅xuā	₅xuan	₅fan	₅ɸan	₅fan	₅wan

从上表我们可以看出,罗氏的官话音与现代官话方言音(南京、扬州、北京)音大致相同。而他拼的方音则与现代(客家)梅县相同。

和上面的例子正相反,有一些字的官话音声母是 f,方音声母是 c[x]:

表2

例字	罗氏记音		现代方音					
	官话音	方音	南京	扬州	北京	厦门	潮州	福州
法	fa	cua[xua]	fɑˀ	fæˀ	ˆfa	huatˀ	huapˀ	xuaʔˀ
费	fi	cuei[xuei]	fəiˀ	fəiˀ	feiˀ	huiˀ	huiˀ	xeiˀ
伏	fu	cuo[xuo]	fuˀ	fɔˀ	₅fu	hɔk₂	hok₂	xuʔ₂
服	fu	cuo[xuo]	fuˀ	fɔˀ	₅fu	hɔk₂	hok₂	xuʔ₂

上表里面的罗氏的官话音除"费"字的韵母外,其他都和现代北京音相同。而他拼的方音声母和韵母却和厦门与潮州方音相同或相近。

读者不禁要问:罗氏既然学习的是当时的官话标准音,怎么会有南方方音出现呢?这个问题并不难解答。罗明坚和利玛窦到中国后的第一站是广东省的肇庆。他们二人在那里开始学习官话,一定请了一两位中国文人做语言教师,这一点利氏在他致上峰的信中也提到过的。这些教师大概都不是北方人,而是南方人,其中一定有操客家话和闽方言的广东人或福建人。他们当然会说官话,不过在教罗利二氏官话时,有时不小心偶尔会把自己的方音土话流露出来。罗明坚当时刚开始学汉语。读汉字,也分不清哪个是标准音,哪个是方音,听见老师怎么读便怎么记,把听到的方音也记了下来。而手稿未经修改便送到罗马去了,一直保存到今天。这对研究明代方音的人,倒是一批很珍贵的资料。《辞典》中方音异读的出现,可以证明罗氏的拼写和记音相当客观正确。

5. 同一个声母有时用单辅音、有时用复辅音拼写。

例如,用 ç 或 çc 拼写[ts]或[tsʻ]:则 çe'[tsə?], 姊 çci[ts ɿ];窃 çe'[tsʻə?],慈 çci[tsʻɿ];用 s 或 ss 拼[s]:色 se' 或 sse'[sə?];用 c 或 cc 拼[tʃ]或[tʃʻ]:知 ci 或 cci[tʃɿ],迟 ci,齿 cci[tʃʻɿ]等。

6. 同一个字拼写时,有时有声母、有时无声母。

这种情形只出现在古"疑"母齐齿呼的字里。例如,"义"有 gni[ȵi]—yi[i]两种拼法,"业"有 gnie'[ȵie?]—ie'[ie?]两种拼法。利氏方案中仍保存两种拼法,只是把 gn 改为 nh,例如,"业"nhiĕ—iĕ。金尼阁的《西儒耳目资》中也有两种拼法,即 niĕ'—iĕ'。这暗示在明末清初期间"疑"声母在高元音 i 前,处在逐渐消失的过程中。

(三) 韵母拼法特点

1. 同一韵母拼法不同。

(1) 韵母 i [i]拼作 i, j, y, ij, iy。例如,悲 pi、py、起 chi、chij、chiy,基 chij、计 chi。做韵头时,例如羊 iam、jam、yam,曰 iuo、yuo。这是因为当时意大利语中的 i, j, y 三个字母可以通用。

(2) 韵母 ui[ui]拼作 ui, uj, oi, oj。例如,吹 ciui[tʃʻui],睡 sciuj[ʃui],水 scioi、scioj、sciuj [ʃui],乳 giui、gioj[ʒui]。

（3）合口韵 uo[uɔ]，有时拼作开口韵 o[ɔ]。例如，过 cuo[kuɔ]、co[kɔ]；货 cuo[xuɔ]、co[xɔ]。

（4）合口韵 uon[uɔn]有时拼作开口韵 on[ɔn]。例如，乱 luon[luɔn]、lon[lɔn]；船 ciuon[tʃ'uɔn]、cion[tʃ'ɔn]；捲 chiuon[kyɔn]、chion[kiɔn]。

以上(3)和(4)两种拼法暗示出，罗氏的汉语教师在发音时，有时把合口韵说成开口韵，这大概是受了自己方言的影响。现代有些方言如江淮方言及某些南方方言，中古合口韵字有读开口韵的：

表 3

例字	罗氏记音		现代方音					
	官话音	又音	北京	扬州	南昌	梅县	广州	厦门
过	cuo[kuɔ]	co[kɔ]	kuoᵒ	koᵒ	kuoᵒ	kuoᵒ	kwoᵒ	koᵒ
货	cuo[xuɔ]	co[xɔ]	xuoᵒ	xoᵒ	xoᵒ	foᵒ	foᵒ	hoᵒ
乱	luon [luɔn]	lon[lɔn]	luanᵌ	luõᵌ	lɔnᵌ	lɔnᵌ	lynᵌ	luanᵌ
船	ciuon[tʃ'uɔn]	cion[tʃ'ɔn]	₅tsʻuan	₅tsʻuõ	₅tsʻɔn	₅sɔn	ᶜtʃ'yn	₅suan ₅tsun

从上表看来，罗氏的开口韵又音介于扬州、南昌、梅县等方音之间。他的老师之一很可能是客家人。

2. 鼻音韵尾-m,-n,-ṽ 的混用。

前面讨论拼写法时已经指出，按照葡语的拼写法，罗氏用了两个韵尾辅音，即-m [-ŋ]及-n[-n]。不过除此以外，他又兼用鼻化元音符号 ṽ，这个符号可以代表-m 及-n，甚至于有时用-n 代-m。这一来，鼻音韵尾[-ŋ]—[-n]便发生了混淆的现象。例如，zəm[tsʻəŋ]，又拼作 zan、zā；单 tan[tan]又拼作 tā；当 tam[taŋ]又拼作 tan、tā；东 tum[tuŋ]又拼作 tun、tū 等。不过单 tan 从来也不拼作 tam；山 san 从来也不拼作 sam；顿 tun 从来也不拼作 tum。由此可见"当""东"等字的标准拼法是 tam、tum,而 tan、tā、tun、tū 只是 tam、tum 的省略拼法。利氏方案中的拼法则完全标准化了。

3. 同一个字韵母拼法不同。

例如,猫 mau[mau]又拼作 meau,miau[miau];筛 sai[sai]又拼作 ssi[sɿ];子 zi,çi[tsɿ]又拼作 zai[tsai](今作"崽");该盖 cai[kai]、coi[koi];海 hai[xai],hoi[xoi];在 zai[tsai],zoi[tsoi]。"猫"字的 mau 是官话音;meau,miau 是方音。今梅县音 miau°,厦门音 miau°,南昌音 miɛu°。"该""海"等字的又音大概是受了客家或广东话的影响,今把各字官话音和方音列表比较如下:

表 4

例字	罗氏记音		现代方音		
	官话音	方音	北京	梅县	广州
该	cai[kai]	coi[kɔi]	₋kai	₋kɔi	₋kɔi
盖	cai[kai]	coi[kɔi]	kai°	kɔi°	kɔi°
海	hai[xai]	hoi[xoi]	ᶜxai	ᶜhɔi	ᶜhɔi
在	zai[tsai]	zoi[tsoi]	tsai°	ts'ai°	tsɔi²

4. 同一个字声母和韵母拼法不同。

例如,耍 scia[ʃa]、so[sɔ];手 scieu[ʃəu]、siu[sy];书 sciu[ʃu]、ssi[sɿ];序 su[su]或[sy](?)、ssi、si[si]或[sɿ](?)、sciu[ʃu]。"序"字的标准拼法是 siu[sy],罗氏的拼法杂乱不一,可能是因为教师发音不太正确所致。现代方音中序字梅县音 si°,广州音 tsœy²,厦门音 su²。

5. 因文白异读而韵母不同者。

下面的例子,第一个读法是白话音,第二个读法是文言音:白、百 pa[pa?]、po[po?];去 chij[k'i]、chiu[k'y];锯 chi[ki]、chiu[ky];行 schin[xin]、ham[xaŋ];隔 chie'[kie?]、che'[kə?];食 cie'[tʃ·ə?]、scie' [ʃəʔ];生 sen[sɛn]、sin[sin];灯 ten[tɛn]、tin[tin]。

6. 入声韵 e'[əʔ]。

上面已经提到罗氏方案中没有标声调的符号。但是遇有古入声收 e 元音时,罗氏便在 e 后面加上一个 ' 号,例如,得 te',墨 me',色 se',裂 lie',七、节 çie' 等,而在其他元音后则不加此号,例如,拉 la,不 po,国 cuo 等。这个符号可能代表元音的短促及喉塞音韵尾[ʔ]。因为早期的 e'、ie' 在利氏方案中写作 ĕ、iĕ。其他入声韵也加"ˇ"号,如 ă、iă、ŏ、iŏ 等。这个"ˇ"符号是代表入声的,下面还要讨论他们所学的口语,是以当时(明末)南京一代的方言为标准的。现代的江淮方言中绝大多数还保存着入声及喉塞音韵尾。

五 《葡汉辞典》里所反映的音韵系统及其特点

下面的声母及韵母表,包括拟音、罗氏方案、利氏方案及例字。拟音是参照意大利及葡萄牙语语音拼法及罗常培的拟音而成的。罗氏方案是根据《辞典》里的汉字注音,利氏方案是根据利氏赠给程大约的四篇注音文章归纳出来的。罗氏方案里未标送气音符号,拟音里的符号是参照利氏方案添进去的,表中的例字也是从《辞典》中选出的。每个例字后面的注音是罗氏方案的拼法。括弧里是利氏方案的拼法。但是因为四篇注音文章里的字数有限,有时找不到和早期对应的字例,便用《西儒耳目资》里的字和拼法补缺,注音用斜体字母以示区别。《西儒耳目资》的方案虽源于利氏方案,但也有不同之处,有关这两个方案的异同,可参阅罗常培著《耶稣会士在音韵学上的贡献》一文。

表5 声母表

拟音	罗氏	利氏	例		字			
[p]	p	p	邦 pam(pām),		不 po(pǒ),		抱 pau(páu)	
[pʻ]	p	pʻ	怕 pa(pʻá),		破 po(pʻo),		僻 pieʻ(pʻiě)	
[m]	m	m	玛 ma(mà),		门 men(mên),		明 min(mīm)	
[f]	f	f	方 fam(fām),		非 fi(fi),		法 fa(fā)	
[v]	v,u	v	万 van(ván),		无 uu(vû),		味 ui,vi(ví)	
[t]	t	t	大 ta(tá),		道 tau(táo),		东 tum(tūm)	
[tʻ]	t	tʻ	他 ta(tʻā),		桃 tau(tʻâo),		通 tum(tʻūm)	
[n]	n	n	难 nan(nân),		能 nen(nêm),		内 nui(núi)	
[l]	l	l	赖 lai(lái),		流 leu(liêu),		雷 lui(lūi)	
[ts]	c,ç,çc	ç (e,i)	则 çe(çě), 即 çie(çiěˇ)		自 ci(çú),		姊 çci(çù),	
	z	ç(a,o,u)	子 zi(çù), 助 zu(çú)		早 zau(çào)		哉 zai(çāi),	
[tsʻ]	c,ç,çc	çʻ(e,i)	窃 ce(ʻçiě),		慈 çci(ʻçû),		前 çien(çʻiên)	
	z	çʻ(a,o,u)	草 zau (çʻào),		愁 zeu (chʻêu)		粗 zu(çʻū)	
[s]	s,ss	s	死 si(sù), 山 san(xān);		事 ssi(sú), 小 siau(siào)		三 san(sān),	
[tʃ]	c,cc(e,i)	ch	战 cen(chén),		知 ci,ccy(*chī*),		正 cin(chím)	
[tʃʻ]	c,cc(e,i)	chʻ	臭 ceu (chʻéu),		齿 ci,ccy(cʻhì)		城 cin(chʻîm)	
[ʃ]	sc(i)	x	是 sci(xí),		手 scieu(xèu)		辰 scin(xîn)	
[ʒ]	g(e,i)	g(e,i) j(o,u) lh	人 geʻ(jǒ), 肉 gio(jǒˇ), 儿 gi(lȟ)		然 gen(gên), 如 giu(jû), 耳 gi(lȟ)		人 gin(gîn), 冗 gium(*jùm*), 二 gi(lȟ)	
[k]	c(a,o,u),	c(a,o,u)	改 cai(cài),		过 co(*cúo*),		故 cu(*cú*)	
	ch(e,i)	k(i)	狗 cheu(*kèu*),		家 chia(kiā),		锯 chiu(*kiú*)	
	q(u)	q(u)	怪 quai(quái),		鬼 quei(quèi)		广 quam(quàm)	
[kʻ]	c(a,o,u)	cʻ(a,o,u)	开 cāi(cʻāi)		可 co(cʻò)		堪 can(cʻān)	
	ch(e,i)	kʻ(i)	口 cheu(ʻkèu)		巧 chiau(kʻiào)		去 chiu(ʻkiú)	
	q(u)	qʻ(u)	快 quai(ʻkuái)		癸 quei(qʻuēi)		旷 quam(qʻuám)	

拟音	罗氏	利氏	例	字	
[ŋ]	ng(a,o,u)	ng	爱 ngai(ngái),	碍 ngai (ngái),	我 ngo(ngò)
	ngh(e)		额 nghe(gě)	恩 nghen(gēn),	硬 nghen(gém)
[ȵ]	gn	nh(i)	义 gni(ni),	业 gnieʼ(nhiě)	浓 gnium(nûm)
[x]	h(a,e,o)	h	好 hau(hào),	后 heu(héu),	何 ho(hô)
	c(u)		花 cua(hōa),	火 cuo(huò),	玩 cuon(uôn)
	g(u)		湖 gu(hû),	滑 gua(hoǎ),	灰 guei(hōei)
	sch(i)		喜 schi(hì),	下 schia(hiá)	学 schio(hiǒ)
[ʔ]	g(u)	g,ø	瓦 gua(uà),	卧 guo(guó),	为 guei(guéi)
			艾 gai(gái),	吾 gu(gû),	王 guam(uâm)
			外 guai(vái)		
[o]	i,j,y	i,j,y	以 i,y(ì,j,ỳ)	因 in,yn(ìn,ȳn),	
			羊 iam,jam,yam(yâm),	~ieʼ,yeʼ(yě)	
			咼(㕶)o(ō),	五 u(ù),	恶 u(ú)

表6 韵母表

拟音	罗氏	利氏	例	字	
[ɿ]	i	ù	思 ssi(sū̆),	死 si(sǔ),	四 si(sú)
[ʃ]	i,y	i,y	之 ci(chȳ),	时 sci(xî),	是 sci(xi)
			齿 cí,ccy,(chʻi)		
	i	lh[ər]	而 gi(lȟ),	耳 gi(lȟ),	二 gi(lȟ)
[i]	i,ij,y	i,y	欺 chij(kʻī),	其 chi(kʻi),	肥 fi(fi),
			利 li(lý),	医 y(í)	
[u]	u	u	都 tu(tū),	徒 tu(tʻû),	主 ciu(chù)
			树 sciu(xú)		
[y]	u	iu,yu	女 nu,gnu(niù),	驴 lu(1iû),	序 su(siú),
			鱼 yu(yû)		
	iu	iu	居 chiu (kiū),	鱼 iu(iû),	举 chiu(hiù),
[a]	a	a	怕 pa(pʻá),	马 ma(mà),	他 ta(tʻā),
			拿 na(nâ)		
[ia]	ia	ia,ya	家 chia (kiā),	下 schia(hiá),	牙 ia(yâ),
			雅 ia (yà)		
[ua]	ua	oa	瓜 cua(koā),	花 cua(hoā),	化 cua(hoá)

拟音	罗氏	利氏	例		字		
[ɔ]	o	o	破 po(p'ó),		多 to(tō),		我 ngò(ngò),
			何 ho(hô)				
[io]	io	iue(?)	痂 chio('kiue),		靴 schio(hiue)		
[uɔ]	uo	uo,oo	火 cuo(huò),		卧 guo(guó),		座 zuo(çóo)
[ɛ]	e	e	者 cie(chè),		这 cie(ché),		车 cie(ch'ē)
[iɛ]	ie,ie'	ie,ye	些 sie(siē),		邪 sie(siê),		也 ie(yè),
			夜 ie(yé)				
[ai]	ai,ay	ai	来 lai. lay(lâi),		开 cai(k'āi),		海 hai(hài),
[iai]	iai,yai	iai	解 chiai(kiài),		街 chiai(kiāi),		鞋 schiai(hiâi)
[uai]	uai	oai,uai	乖 quai(kuāi),		快 quai('kuái),		淮 guai(hoâi)
[uei]	uei,uej oei,uei,uey		鬼 nuei(kuèi),		窥 quey('kuéi),		灰 guei(hoei),
			为 guei(guêy)				
	oi	oei	贝 poi(poéi),		陪 poi(poêi),		
			妹 moi(moéi,múi)				
		ui	衰 soi(sūi),		碎 soi(súi),		水 scioi(xùi)
[ui]	ui,uj	ui	对 tui(túi),		内 núi(núi),		泪 lui(lúi),
			锥 ciui(chūi),		吹 ciui(c'hūi),		睡 sciui(xúi)
		ụ(?)	乳 giuj(jù)				
[au]	au	ao	包 pau(pāo),		好 hau(hào),		少 sciau(xào)
[iau]	iau	eao,iao	燎 liau(leâo).		了 liau(leào),		小 siau(siào)
[əu]	eu	eu	州 ceu(chēu),		臭 ceu(ch'eu),		手 scieu(xèa)
		ieu	流 leu(liêu),		硫 leu(liêu)		
[iəu]	ieu	ieu	求 chieu('kiêu),		九 chieu(kièu),		救 chieu(kiéu)
[an]	an	an	谈 tan(t'ân),		感 can(càn),		山 san(xān)
[iɛn]	ian	ien	间 chian(kiēn),		闲 schian(hiên),		眼 yan(ièn),
	ien	ien	点 tien(tièn),		天 tien(t'iēn),		焉 ien(iên)
[uan]	uan,uoan	uan,uon	关 cuan(kuan),		宽 quoan(k'uon)		瓤 guan(uán)
[ɔn]	on	uon	半 pon(puón),		团 ton('tuôn),		短 ton(tuòn),
[uɔn]	uon	uon	乱 luon(luón),		观 cuon(quōn),		欢 cuon (huōn)
	uon	un	饨 tuon(tún),		吞 tuon('tūn),		顺 sciuon(xún)
		uen	滚 cuon(kuèn),		困 cuon('kuen)		
[yɔn]	iuon	iuen	捲 chiuon(kiuèn)		全 çiuon(ç'iuén),		冤 yuon(iuēn)

拟音	罗氏	利氏	例		字			
		un	尊 çiuon(çūn),		村 çiuon('çūn)			
[ɛn]	en	en	根 chen(kēn),		恩 nghen(gēn),			
			珍 cen(chēn),		善 scien(xén)		然 gen(gén)	
[əŋ]		em	灯 ten(tēm),		曾 çen('çêm),		生 sen(sém)	
[uɛn]	uen	uen	分 fuen(fuēn),		问 vuen(vuén),		瘟 guen(uēn)	
[in]	in	in	林 lin(līn),		谨 chin(kìn),		沉 cin(ch'în),	
			身 scin(xīn)					
			人 gin(gîn),		尽 çin(çín),		心 sin(sīn)	
[iŋ]	in	im, ym	命 min(mín),		鼎 tin(tìm),		经 chin(kīm),	
			形 schin(hîm),		整 cin(chìm),		证 cin(chým),	
			城 cin(ch'îm),		净 çin(çím),		请 çin('çim)	
[un]	un	un, uen	粪 fun(fuén),		顿 tun(tún)			
[yn]	iun	iun	君 chiun(kiūn),		裙 chiun('kiūn),		云 iun(iún)	
[aŋ]	am	am	方 fam(fām),		倘 tam(t'ǎm),		浪 lam(lám),	
			上 sciam(xám),		藏 zam(ç'âm),		往 uam(vàm)	
[iaŋ]	iam	iam, eam	量 liam(leâm),		降 chiam(kiam),		将 çiam(çiām),	
			想 siam(siàm),		像 siam(siám)			
[uaŋ]	uam	uam, oam	广 quam(quàm),		旷 quam(k'uám),		黄 guam(hóam)	
[uŋ]	um	um, om	风 fum(fūm),		同 tum(t'ūm)			
			工 cum(cūm, cōm),				众 cium(chúm)	
[yŋ]	ium	ium	穷 chium(k'iûm),		熊 schium(hiûm),			
			兄 schium(hiūm)		容 yum(yûm),		用 yum(yúm)	
[aʔ]	a	ă	法 fa(fǎ),		拉 la(lǎ),		杀 sa(xǎ)	
[iaʔ]	ia	iă	甲 chia(kiǎ),		瞎 schia(hiǎ),		压 ia(iǎ)	
[uaʔ]	ua	oă, uă	刮 cua(kuǎ),		滑 gua(hoǎ),		刷 sciua(xoǎ)	
[əʔ]	e'	ě	墨 me'(mě),		得 te'(tě),		肋 le'(lě),	
			色 se'(sě)					
[iəʔ]	ie'	iě', yě'	笔 pie'(piě'),		力 lie'(lyě'),		释 scie'(xiě')	
[ieʔ]	ie'	iě	别 pie'(piě),		裂 lie'(1iě),		节 cie'(çiě)	
[yeʔ]	iue	iuě	雪 siue(siuě)					
[ɔʔ]	o	ŏ	博 po(pǒ),		落 lo(lǒ),		索 so(sǒ)	

拟音	罗氏	利氏	例		字			
[iɔʔ]	io	iŏ	略 lio(liŏ),		学 schio(hiŏ),		雀 çio(çiŏ)	
[oʔ]	o	ŏ·	不 po(pŏ·),		逐 cio(chŏ·),		肉 gio(jŏ·)	
[ioʔ]	io	iŏ·,yŏ·	曲 chio(ʻkiŏ·),		蓄 hio(hiŏ·),		欲 io(yŏ·)	
[uoʔ]	uo	oĕ	国 cuo(quoĕ),		忽 cuo(hoĕ),		说 sciuo(xoĕ)	
[yo]	iuo	iuĕ	绝 z(i)uo (çiue),月 iuo(iuĕ)					
[uʔ]	u	ŭ	没 mu(mŭ),		祝 ciu(chŭ)			

从上面的声母和韵母表，我们对罗氏方案的音韵系统可以得到一个概括的认识，也可以发现罗氏方案与利氏方案在音韵方面的一些差异。而罗氏方案更代表了罗利二氏当时学习的官话音韵系统。下面我们举出一些重要的声韵特点。

（一）声母

1. 古见晓二组字声母 k,kʻ,x 及古精组声母字 ts,tsʻ,s 在齐齿呼及撮口呼韵母前尚未腭化。例如，叫 chiau[kiau]，欠 chien[kʻiɛn]，晓 schiau[xiau]，去 chiu[kʻy]；蕉 çiau[tsiau]，前 çien[tsʻiɛn]，小 siau[siau]，取 çiu[tsʻy]。

2. 古疑母字在开口韵前一部分读 ŋ，例如，我 ngo[ŋɔ]，傲 ngau[ŋau]，额 nghe[ŋəʔ]。一部分属于古影母的字也读 ŋ，例如爱 ngai[ŋai]，恩 nghen[ŋɛn]。古疑母字在齐齿及撮口韵前一部分读 ȵ。例如疑、义 gni[ȵi]，业 gnieʻ[ȵieʔ]，源 gniuon[ȵyɔn]；在合口韵前读[ʔ]，例如，瓦 gua[ʔua]，吾 gu[ʔu]，外 guai[ʔuai]。

3. 古知、庄、章三组字声母有一部分读 ts、tsʻ、s，而在利氏方案及《西儒耳目资》中，则改为 tʃ、tʃʻ、ʃ 了。下面的表中除罗氏利氏方案及现代方音外又加上了《西儒耳目资》(简称《耳目资》)及《中原音韵》拟音。①

---

① 根据董同龢《汉语音韵学》，台北广文书局经销，1968 年，第 57—71 页；参考周德清《中原音韵》，1970 年，台北艺文印书馆。

表7

例字	罗氏	利氏	中原音韵	扬州	南京	北京	梅县	广州	厦门
渣	za	chā	₍c₎tʃa	₍c₎tsa	₍c₎tʂɑ	₍c₎tʂa	₍c₎tsa	₍c₎tsa	₍c₎tsa
诈	za	chá	tʃaᵒ	ᶜtsa	tʂɑᵒ	tʂaᵒ	tsaᵒ	tsaᵒ	tsaᵒ
站	zan	chán	tʃanᵒ	tsẽᵒ	tʂāᵒ	tʂanᵒ	tsanᵒ	tsamᵒ	tsam²
状	zan(zam)	chóam	tʃuaŋᵒ	tsuaŋᵒ	tʂuāᵒ	tʂuaŋᵒ	tʂɔŋᵒ	tsɔŋ²	ts̠ɔŋ², tsŋ²
柴	zai	c'hâi	₍c₎tʃ'ai	₍c₎ts'ɛ	₍c₎tʂ'æ	₍c₎tʂ'ai	₍c₎ts'ai	₍c₎ts'ai	₍c₎ts'ai
抄	zau	c'hāo	₍c₎tʃ'au	₍c₎ts'ɔ	₍c₎tʂ'ou	₍c₎tʂ'au	₍c₎ts'au	₍c₎ts'au	₍c₎ts'au
巢	zau	c'hāo	₍c₎tʃ'au	₍c₎ts'ɔ	₍c₎tʂ'au	₍c₎tʂ'au	₍c₎ts'au	₍c₎tš'au	
愁	zeu	'cêu	₍c₎tʃ'ou	₍c₎ts'əu	₍c₎ts'əu	₍c₎tʂ'ou	₍c₎seu	₍c₎sau	₍c₎siu
窗	zan(zam)	c'hoām	₍c₎tʃ'uaŋ	₍c₎ts'uaŋ	₍c₎tʂuā	₍c₎tʂ'uaŋ	₍c₎ts'uŋ	₍c₎ts'oeŋ	₍c₎ts'ɔŋ, ₍c₎ts'ŋ
施	ssi	xī	₍c₎ʃi	₍c₎sȵ	₍c₎sȵ	₍c₎ʂȵ	₍c₎sȵ	₍c₎si	₍c₎si
狮	ssi	sū, xī	₍c₎ʃi	₍c₎sȵ	₍c₎sȵ	₍c₎ʂȵ	₍c₎sȵ	si²	₍c₎su, ₍c₎sai
事	ssi	sú, xí	ʃiᵒ	sȵᵒ	sȵᵒ	ʂȵᵒ	sȵᵒ	si²	su² (tai)
杀	sa	xă	₍c₎ʃa	sa?₋	ʂɑ₋	₍c₎ʂa	sat₋	sat₋	sat₋
晒	sai	xái	ʃaiᵒ	sɛᵒ	ʂæᵒ	ʂaiᵒ	saiᵒ	saiᵒ	saiᵒ
山	san	xān	₍c₎ʃan	₍c₎sẽ	₍c₎ʂɑ	₍c₎ʂan	₍c₎san	₍c₎san	₍c₎san, ₍c₎suā
生	sen	sēm	₍c₎ʃəŋ	₍c₎səŋ	₍c₎ʂəŋ	₍c₎ʂəŋ	seŋ	₍c₎saŋ	₍c₎siŋ, ₍c₎sĩ

按,文中的南京音据《江苏省和上海市方言概况》,江苏人民出版社1960年。该书未列的字只得阙如。

除表中所列字外,尚有师 ssi、si,使 sy,双 san(＝sam),筛 sai,寨 zai,庄 zan(＝zam),拆 za' 等字。

利氏方案的声母读法除"愁""狮""事""生"等字外和《中原音韵》

及北京音大致相同,而罗氏方案的声母读法则和扬州、梅县及厦门等方音相同。这可能代表早期官话的特点,但也可能是受了南方汉语教师方音的影响。

4. 古知系禅母字声母一部分读清擦音 ʃ(sci)。例如"臣""辰""晨""禅""尝""丞"等。今列表比较如下:

表8

例字	罗氏	利氏(耳目资)	中原音韵	北京	扬州	南京	成都	梅县	广州	厦门
臣、辰、晨	scin	xîn	₅tʃʻən	₅tʂʻən	₅tsʻəŋ	₅tʂʻəŋ	₅sən	₅sən	₅nɐs	₅sin
尝	sciam	xâm, cʻhâm	₅tʃʻaŋ	₅tʂʻaŋ	₅tsʻaŋ	₅tʂʻā	₅saŋ	soŋ	₅sœŋ	₅siɔŋ
禅	scien	cʻhen	₅tʃʻien	₅tʂʻan	₅tɕʻĭ		(蝉)₅san	sanº, ₅sam	sinº, ₅sim	₅sian
丞	s(c)in	cʻhim	₅tʃʻieŋ	₅tʂəŋ	₅tsʻəŋ	₅tʂʻəŋ(乘)	₅sən	tsʻən	seŋ	₅sin

表里的禅母字,《中原音韵》、北京、扬州分别读塞擦送气音 tʃʻ、tʂʻ、tsʻ(或 tɕʻ)。利氏方案中"禅""丞"二字读塞擦送气音 tʃʻ;"晨""尝"等字仍读擦音 ʃ,"尝"字又读 tʃ。成都、梅县、广州、厦门都读擦音 s。罗氏方案的读法很可能是早期江淮官话的特点。利氏方案的塞擦音,大概是受了北方官话的影响。成都及四川话绝大多数地区是擦音 s 或 ʂ。它很可能也是早期江淮官话声母的遗迹(理由见下文)。

5. 古见系匣母字"完"及疑母字"玩"的声母读 x。这种读法,在现代方言中很少见:

表 9

例字	罗氏	利氏 (耳目资)	中原 音韵	北京	扬州	南京	成都	长沙	顺德	广州	梅县	厦门
完	cuon	huôn	$_c$on	$_c$uan	$_c$uō	$_c$uā	$_c$xuan	$_c$xō	$_c$hyn	$_c$jyn	$_c$van	$_c$uan
玩	cuon, cuoā, guan	uón	$_c$on	$_c$uan	$_c$uē	$_c$uā	$_c$uan	$_c$ō	wun²	$_c$wan	$_c$ŋuan	$_c$guan

表中"完"字在罗氏及利氏(《西儒耳目资》)方案中的声母都是 x(c 或 h);现代方言中成都及长沙是 x,顺德和南海是 h($_c$hyn)。①《中原音韵》、北京、扬州、梅县、广州和厦门等都不是擦音 x 或 h。罗氏及利氏方案和成都及长沙的 x 声母,是保存了古匣母遗留下来的擦音,也可能是早期江淮官话特点之一。"玩"字只有罗氏方案中读 cuon[xuɔn]或 cuoā,guan[xuan];利氏方案、《中原音韵》以及现代方言都不是擦音 x 声母。擦音的读法大概是"完"字类化作用的结果。

(二) 韵母

1. 没有卷舌韵儿 ər。罗氏方案中只有 i([ɿ]或[ʅ])韵。而、耳、二等字都读 gi[ʅ],跟《中原音韵》的读法[ʅ]相同。利氏方案中才改为 lh[ər]。

2. 撮口韵 y 的标准拼写法是 iu,但是罗氏方案中有时只写作 u,与 u [u]韵相混。例如,女 nu、序 su 等。晚期方案中都改为 iu。

3. 古果摄合口三等戈韵见系字读 iuo,有时写成 io。例如,瘸(癯)chiuo、靴 schio 利氏方案中改为 iue。

---

① 詹伯慧、张日昇主编《珠江三角洲方言字音对照》,香港新世纪出版社,1987 年,第 238 页。

4. 古蟹摄开口二等蟹、佳两韵见系字是 iɛi。例如，解 chiai、鞋 schiai、矮 yai 与《中原音韵》相同。下面表中列出几个现代方言的读法和罗氏的方案比较(见表10)：

表 10

例字	罗氏	利氏	中原音韵	扬州	南京	北京	梅县	广州
街	chiai	kiāi	$_c$kiai	$_c$tɕiɛ	$_c$tɕiɐe	$_c$tɕiɛ	$_c$kiai	$_c$kai
鞋	schiai	hiâi	$_c$xiai	$_3$xɛ	$_3$ɕiɐe	$_3$ɕiɛ	$_3$hai	$_3$hai
矮	yai	iài	^{c}iai	^{c}iɛ	^{c}ɐe	^{c}ai	^{c}ai	^{c}ai

5. 古蟹摄合口一、三等及止摄合口三等韵字有三种拼法，即 oi、ui、uei。oi 经常出现在帮组、精组、知系生母和书母字后。例如，背 poi、妹 moi、碎 soi、水 scioi 等。ui 经常出现在端系字和知系字后。例如，对 tui、泪 lui、吹 ciui、睡 sciui 等。uei 经常出现在见系字后。例如，鬼 quei、灰 guei、为 guei 等。利氏方案中仍有三种写法，即 oei、ui、uei。罗常培把这三个韵分别拟为 uɛi、ui 和 uɛi，[1]我们则是(oi, ui)及 uei(uei)。从现代音位论的观点来看，这三个韵可以归并成一个 uei 或 ui 韵。罗氏把遇摄合口三等韵日母"乳"字也写作 ui 韵，读 giuj [ʒui]。这个字在《中原音韵》及大多数现代方言里，都读 u 韵。《西儒耳目资》里读 u[y]韵。梅县 ji^c，广州读^{c}jy，厦门读^{c}lu。广东的东莞。深圳(沙头角)、中山(南萠合水)读^{c}zui，宝安读^{c}jui。[2] 罗氏的读法很可能是受了广东东莞一带出生的汉语教师的影响。

---

[1] 罗常培《耶稣会士在音韵学上的贡献》。
[2] 詹伯慧、张日昇主编《珠江三角洲方言字音对照》，第52页。

6. 古蟹摄合口三等非组字,止摄开口及合口三等帮系字读 i。例如,悲 pi、被 pi、美 mi、肺 fi、味 vi 等。止摄开口三等帮组字在《西儒耳目资》里又读 oei。例如,悲 pi、poēi;披'pī、'poēi,美 mì、moèi。

7. 古流摄开口三等尤韵字读 ieu[iəu],只有来母字读 eu[əu]。例如,"流""浏""硫"等:leu。这可能是受了广东方音 ₌leu 的影响。有时 ieu 韵也写作 iu,与 y(鱼)相混。例如,修 siu、须 siu、就 çiu、取 çiu 等。

8. 古山摄一、二等帮组字及见系合口字韵读法不同;一等字读 on、uon,二等字读 an、uan。例如,搬 pon[pɔn]、班 pan[pan],官 cuon[kuɔn]、关 cuan[kuan]。这是早期官话和江淮方言音韵上突出特点之一。表 11 把罗氏方案和几种主要江淮方言做一比较。

表 11

例字	罗氏	利氏（耳目资）	中原音韵	北京	南京	安庆	扬州	合肥	泰州
搬	pon	puōn	₌pon	₌pan	₌pā	₌pon	₌pō	₌pō	₌pū
班	pan	pān	₌pan	₌pan	₌pā	₌pan	₌pǣ	₌pǣ	₌pē
官	cuon	kuōn	₌kon	₌kuan	₌kuā	₌kon	₌kō	₌kō	₌kū
关	cuan	kuān	₌kuan	₌kuan	₌kuā	₌kuan	₌kuǣ	₌kuǣ	₌kuē

值得注意的是这两对字在北京(和北方)已合并为一个 an 韵。罗氏的两个方案,《中原音韵》以及现代江淮方言大部分还保存着区别,只有南京和北京一样合并为一个 ā 韵。这是因为南京在过去四百年中,人口迁移,居民中北方人大量增加,南京话已显著地向北方话靠拢了。(参看下文)。

9. 古山摄合口韵与古臻摄合口韵的混淆。罗氏方案中这两个韵(即 uon[uɔn]和 un[un],iuon[yɔn]和 iun[yn])的写法有时呈现混淆现象。例如,"裙""群"二字有时写作 chiun[kʻyn],有时写作 chiuon[kʻyɔn]。有的字应写 un 的也写作 uon。例如,寸 çuon,笋 suon,滚 cuon 等。利氏方案(《西儒耳目资》)中则分成了 uon、un、iun、iuen 四个韵。

表 12

例字	罗氏	利氏 (耳目资)
官	cuon[kuɔn]	quōn[kuɛn]
劝	chiuon[kʻyɔn]	kʻiuén[kʻyɛn]
远	yuon[yɔn]	yuèn[yɛn]
裙	{chiuon[kʻyɔn] chiun[kʻyn]}	kʻiûn[kʻyn]
寸	çuon[tsʻuɔn]	çʻún[tsʻun]
笋	suon[suɔn]	siùn[syn]
云	{yuon[yɔn] iun[yn]}	iûn[yn]

这种混淆,可能是罗氏的汉语教师分不清这两个韵所致。值得注意的是,晚期的山摄合口三等韵及远字的韵母已由 yn 变为 yɛn,而向北方话靠拢了。

10. 古山摄开口三等韵章日两组的字读 ɛn(en);与古臻摄字相同,例如,战 cen[tʃɛn]、善 scien[ʃɛn]、然 gen[ʒɛn]、珍 cen[tʃɛn]等。

11. 古深、臻两摄开口一等见溪二母字及三等知系字读 in,例如,根、跟 chin[kin],肯 chin[kʻin];镇 cin[tʃin],晨、身 scin[ʃin],人 gin[ʒin]等。古曾摄开口一等,及梗摄开口二等见溪母字读 in,例如,灯、等 tin[tin],冷 lin[lin],升 scin[ʃin],生 sin[sin],更 chin[kin],坑 chin[kʻin]等。不过有些字有两种读法,例如,"根"又读

chen[kɛn]，"灯""等"又读 ten[tɛn]，"冷"又读 len[lɛn]，"生"又读 sen[sɛn]，-en 是白话音（见上文）。

"镇""晨""身""人"等字的韵母和《中原音韵》的 iən 韵相同，"政""成""升"等字的韵母在利氏方案中改为 im[iŋ]，也和《中原音韵》的 iəŋ 韵相同。这些字在现代方言里绝大多数失去了介音 i。保留元音 i 的有广州、厦门等少数方言。相反地，"灯""冷""更""坑"等字，罗氏方案读 in，利氏方案改为 em[ɛŋ]，这些字在《中原音韵》中读əŋ。现代方言中读 iŋ 或 in 的只有双峰等少数湘方言和厦门。例字比较表见表 13。

表 13

例字	罗氏	利氏 （耳目资）	中原 音韵	北京	南京	扬州	梅县	厦门
宾	pin	pīn	₋piən	₋pin	₋piŋ	₋piŋ	₋pin	₋pin
兵	pin	pīm	₋piəŋ	₋pin	₋piŋ	₋piŋ	₋pin	₋piŋ
等	tin	tèm	ᶜtəŋ	ᶜtəŋ	ᶜtəŋ	ᶜtəŋ	ᶜten	ᶜtiŋ
能	nen	nêm	₋nəŋ	₋nəŋ	₋ləŋ	₋ləŋ	₋nən	₋liŋ
冷	lin	lèm	ᶜləŋ	ᶜləŋ	ᶜləŋ	ᶜləŋ	ᶜnel	ᶜliŋ
林	lin	lîn	₋liəm	₋lin	₋lin	₋liŋ	₋lim	₋lim
灵	lin	lîm	₋liəŋ	₋liŋ	₋liŋ	₋liŋ	₋lin	₋liŋ
增	çen	çēm	₋tsəŋ	₋tsəŋ	₋tsəŋ	₋tsəŋ	₋tsən	₋tsiŋ
亲	çin	ç'in	₋ts'iən	₋tɕ'in	₋tɕ'iŋ	₋tɕ'iŋ	₋ts'in	₋ts'in
清	çin	ç'īm	₋ts'iəŋ	₋tɕ'iŋ	₋tɕ'iŋ	₋tɕ'iŋ	₋ts'in	₋ts'iŋ
镇	cin	chín	tʃiənᶜ	tʂənᶜ	tʂənᶜ	tsənᶜ	tsənᶜ	tinᶜ
政	cin	chím	tʃiəŋᶜ	tʂəŋᶜ	tʂəŋᶜ	tsəŋᶜ	tsənᶜ	tsiŋᶜ

(续表)

例字	罗氏	利氏（耳目资）	中原音韵	北京	南京	扬州	梅县	厦门
身	scin	xīn	ₒʃiŋ	ₒʂən	ₒʂəŋ	ₒsən	ₒsən	ₒsin
升	scin	kīm	ₒʃiŋ	ₒʂəŋ	ₒʂəŋ	ₒsən	ₒsən	ₒsiŋ
根	chin	kēn	ₒkən	ₒkən	ₒkəŋ	ₒkən	ₒkɛn	ₒkun
更	chin	kēm	ₒkəŋ	ₒkəŋ	ₒkəŋ	ₒkəŋ	ₒkɛn	ₒkiŋ
今	chin	kīn	ₒkiəm	ₒtɕin	ₒtɕiŋ	ₒtɕiŋ	ₒkim	ₒkim
经	chin	kīm	ₒkiəŋ	ₒtɕin	ₒtɕiŋ	ₒtɕiŋ	ₒkin	ₒkiŋ
因	in	īn	ₒiən	ₒin	ₒiŋ	ₒiŋ	ₒin	ₒin
英	in	īm	ₒiəŋ	ₒin	ₒiŋ	ₒiŋ	ₒin	ₒiŋ

12. 古深、臻两摄和曾、梗两摄开口韵字韵尾相混，即所谓-n/-ŋ不分，一律收-n。利氏方案中把-n和-ŋ分成了两个韵。罗氏方案可能反映了当时南方（南京）官话的特点，利氏方案则显示受了北方官话的影响，下面将其方案和现代方言列表比较：

现代江淮方言中如江苏省的句容、南京、扬州等大多数方言不分ən/əŋ和in/iŋ；安徽省沿淮河的部分市、县及皖中、皖南各地也不分ən/əŋ。蚌埠市、合肥市、芜湖市、安庆市等地的读音倾向于ən/in，滁县、泾县等地的读音倾向于ən/iŋ。① 因此我们可以肯定它是明代和现代江淮方言的特点之一。

13. 古宕、江两摄开口二三等庄组字仍读开口，而《中原音韵》、北京及大多数现代方言读合口，例如表14。

---

① 合肥师范学院方言调查工作组《安徽方言概况》，合肥师范学院，1962年，第199页。

表 14

例字	罗氏	利氏(耳目资)	中原音韵	北京	扬州	南京	梅县	广州
撞	zam [tsaŋ]	cʻhoam, choám, cʻhuâm	tʃuaŋᵒ	tʂuaŋᵒ	tsuaŋᵒ	tʂuāᵒ	tsɔŋᵒ	tsɔŋᵌ
状	ciam [tʃaŋ]	choám, chuám	tʃuaŋᵒ	tʂuaŋᵒ	tsuaŋᵒ	tʂuāᵒ	tsɔŋᵒ	tsɔŋᵌ
疮	zam [tsʻaŋ]	cʻhoām, cʻhuām, cʻhām, cʻām,	꜀tʃʻuaŋ	꜀tʂʻuaŋ	꜀tsʻuaŋ	꜀tʂʻuā	꜀tsʻɔŋ	꜀tsʻɔŋ
窗	zam [tsʻaŋ]	cʻhoām, cʻhuām	꜀tʃʻuaŋ	꜀tʂʻuaŋ	꜀tsʻuaŋ	꜀tʂʻuā	꜀tsʻuŋ	꜀tsʻœŋ
双	sam [saŋ]	xoām, xuām	꜀ʃuaŋ	꜀ʂuaŋ	꜀suaŋ	꜀ʂuā	꜀suŋ	꜀sœŋ

罗氏方案的 aŋ 不一定是当时官话的特点,因为现代江淮方言中反映这个特点的,可以说绝无仅有。现代客粤方言大多是 ɔŋ 或 oeŋ/uŋ（来自古江摄）,大多数吴语也是 ɑŋ 或 ã。不过我们不能证明罗氏方案是受了说吴语的教师的影响,却可以说是受了说广东或客家方言教师的影响。

(三) 声调

罗氏拼音方案中,虽然未标声调符号,但是我们可以肯定他当时并不是不知道声调的存在和重要,而是还没有找到适当的标调符号。因为他和利氏在澳门学汉语时,利氏于 1583 年 2 月 13 日自澳门给富尔纳里神父(Martino de Fornari S. J.)的信中说:"在海中航行了一个多月。上主曾让我患重病……一下船,身体便康复了。我立刻开始学习中文。您要知道中国话比希腊语和德国话都难;在发音上有很多同音异义的字,许多话有近千个(按,原文如此)的意义。除此以外,尚有以声音的高低来区别的四个声调。"① 利氏所说的四个声

---

① Tacchi-Venturi,Pietro,S. J. 1911—1913:*Opere storiche del P. Matteo Ricci. S. J* 2 vols. I. *Commentarj della Cina*(1911);II. *Le lettere dalla Cina*(1913)。

调就是平、上、去、入。平声又分清(阴)、浊(阳),所以实际上有五个。利氏方案中的五个声调符号是- ˆ ˇ ˋ ˬ,代表清平、浊平、上声、去声和入声。这是他和郭居静神父于 1598 年编《汉欧字典》时制定的。这五个符号- ˇ是借自拉丁语,ˆ ˋ是借自法语。后来金尼阁在他的《西儒耳目资》中也采用了这五个符号,并且在首卷的《译引首谱》中,以问答对话的方式,解释了声调的高低。不过他只提出了某调的高低,而没有指出声调的升降。

  《西儒耳目资》出版以后 56 年,有一位多明我会会士范芳济神父(Francisco Varo,O.P. ,1627—1687),在福州用西班牙语编写了一部《官话技术》(Arte de la lengua mandarina)。技术即语法,稿本于 1682 年完成,范氏把它带到广州。他逝世后由芳济格会会士毕伯多神父(Pedro Piñuela,O. F. M.)加以修订,于 1703 年在广州刊行(见附图 6)。范氏照拉丁语词类的模式,描述当时官话的词类和句话,全书的词汇和例句只用罗马字拼音,而未加汉字。这部书可能是外国人所著的汉语语法中最早的一部。作者用西班牙口语中常用的叹词 a,ai 及否定词 no 在口语中出现时的语调,来描写官话中五个声调的调值。自然这种方法也很难精确地把实际调值描写出来,不过至少能给读者一个大概的轮廓。我们根据郭、利二氏的符号短线的来源,和金氏及范氏的描述,再参照现代江淮方言的各地调值,把这五个调号的调值构拟如下。(x 代表任何一个音节)

  1. 清平(阴平):x̄(33:˧)。郭氏用短平线来标清平调,暗示它是一个平调。金氏在《西儒耳目资》里描写声调的原文简短而紧凑,不便拆开。因此我们先把全文录下,以后再分开引用。他说:"问曰:高低何似? 答曰:平声有二,曰清曰浊;仄声有三,曰上,曰去,曰入。五者有上下之别。清平无低无昂,在四声之中。其上其下每有二,最高曰去，次高曰入；最低曰浊，次低曰上。"①稍后又说："问曰：便哉，但平声一曰清，一曰浊，何也？答曰：清平不高不低，如钟声清远。浊平则如革鼓咚咚之音……。中国即未绘诸笔然用不高不低之清平，极高之去声，次下之上声，次高之入声，极低之浊平……。问曰：先生所定若此，毋乃颠倒次第否？答曰：中国五音之序曰清、浊、上、去、入。但极高与次高相对，极低与次低相对，辨在针芒，耳鼓易昏。余所定曰清、曰去、曰上、曰入、曰浊。不高不低在其中，两高与两低相形，如泰山与丘垤之悬绝。凡有耳者，谁不哲之乎？"②

金氏谓"清平无低无昂……不高不低，如钟声清远"，这表示它是一个平调；"在四声中"表示它是一个中平调。范氏说："发这个声调时，声音要平，不可升，也不可降，就好像我们说（叹词）ai！字一样。"③从上面的三种描写，我们可以有把握地把它拟作中平调33。现代江淮方言中江苏兴化是中平调33；高邮和安徽贵池是半高平调44。

2. 浊平（阳平）；x̂（21:↓）。郭氏用法语的长音符号ˆ来标阳平调，暗示它是一个低调。因为法语长音符号表示低长元音，如âme读[ɑːm]，tête读[tɛːt]。金氏谓"最低为浊"，又谓"极低之浊平"。范氏说："发这个声调时，要把第二音节稍微降低。如果只有一个音节如ŷ，当把声音拉长，好像有两个音节一样。就好像我们卡斯提尔人（castillians）向某人说No（不）字一样。假设有一个人对我说约翰偷了人家的东西。我不以为然，便向他说：No diga esso, pues Juan

---

① 金尼阁《西儒耳目资》，文字改革出版社，1957年，50b。
② 金尼阁《西儒耳目资》，51a—52a。
③ Varo, Francisco. O. P., ed. by Pedro Piñuela, O. F. M., 1703: *Arte de la lengua Mandarina*. Canton, 5b—6a, 第三声（上）、第四声（去）及第五声（入）。

avia de hazer tal cosa(你不可说:约翰做了那样的事!)。这样向那个人说 No(不)字,并且把语音把持着而降低些,便成了第二个声调。"范氏所谓"音节",是指带复合元音的音节或单元音音节在发音时,因为声调的下降,听起来好像两个元音一样。我们把阳平调拟成半低、微降调 21,很符合郭、金、范三氏的描写。现代江淮方言中安徽无为方言是半低降调 21,庐江是低平调 11;江苏的盐城、射阳、高邮是低降升调 213。

3. 上声 x̀(42:˧˩)。郭氏用法语开音符号`来标上声,暗示它是一个降调,因为法语开音符号,只加在 e 元音上,使它读成较低的[ɛ],例如,père[pɛːr],après[aprɛ]。金氏谓"次低曰上"或"次下之上声"。范氏说:"第三个声调发音时,先在元音上把握住一点,然后把声音降低三分之一,好像一个人在厌烦或生气时说 No!(不!)一样……。这是一个高调,发音时要响亮。"① 我们把它拟作中降调 42,似乎符合郭、金、范三氏的描写。现代江淮方言中江苏的新海连和扬州是中降调 42;安徽的天长是中降调 41。

4. 去声 x́(45:˦˥)。郭氏用法语闭口音符号来标去声,暗示它是一个高调。因为闭口音符号,只加在 e 元音上,使它读成高元音[e],例如,été[ete],blé[blc]。金氏谓"最高曰上"或"极高之上声"。范氏说:"第四个声调,发音时,先在第一音节上把握住一点,然后把声音提高三分之一……要用肯定的口气发音,就好像当我决意做某事时,有人从中阻碍我说:你不可做! 我用果断的口气回答他说:Como no?(怎么不可以?)。用这种口气发音,并把 no 字的音拉长些,就

---

① Varo, Francisco. O. P., *Arte de la lengua Mandarina*, 5b—6a, 第三声(上)、第四声(去)及第五声(入)。

是第四声了。"金氏的"最高"和"极高"表示它是一个高调5。范氏的"把握住这一点……把声音提高三分之一"表示从半高升到最高。因此我们把它拟做高微升调45。现代江淮方言中江苏的射阳是高微升调45。

5. 入声 x̆ [45:1]。郭氏用拉丁语短元音符号来标入声，暗示它是一个短促的声调。金氏谓"次高曰入"或"次高之入声"。范氏说："第五个声调事实上和第四个相同，只是在发音的结尾，胸部要用力，就好像我们中间，有人要吓唬别人。他乘人不防的时候喊一声'a'。这样把尾音缩短，便成了第五声。"郭氏的短元音符号和范氏的"胸部要用力……把尾音缩短"，无疑是表示入声是一个带喉塞音[ʔ]韵尾的促声。金氏的"次高"可以释为由半高上升的声调，和范氏的"提高三分之一"相吻合。因此我们把它拟成高微升调45。现代江淮方言中入声大多数带喉塞音尾。这是江淮方言的特点之一。安徽芜湖和贵池是高升调35；江苏的南京、句容、盐城、泰兴，安徽的天长、无为等地是短高平调5；其他地区大多是短半高平调4。今把利氏晚期的调类、符号、起讫点、调号及例字列表如表15。

表15

调类	利氏调号	起讫点	调号	例字	
清平	x̄	33	˧	天 t'iēn	声 xīm
浊平	x̂	21	˨˩	人 gîn	言 yên
上声	x̀	42	˦˨	雨 yù	水 xùi
去声	x́	45	˦˥	万 ván	岁 súi
入声	x̆	<u>45</u>	˦˥	百 pĕ	业 nhiĕ

金尼阁在解释声调的高低时,也注意到了五个调值之间的对比性差别(contrative difference)以及差别的细微难辨,因此他才用对比的方法把五个声调分为极高次高、极低次低及不高不低三种类型来辨认。他说:"中国五音之序曰清、浊、上、去、入。但极高与次高相对,极低与次低相对。辨在针芒,耳鼓易昏。余之所定,曰清,曰去,曰上,曰入,浊不高不低在其中,两高与两低相形,如泰山与丘垤之悬绝,凡有耳者,谁不哲之乎?"他这种对比的方法是合乎现代描写语言学原则的。

近年来,中外学者对早期江淮方言声调的调值,也进行了一些构拟工作。鲁国尧把金氏的五个声调符号所代表的调值拟为:清平33,浊平131或121,上声3l,去声35,入声535或424。① 他的构拟法是把金氏符号短线的平、斜、曲折的形状,解释为调值的高低、升降、曲折的变化,换句话说,就好像现代汉语里用的五度标记法一样。因此他把浊平拟为131或121,把入声拟为535或424。不过这种说法不完全可靠。因为他不了解金氏用的符号是借自法语和拉丁语的重音符号。其中有曲折的符号如⌒和⌣,并不代表调值的曲折,而只是代表长音(⌒)或短音(⌣)。

平山久雄用比较语言学的办法,构拟了江淮方言的"祖调"。他所拟的阴平是*42,阳平是*11,上声是*'435,去声是*35,入声未拟。② 他拟的阳平和去声的调值和利氏的调值相近;他拟的上声调

---

① 鲁国尧《明代官话及其基础方言问题》,《南京大学学报》,1985年第4期,第47—52页。

② 平山久雄《江淮方言祖调值构拟和北方方言祖调值初探》,《语言研究》1984年第1期,第185—199页。

值*'435是一个"紧喉作用的曲折高升调",和利氏的不曲折的高升调也很近似。平山氏没有构拟入声的祖调,大概是因为资料不足,或问题复杂。但是现代江淮方言的入声大多数是短高调4或5。我们不妨把它拟为短高升调*45。这样一来,平山所拟的江淮方言的祖调,和利氏方案的调值就更接近了。

以上我们把所拟的利氏晚期五个声调,和几个现在江淮方言的调值分别做了一些各别的比较。其中有的相同,有的相近。出乎意料之外,在查阅四川省各地方言声调时,发现了有不少方言点和利氏的调类和调值相同或相似。四川方言点中有入声的地区大多数在四川的西部,即岷江流域、金沙江下游及青衣江下游的48个县市。[①]其中以青衣江下游的峨眉、南溪、峨边、马边等地的调值和利氏的最近似。今列表比较如下(表16)。

表 16

调值\调类	阴平	阳平	上声	去声	入声
利氏	33	21	42	45	45
峨眉	44	21	42	13	55
南溪	55	21	53	13	45
夹江	44	31	42	24	55
峨边	55	31	42	13	25
马边	55	21	42	24	34

---

① 梁德曼《四川方言与普通话》,四川人民出版社,1982年,第25—28页;杨时逢《四川方言调查报告》,台北中研院历史语言研究所,1984年,第1019—1066页,第1117—1132页。夹江的去声,梁氏写作213,杨氏写作24。今从杨氏。

从表 16 可以看出,峨眉及其他四点的调类及调值和利氏的基本上相同:阴平都是平调,利氏的中平和峨眉及夹江的半高平,相差不甚远。阳平都是低降调。上声都是中降调;南溪的中降调 53 也可以写作 42。去声都是升调:峨眉、南溪、峨边是低升调,夹江、马边是中升调,和利氏的高微升调很接近。入声都是高调:南溪和利氏的相同;峨边、马边的中升调和利氏的高升调也很近似;峨眉和夹江的高平调也和利氏的高微升调讫点相同。

四川这几处以及其他不少方言点的调类及调值和利氏的相同,是否偶合,抑是有语言亲属关系?答案是:并非偶合,而是由于四川方言和安徽的江淮方言有亲属关系。根据崔荣昌的研究,[①]在元末明初,有许多湖广(即今湖北、湖南)及安徽军民移居四川的合川、重庆、南溪、广安等处。其中也有不少是迁自现代江淮官话区的湖北省黄(岗)孝(感)片的麻城和孝感一带方言区的。无疑地,这几处(及其他多处)的方言保存了一些明代江淮官话的音韵特点。四川方言与江淮方言内部详细的关系,值得进一步的考查和探究。

六 《葡汉辞典》里所记录的词汇及语法特点

经过初步研究比较的结果,我们可以肯定,《辞典》中所收的词汇和例句,除掉一小部分是受了闽粤方言的影响之外,基本上代表当时(明末)的官话,是非常珍贵的语言资料,有待全面详细的研究和探讨。下面只把有代表性及一些特殊的词汇和语法例句分类列出。遇

---

① 崔荣昌《四川方言的形成》,《方言》1985 年第 1 期,第 6—14 页。崔氏所引的资料是根据《四川大学学报》1960 年第 3 期所载《四川方言系》。

有和现代某处方言相同的词汇或例句时,便把方言地名附在括弧里。遇到原文只有汉字没有音标时,括弧里的音标是我加的。

(一) 词汇举例

1. 不带后缀的名词。

① 主人娘 ciu gin niā [tʃu ʒin niaŋ]女主人(厦门)

② 乳母 giui mi [ʒui mu] 奶妈 婢女

③ 村夫 çiuon tu [tsʻyɔn fu] (梅县)

④ 村婆 çinon po [tsʻyɔn pʻɔ]村妇

⑤ 人客 gin chieʻ[ʒin kʻieʔ]客人(广州、梅县)

⑥ 后生家 heu sin chia [xəu sin kia](广州、梅县、潮州:后生);少年(sciau nien) [ʃau niɛn]

⑦ 口涎 cheu yen [kʻəu iɛn];口液(chen ye)[kʻəuiɛ];口水(chen scioi)[kʻuə ʃui](成都、广州)

⑧ 胦下 shcie schia [xieʔ xia]胳肢窝(梅县)

⑨ 跛脚 chio chio [kʻio kioʔ] 瘸子

⑩ 龟背 quei poi [kuei pui]驼背(梅县)

⑪ 火房 cuo fam [xuɔ faŋ]厨房(洛阳、灵宝[晋],寿阳[湘],蓝山)

⑫ 厕坑 ci chin [tsʻɿ kʻin]厕所(广州)

⑬ 家火 chia cuo[kia xuɔ]家伙(南京等)

⑭ 尿碗 niau guan [nʲiau ʔuan](扬州:尿壶);夜壶 ye gu[iɛ xu](北方)

⑮ 手袜 scieu va[ʃəu vaʔ](广州)

⑯ 锁匙 so ti [sɔ tʻi]钥匙(南昌、梅县,广州,厦门)。案 ti [tʻi]疑为 sci [ʃɿ]之误

⑰ 所在 so zai [sɔ tsai]地方,处所(厦门)

⑱ 窟瓲 cu lū [kʻoʔ luŋ]窟窿(北方;南京等)

⑲ 马架 ma chia [ma kia]马鞍,驮鞍

⑳ 猪寮 ciu liau [tʃu liau]猪圈(厦门;寮 liau 小屋)

㉑ 鸽寮 co liau [koʔ liau]鸽舍

㉒ 壁蛇 pie' scie [piəʔ ʃɛ](南昌);四脚蛇 si chio scie[sɿ kioʔ ʃɛ](成都、南京、句容)

㉓ 田鸡 tien chi [tʻiɛn ki](北方);水鸡 scioi chi [ʃui ki](扬州、高邮、泰州);水蛙 scioi ua [ʃui va]

㉔ 蜘蛛 ci ciu [tʃɿ tʃu](北方);八脚 pa chio [paʔ kioʔ]

㉕ 蚜蟧 chia cie' [kia tsieʔ] 蟑螂(广州:甲由 kat_2 $tsat_2$;厦门:ₒka tsuaʔₒ)

2. 带后缀的名词。

㉖ 矮子 yaj zi [iai tsɿ](成都,扬州、衡阳、钟祥)

㉗ 伢子 gua zai [ʔua tsai](成都:女娃子;(皖)庐江、砀山、临泉等:小娃儿[小孩子])丫头 ya teu [ia tʻəu]

㉘ 贩子 fan zi [fan tsɿ](南京)

㉙ 痴子 ci zi [tʃɿ tsɿ]傻子(南通市,钟祥)

㉚ 索子 so zi [soʔ tsɿ]绳子(成都、昆明、厦门,梅县:索)

㉛ 纽子 niu zi [niu tsɿ](成都;新海连市,盐城,泰州,南通市)

㉜ 衫子 san zi [san tsɿ]上衣(西安;合肥;梅县,广州:衫)

㉝ 桃子 tau zi [tʻau tsɿ](成都,昆明;扬州,合肥,苏州等)

㉞ 梨子 li zi [li tsɿ](南京,扬州,泰州,南通;合肥)

㉟ 枣子 zau zi [tsau tsɿ](扬州、合肥,长沙,南昌,苏州)

㊱ 柑子 kon zi [kɔn tsɿ] 橘子(成都,梅县,潮州:柑)

㊲ 驴子 lu zi [lu tsɿ](成都,扬州,合肥)

㊳ 柱头 ciu teu [tʃu t'əu]

㊴ 锄头 zu teu [ts'u t'əu](南京,扬州;南昌,广州,厦门等)

㊵ 锅头 cuo teu [kuo t'əu](梅县:镬头)

㊶ 斧头 fu teu [fu t'əu](成都,扬州,合肥,梅县,广州等)

㊷ 和头 ho teu [xɔ t'əu] 和解者

㊸ 兆头 ciau teu [tʃau t'əu] 预兆(厦门);先兆(sien ciau) [siɛn tʃau]

㊹ 牛牯 ngieu cu [ȵiəu ku]公牛(合肥:牯牛;南昌、梅县;广州)

㊺ 驴母 lu mu [lu(ly) mu] 母驴(厦门、潮州)

㊻ 狗母 cheu mu [kəu mu] 母狗(厦门,潮州)

3. 形容词。

㊼ 闹热 nau ge'[nau ʒəʔ] 热闹(南京,扬州,梅县,厦门等)

㊽ 嫖致 piau ci [piau tʃ ɿ] 美丽,好看([皖]庐江、桐城等;[湘]澧县,江华,桂东等);生得好 sen te' hau [sɛn təʔ xau](北方)美貌(mi mau)[mi mau](北方)

㊾ 利 li [li] 快,锋利(梅县,广州,厦门等)

㊿ 牢固 lau cu [lau ku](南通市,句容,盐城:牢,长沙,南昌);坚实(chien scie')[kiɛn ʃəʔ];罕固(han cu)[xan ku]

(51) 溛浊 u cio [uʔ tʃoʔ](扬州:污糟;淮阴,南通市,安庆,贵池,定远等:龌龊)

(52) 艰计 can chi [kan ki] 困难,不可能

(53) 不得闲 po te'schian [poʔ təʔ xian] 忙(南京,广州等);

有事干 yeu ssi con [iəu sɿ kɔn]；不暇(po schia)[poʔ xia]

4. 副词。

(54) 几久 chi chiu[ki kiəu] 多久(南昌、梅县)

(55) 几多 chi to [ki tɔ]多少(南昌、梅县、广州)

(56) 如今 siu chin[ʒu kin] 现在(南京；合肥。而今；长沙，南昌，梅县)；此时(çi sci)[ts'ɿ ʃʅ]

(57) 不曾 po çen[poʔ ts'ɛn]没有(南京，泰州，梅县等)

(58) 还不曾 guan po cen[xuan poʔ ts'ɛn]还没有；尚未(sciam vi)[ʃaŋ vi]

5. 动词。

(59) 讲话 chiam cua[kiaŋ xua]说话(南京，长沙，南昌，梅县，广州等)

(60) 晓得 ciau te'[xiau təʔ]知道(南京，扬州，梅县等)

(61) 欢喜 cuon sci [xuɔn xi]喜欢(南京，南昌，梅县，厦门)

(62) 食酒 cie'ciu [tʃ'əʔ tsiu](南京，扬州，盐城，如皋，南通，安庆等)

(63) 逆气 gnie' chi [ȵiəʔ k'i]打嗝(梅县)

(64) 咼(屙)尿 o niau[ɔ niau](扬州、铜陵，梅县，临川，广州等)

(65) 抯痒 cuo iam[xuɔ iaŋ]

(66) 打价 ta chia[ta kia]还价

(67) 讲笑 chiã siau[kiaŋ siau]开玩笑(厦门)

(68) 弄把戏 lun pa schi[luŋ pa xi]

(69) 整干净 cin con çin[tʃin kɔn tsin]弄干净(广州)

(70) 遡鳞 ccy lin[tʃʻʅ lin]刮去鱼鳞(泰州)

(71) 洗口 si cheu[si kʻəu](厦门);素(漱)口(su cheu)[su kʻəu](北方、泰州)

(72) 下雨 schia iu[xia y](北方、泰州)

(73) 下雷 schia lui[xia lui]打霹雳

(74) 下屎 schia sci[xia ʃʅ]拉屎、大便

(75) 备办 pi pan[pi pan]预备(厦门)

(76) 起房子 chi fam zi[kʻi taŋ tsɿ]盖房子(南京,泰州、广州:起屋)

(77) 发性 fa sin[faʔ sin]发怒

(78) 槲埋 lū mai[luŋ mai]聚集、集合

(二) 词汇特点

从上面所举的词汇,可以归纳出下列的特点:

1. 名词。

(1) 和现代江淮方言相同的,不带后缀的有⑬“家火”、⑱“窟埘”、㉒“四脚蛇”、㉓“水鸡”等。带后缀的有㉖“矮子”、㉘“贩子”、㉙“痴子”、㉛“纽子”、㉜“衫子”、㉝“桃子”、㉞“梨子”、㉟“枣子”、㊲“驴子”、㊴“锄头”、㊶“斧头”等。江淮方言的后缀和北方官话有所不同。例如,江淮方言“纽子”北方是“扣子”,“衫子”北方是“褂子”,“桃子”“枣子”北方是“桃儿”“枣儿”,“梨子”“驴子”北方是“梨”“驴”,“斧头”北方是“斧子”,“锄头”北方是“锄”。

(2) 和其他方言相同的:和成都话相同的有⑦“口水”、㉒“四脚蛇”、㉖“矮子”、㉗“枓子”、㉚“索子”、㉝“桃子”、㊲“驴子”、㊶“斧头”等,成都话词汇和江淮方言相同的原因,大概跟移民有密切的关系。上面已经提过,元末明初有许多湖广及安徽军民移居四川,其中不少

是从现代江淮方言区黄孝片的麻城、孝感等处移入的,因而他们保存了一些江淮方言的特点。和梅县相同的有③"村夫"、⑧"胺下"、⑩"龟背"、㊵"锅头"等。和广州相同的有⑦"口水"、⑫"厕坑"、⑮"手袜"、㉕"蛐蟮"等。和梅县、广州相同的有⑤"人客"、⑥"后生家"。和厦门相同的有①"主人娘"、⑰"所在"、⑳"猪寮"、㉑"鸽寮"、㊸"兆头"、㊹"驴母"、㊻"狗母"等。和多种(南方)方言相同的有⑪"火房"、⑯"锁匙"、㉚"索子"、㉜"衫子"、㉟"枣子"、㊱"柑子"、㊴"锄头"、㊶"斧头"、㊹"牛牯"等。

2. 形容词和副词。

(1) 和江淮方言相同的有㊼"闹热"、㊽"嫖(标)致"、㊿"溷浊"、㊾"不得闲"、㊽"如今"、㊿"不曾"等。

(2) 和南昌、梅县、广州相同的有㊾"利"、㊾"几久"、㊾"几多"等。《宾主问答辞义》中(36,66页)也有"几久""几多"和"不曾"的疑问句。例如,"主人曰:相公到此有几久了?答曰:有许久。问曰:贵处到这里有几多日程?答曰:有几多。""客曰:这几时……(字迹不易辨认)不知师傅定了银子不曾?"可见这几个副词是明代江淮官话中常用的。

3. 动词。

(1) 和江淮方言相同的有㊾"讲话"、㊿"晓得"、㊽"欢喜"、㊿"食酒"、㊾"屙尿"、㊾"打价"等。"食"字即现代汉语的"吃"字。这几个动词都是有代表性的江淮和南方方言词汇。

(2) 和其他方言相同的:和广州相同的有㊾"整干净"。和厦门相同的有㊾"讲笑"、㊼"洗口"、㊽"备办"等。㊽"榔埋"的"榔"字是现代的"拢"字;"埋"字可能是借自广州话的"埋"(mai↓),用在动词后充当补语,表示趋向或成为某种样子。

4. 名词。

形容词和动词构词词素次序和北方官话不同的有⑤“人客”(客人)、㊼“闹热”(热闹)、61“欢喜”(喜欢)。这种词素次序颠倒的结构,也是江淮和南方方言的共同特点之一。

(三) 语法特点

1. 比较句。

79 大过他 ta co ta[ta kɔ t'a]比他大(广州:大过佢)

80 近过他 chin co ta[kin kɔ t'a]

81 做强过他 zo chiam co ta[tsɔ k'iaŋ kɔ t'a]

这几个比较句例的语法,显然是受了广州话的影响。

2. “把”字句。

(1) 表示“指使”,“容许”或“听任”的。

82 把他进来 pa ta çin lai[pa t'a tsin lai]让他进来

83 不把进来 po pa cin lai [poʔ pa tsin lai]不让进来

84 把他喜欢 pa ta cuon schi[pa t'a xuɔn xi]让他喜欢:把欢喜他 pa cuon schi ta [pa xuən xi t'a]

85 把他憔燥 pa ta zian zau[pa t'a tsiau tsau]让他着急

(2) 表示“给”“与”的。

86 把他食 pa ta cie'[pa t'a tʃ'əɿ]给他吃

87 把草他食 pa zau ta cie'[pa t'a ts'au tʃ'əɿ]给他草吃,牧放

(3) 使成式(?)表示“感受”的。

88 把工夫 pa cum fu[pa kuŋ fu]用工夫,忙(于)

89 把辛苦 pa sin cu[pɑ sin k'u](受)辛苦

(90) 把愁事 pa ceu ssi[pa ts'əu sɿ]发愁

(91) 把烦恼 pa fan nau[pa fan nau]烦恼

(84)"把他喜欢",又作"把喜欢他",主语被移到谓语后面去了,这个句型和广州话的〈动词+直接宾语+间接宾语〉相同,例如"畀本书我"。所不同的,这里的直接宾语不是名词而是动词(谓语)。(87)"把草他食"和下面(111)"送酒他食"的结构词序相同。

3. "得"字句。

(92) 背得 poi te'[pui təʔ]能背诵,背得出;念得 niẽ te'[niɛə təʔ]能念,会念

(93) 讲得 chiam te'[kiaŋ təʔ]会讲,会说

(94) 字读得 zi to te'[tsɿ toʔ təʔ]会读(这个)字,认得(这个)字

(95) 说不得 sciuo po te'[ʃuoʔ poʔ təʔ];讲不来(chiam po lai)[kiaŋ poʔ lai]

(96) 抵不得 ti po te'[ti poʔ təʔ]受不了,受不住;难当(nan tam)[nɑn tɑŋ]

(97) 抵不得羞 ti po te'siu[ti poʔ təʔ siəu](案 siu 为 sieu 之误); 怕羞(pa siu)[p'a siəu]

(98) 舍不得(scie po te')[ʃɛ poʔ təʔ]

(99) 看不得远(can po te' yuon)[k'an poʔ təʔ yɔn]

(92)"背得"、(93)"讲得"等例句,是江淮方言中表示"可能"("会")的句法,是江淮方言语法特点之一。本文前面《宾主问答辞义》对话中的例句,可以代表明代江淮官话的句法。(99)"看不得远",北方官话说"看不远"或"看得不远"。动补结构中插进"不得",也许是明代官话的语法。现在江淮方言中是否还有这类的句型,尚待调查。

4. "紧"字句。

⑩ 好得紧 hau te' chin[xau tə? kin]；

甚妙(scin miau)[ʃin miau]；

甚好(scin hau)[ʃin xau]

⑩ 惊得紧 chin te' chin[kin tə? kin]

甚怕(scin pa)[ʃin p'a]

⑩ 要财得紧 iau zai te' chin [iau ts'ai tə? kin]很贪财,很贪婪

"紧"在形容词后面,借"得"字的帮助,做补语,语势更重,表示程度更高。它相当于现代汉语的"很"。元曲中已出现这类的句子,例如"灵验得紧"。① 《宾主问答辞义》里也有"紧"字句:"客曰:好得紧。"范芳济的《官话精髓》里也有"紧"字。他称它为表示"最高级的"(super lativo)虚词,并列出它的同义词"得极""到极""不过"。他在"好不过"hào pǒ kuó[xau po? kuo]例句的后面加了"上好"xáng hào[ʃaŋ xau],"好得紧"hào tě kìn[xau tə? kin],"好得很"hào tě hèn[xau tə? xen],"极好"kiě hào [kiə? xau]。② 可见明末清初"紧"和"很"两者并用,到后来"很"才渐渐取代了"紧"。

5. 其他词句。

⑩ 甚么东西 scin mo tū si[ʃin mo tuŋ si]；

甚么子 scin mo zi[ʃin mo tsɿ]

⑩ 甚么所在 scin mo so zai[ʃin mo so tsai]；

何处 ho ciu[xo tʃ'u]。

---

① 龙潜庵《宋元语言词典》,上海辞书出版社,1985年,第735页;田宗尧《中国古典小说用语辞典》,台北联经出版事业公司,1985年,第1208页。

② Varo, Francisco. O. P., *Arte de la lengua Mandarina*, 16b.

⑩⑤ 这等 cie tin[tʃɛ tin]这样，这么

这等样大 cie tin jam ta[tʃɛ tin iaŋ ta]这样(么)大。

⑩⑥ 欢喜不胜 cuon schi po scin[xuɔn xi poʔ ʃin]；

甚喜(scin schi)[ʃin xi]

⑩⑦ 饿险死 guo schiē si [ʔuo xiɛn sɿ]几乎饿死，险些饿死；

饿馁几死(guo nui(?)chi si)[ʔuo nui ki sɿ]。

⑩⑧ 弄他睡 lū ta sciui[luŋ tʻa ʃui]使他睡。

⑩⑨ 弄他发性 lū ta fa sin[luŋ tʻa faʔ sin]使(让)他生气。

激发他怒(chieʻ fa ta nu)[kiəʔ fa tʻa nu]

⑩⑩ 去别所在 chiu pieʻ so zai [kʻy pieʔ sɔ tsai]到别处去。

⑩⑪ 送酒他食 su çiu ta cieʻ[suŋ tsiu tʻa tʃʻəʔ]送酒给他喝。

解释：

⑩⑬ 甚么子：河南灵宝是"什么子"[ʂʅˉ mɔˋ tsʅ]安徽宿县、阜南等处是"啥子"。"啥"(sha)字是"甚么"或"什么"shi-ma 的合音。①

⑩⑭ 甚么所在：和现代闽南(厦门)的"甚物所在"[ˬsim miʔ, ˬsɔ tsaiˬ]相同。大概是受了闽方言的影响。

⑩⑤ 这等：已见于元曲《玉镜台》二折白："腕平著，笔直著。小姐，不是这等？"明代的《李善长狱词》："若是这等，事业也不久远！"②此外明末葡籍天主教耶稣会士罗儒望(João da Rocha, S. J., 1565—1623)在他用白话译的《天主圣启蒙》(于 1609 年前后版)中也有许多用"这等"的句子，例如(6a 页)："这等我们先前做过被房人么？"(10a 页)："为什么这等常常用

---

① 杨时逢、荆允敬《灵宝方言》，《清华学报》新 9 卷 1—2 期合刊，1971 年，第 135 页。合肥师范学院方言调查工作组《安徽方言概况》，第 162—163 页。

② 刘坚《近代汉语读本》，上海教育出版社，1985 年，第 346 页，注 14；田宗尧《中国古典小说用语辞典》，第 945 页。

他?"由此可见"这等"在明末还是常用的指示代词。

⑯ 欢喜不胜:是"不胜欢喜"的倒装句。"不胜"是补语副词,即"欢喜得不得了。"

⑰ 饿险死:即"险些饿死"或"差一点没饿死"。"险"字插在动补动词"饿死"二字的中间,比较特殊。但"病几死"之类的说法是早已有之的。

⑱ 弄他睡和⑲弄他发性是使成式的例句。

⑳ 去别所在:这个例句,大概是受了闽南方言的影响。因为北方方言普通说"到别处去"。台湾通行的国语(即普通话)里像"我去台北""我去学校"一类的句子非常普遍。近年来北京话受了方言的影响,也有人说"我去北京""我去学校"等。

㉑ 送酒他食:是双宾语句。和粤方言的句式相同,即指物宾语在前,指人宾语在后。且后宾语为补语性质。如"佢畀三本书我""他给我三本书",无疑地是受了粤方言的影响。

七 《葡汉辞典》的官话基础方言

从上面列举的音韵及词汇特点,我们可以肯定罗明坚和利玛窦所学习和记录的语言,是当时通用的官话。这官话和现代的江淮方言基本上相同。它的基础方言不是以北京话为基础的北方官话,而是以当时的南京话为基础的南方(江淮)官话。下面我们分别讨论。

(一) 罗利二氏所学习的口语是当时的官话

这一点可以用文献来证明。当时(1573—1606)任东印度区耶稣会监会(Visitor)的范礼安神父(Alessandro Valignano,S.J.,1539—1606)曾于1577年至澳门视察,居留了几个月,研究中国的文化和习俗,是他指派了罗明坚和利玛窦到中国来传教。在他著的《耶稣会东印度发展史》一书里称传教士所学习的中国话为官吏或法庭的语言。他说:"中国各省有各省彼此不能了解的语言。中国人还有另外一种语言,是官吏和宫廷通用的官方语言(el proprio lenguaje de los mandarines y de la corte)。这种语言就好像我们的拉丁语一样。我们的两位神父(指罗明坚和利玛窦)正在那里(即澳门)学习这种语言,并且已取得了很大的进步。"①

罗明坚于1583年2月7日,从肇庆给罗马耶稣会总会长阿瓜委瓦神父(claudio Acquaviva;S.J.,1543—1615)写信报告他到中国后的传教工作,信中提到有关学习语言的情形,他说:"葡萄牙人在这个港口(案指澳门)和中国人通商,并借一些中国仆役担任翻译。因此,起初为找一位能教我中国宫廷式的语言(la lingua della corte)的老师非常困难。但是为了传教,我必须学习这种语言和文字。如果老师只会说中国话,而不谙葡萄牙语,也是无济于事,因为我听不懂。"稍后,他又说:"只可惜,目前对中国话,我还不能运用自如。再者,我学的是宫廷的语言(lingua cortegiona)中国人称为官话(lingua mandarina)。但是在澳门没有学习的机会,只有到中国内陆,和中国人一起,才学得好。"②

利玛窦于1592年11月12日从韶州给住在罗马的法比神父(Fabio de' Fabj,S.J.)写信说:"中国十五省都使用同样的文字。但是各省的语言不同。还有一种通用的语言,我们可以称它为宫廷和

---

① Valignano, Alessandro. S. J., Ed. by Joseph Wicki, S. J. *Historia det Principio y Progresso de la Compañia de Jesus en las Indias orientales(1542—1564)*. Roma:Institutum,1944,pp254—256.

② Tacchi-Venturi,Pietro,S.J. 1911—1913 II:pp411—412;利玛窦著、罗渔译《利玛窦书信集》,台北光启出版社、辅仁大学出版社,上下二册,第446—447页。

法庭的语言(la lingua della corte e forense),因为它通用于各省法庭和官场。我们目前学习的,正是这种语言。"

后来利氏在《中国传教史》里,首次把"官话"的名称介绍给西方的读者,他说:"在这些不同的语言中,有一种叫作'官话'(cuonhoa[kuɔn xua])的语言,就是法庭的语言,通用于各省的宫廷和法庭。学会了官话,可以在各省使用,就连妇孺都能用官话跟外省人交谈。"①

本文前面提到的《宾主问答辞义》中的对话中也提到传教士学习官话:

客曰:"如今你晓得我们这边官话不晓得?"答曰:"也晓得几句。"客曰:"也讲得?"答曰:"略学讲几句。"②

以上文献记载可以证明罗、利二氏及当时的其他传教士学习的口语是官话,不是方言。

(二) 明末清初官话的基础方言不是北京话而是南京话

从本文所举的音韵、词汇及语法的例子,可以很清楚地看出,明末清初的官话的基础方言不是北京话,因为它有的许多特点在北京话里没有或不常见。音韵方面,如"班、搬"和"关、官"韵母的不同;"镇、政"和"根、更"韵母的合拼,入声的保存等。词汇方面,如"四脚蛇、水鸡、桃子、枣子、斧头、闹热、欢喜、嫖(标)致、牢固、讲、晓得、食(吃)酒","冐(屙)尿、如今、不曾"等;语法方面如"背得、讲得"等,都和现代的北京话不同,而和现代的江淮方言相同。这证明它属于南方(江淮)官话,而不属于北方官语。

---

① D'Elia, Pasquale M, S. J. 1942—1949; *Fonti Ricciane*. 3 vols. Rome: La Libreria dello Stato, 38;利玛窦《利玛窦札记》,第30页;利玛窦《利玛窦中国传教史》,第23页。

② 除此以外,尚有上面论《辞典》第三栏时所举的例子 Fallar Mandarin 官话,正音。

我们主张明末清初的官话基础方言是当时的南京方言,可以从两方面来证明:第一,南京曾为明朝的首都。明代初年,太祖朱元璋,建文帝朱允炆及成祖朱棣早期,都以南京为首都。从洪武元年(1368)至永乐十九年(1421)成祖迁都北京,长达53年之久,迁都后又以南京为行在多年。徐达攻取大都,朱棣坐镇北京及后来迁都北京时,都曾带了大批南京人及其他江淮方言区的人士北上,南京话在明代占据了一个颇为重要的地位。① 迁都后,它在北京大概也沿用了将近二百年。因为利玛窦自1601年至1610年(万历二十九年至三十八年)一直住在北京,而他说的官话似乎还是他在南方(肇庆,韶州,南昌和南京)所学的南方官话,因为在他1606年赠给程大约的四篇罗马字注音文章里的音韵系统,和他在肇庆时所编《辞典》里的系统,基本上相同。虽然当时北京话里入声早已消失(与利氏同时的徐孝《司马温公等韵图经》可以证明),但是利氏的音系中仍然存在。可见当时以南京话为基础方言的官话,在北京还甚通行,否则利氏为适应宫廷官吏、文人,以及北京居民的语言,一定会把以南京音为主的官话音系改为以北京音为主的官话音系了。

第二,最有力的证明是明末清初官话的音韵词汇和语法特点跟现代江淮方言区相同。那么明代官话的基础方言也必定在江淮方言区内。而当时最占优势的方言,自然是首都南京话。因此我们说明代官话的基础方言为南京话,是合情合理的。

有一件历史记事,也可以暗示南京话是当时官话的基础方言。利玛窦在他的《中国传教史》第四卷第十一章里,记载了一位太监赠送书童教神父中国话的事。事情发生在1600年利玛窦再次由南京

---

① 鲁国尧《明代官话及其基础方言问题》。

去北京时。新到中国的庞迪我神父(Diego de Pantoja, S. J., 1571—1618)是他的助手。他们乘坐由刘步惜(原文 leupusie)太监率领的马船船队,沿运河北上,到了山东省西北的临清,太监因故先行。临别前,为报答神父们的善待,"把他在南京买的一个书童,当作礼物,留给了神父们。他说他送给他们这个男童,是因为他口齿清楚。可以教庞迪我神父纯粹的南京话。"①值得我们注意的是上面这一段记事是译自由金尼阁改订出版的《利玛窦中国传教史》而不是译自利氏意大利原文。这一段记事的原文是:"太监刘步惜很高兴地把他在南京买的一个书童,送给神父们,当作礼物。因为这个男童会讲地道的中国话(che parlava molto bene [la]lingua cina),可以教正要学中国话的庞迪我神父。"②金尼阁把利玛窦原文的"地道的中国话"改成了"纯粹的南京话",可见当时的南京话就是地道的中国话,换言之,就是当时官话的基础方言,是明末标准官话的代表,否则庞迪我就没有必要去学纯粹的南京话,而应该等到抵达北京后,学纯粹的北京话了。鲁国尧据何高济的中译本看出了这一点,今以利氏意大利文原本证明之。

有一点我们应注意:就是现在的南京话和四百多年以前的南京话,在音韵、词汇、语法等方面都发生了相当大的差异。有一些早期江淮方言的特点已经消失了。例如上面提过的古山摄开口及合口一、二等韵的字,在现代江淮方言里保持着区别,即"搬"和"班"及

---

① Ricci. Matteo, S. J. & Trigault, Nicolas, S. J. Tr. by Gallagher, Louis J., S. J.: *China in the Sixteenth Century*: *The Journals of Matthew Ricci*, 1583—1610. New York: Random House, 1953, 362; 利玛窦, 第 391 页。

② D'Elia, Pasquale M, S. J. 1942—1949: *Fonti Ricciane*. 3 vols. Rome: La Libreria dello Stato, II: 111. 利玛窦《利玛窦书信集》,第 337 页。

"官"和"关"的韵母不同,而在南京话里这两个韵母已合并为一,没有分别了。这是因为从明末到现在四百多年中,因为战乱及多次的迁移聚散,南京的人口发生了巨大的变动。现在南京的居民大半已不是四百多年前南京人的后裔,而是外来户的子孙。他们的语言跟明代的江淮官话有相当的距离。因为这些外来户,绝大多数是皖北和苏北人,其中也包括不少清代迁来的回族和一些满族贵族。他们大都是从北方来的,原来都说北方话,因而南京话的北方话成分逐渐增加,对向北方话转变起了很大的推动作用,使南京话北方话化了。抗日战争胜利后到现在,南京话更进一步向普通话靠拢了。① 现在我们如要追寻现代江淮官话的后裔,必须在南京以外的毗邻县市,如扬州、泰州及安徽省的合肥、安庆等地去找。②

八 结语

1986年在中国台湾第二届国际汉学会议上,我用英文发表了《利玛窦的葡汉辞典:一个历史和语言学的介绍》。近数年又继续研究,用中文写成此文。1989年夏我又赴罗马耶稣会档案馆查阅原件,发现是罗明坚的笔迹。所以,《葡汉辞典》当是罗利二氏共同的作品。

---

① 鲍明炜《六十年来南京方音向普通话靠拢情况的考察》,《中国语文》1980年第4期,第241—245页;鲍明炜《南京方言历史演变初探》,(江苏省语言学会主编)《语言研究论集(一)》,1986年,第376—393页;林焘《北京话溯源》,《中国语文》1987年第3期,第161—169页。

② 贺巍《河南山东皖北苏北的官话(稿)》,《方言》1985年第3期,第165—170页;颜逸明《八十年代汉方言的分区》,《华东师范大学学报》1987年第4期,第59—66页。

《葡汉辞典》可能是学习中国官话的第一部双语辞典。明代虽已有《华夷译语》一类的番汉对照分类词汇,但是还不能称为狭义的双语辞典。其非汉语只包括中国少数民族及邻国的语言,如蒙古、西藏、女真、朝鲜、安南等译语,并没有包括欧洲语言。罗氏的《葡汉辞典》按拉丁字母 A.B.C 顺序排列,先列葡语词条,后列罗马字汉语拼音,最后列汉语对应词。这种双语辞典的排列法当时在中国尚属首创。

《辞典》中的罗马字注汉字音,是汉语最早的拉丁字母拼音方案。是利氏及《西儒耳目资》拼音系统的前身,也是后世一切汉语拼音方案的鼻祖。编写这部辞典时,罗明坚因为到中国时间不久,初学汉语,记音时,有些汉字的拼写法尚不一致,甚至有模棱含混的地方。不过从拼音资料整体来说,已可使我们归纳出一个大致的官话音韵系统。罗氏记录的方音,反映他的汉语教师不是北方北京人,而是南方闽粤人,其中有说广东(广州)话的,有说客家话的,有说闽南话的。这些方音的记录,给我们留下了一些明代粤、闽、客方音的珍贵资料。

在比较罗氏所记录的明代官话和现代江淮方言时,发现了四川西部方言,在音韵、声调和词汇方面和明代官话及现代江淮方言有许多共同特点。这是因为元末明初,有大批说江淮官话的安徽和湖北人移居四川所致。这是一个非常重要的发现。值得方言学者做进一步的比较研究。

《辞典》中所收录的词汇和短句,除去一小部分是受了粤、闽、客方言影响之外,绝大部分都能代表明代以南京话为基础方言的官话,是研究明代官话和早期江淮方言珍贵的资料。本文所举出的例子,只是其中的一小部分。资料整体,尚待更进一步的整理和研究。在比较明代官话和现代江淮方言词和语法时,因为现代方言词汇和语法资料的不足,比较的结果还不够深入详尽。作者希望国内外的同好,加以补充,并对本文提出意见。

附录 《葡汉辞典》声韵表

一、声母(23)

p 八边抱	pʻ 怕骗破	m 马面母	f 法飞房	v 袜万味
t 大店道	tʻ 他天同	n 那年内		l 来舰辇
ts 在酒诈	tsʻ 才钱愁		s 三先生	
tʃ 知战竹	tʃʻ 常城出		ʃ 是善辰	ʒ 日然如
		ȵ 义业浓		
k 高见过	kʻ 开欠哭	ŋ 爱硬额	x 好晓玩	
ø 以牙五			ʔ 瓦卧为	

二、韵母(52)

ɿ 子辞死				
ʅ 知齿是	i 悲地儿	u 布都奴驴	y 居许鱼	
a 把打拿	ia 家下牙	ua 瓜化瓦		
ɛ 这车惹	iɛ 借邪夜			
o 破么我	io 痂靴	uo 过火卧		
ai 买带菜	iai 街鞋矮	uai 快坏外		
		uei 贝妹鬼		
		ui 对雷乳		
au 包刀少	iau 嫖鸟小			
əu 头手流	iəu 九修有			

an 谈三汉	iɛn 边棉仙	uan 关还换	
ɛn 恩生然	in 宾明星	uɛn 分问瘟	
		un 粪顿顺	yn 君裙云
ɔn 搬短团安		uɔn 官乱滚	yon 捲全村
aŋ 方当藏	iaŋ 讲想羊	uaŋ 光黄往	
uŋ 风公中			yŋ 穷兄用
aʔ 八拉杀	iaʔ 甲瞎压	uaʔ 刮滑刷	
əʔ 墨得色	iəʔ 笔力一		
	ieʔ 别裂节		yeʔ 雪
ɔʔ 博落索	iɔʔ 略学雀		
oʔ 不逐肉	ioʔ 曲蓄欲	uoʔ 国忽说	yoʔ 蹶月绝
uʔ 没祝			

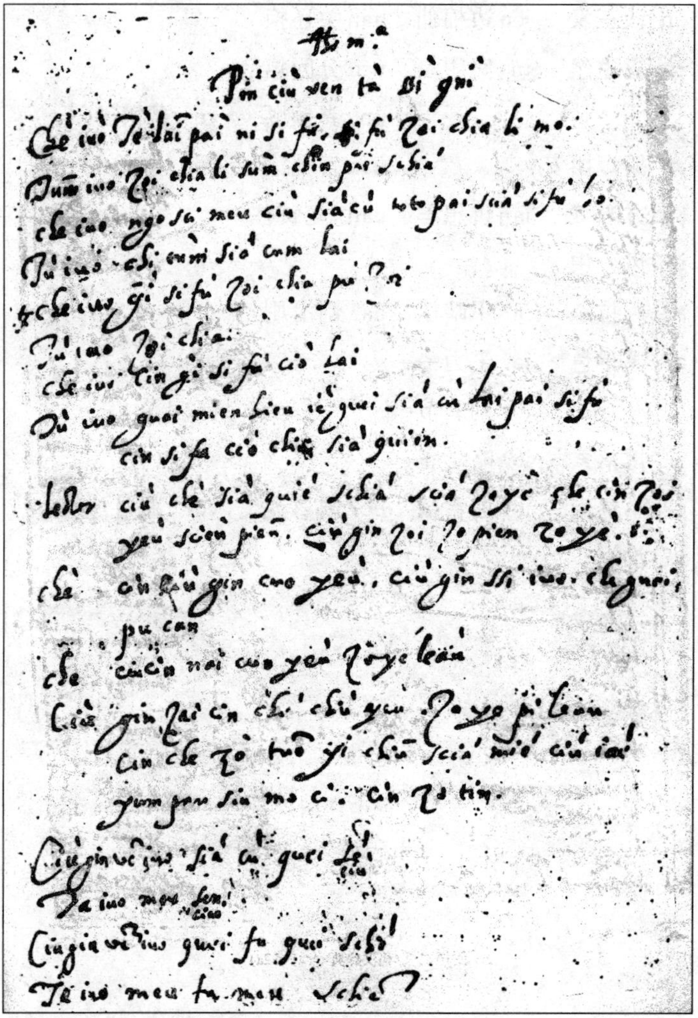

附图1 《宾主问答辞义》首页(3a)

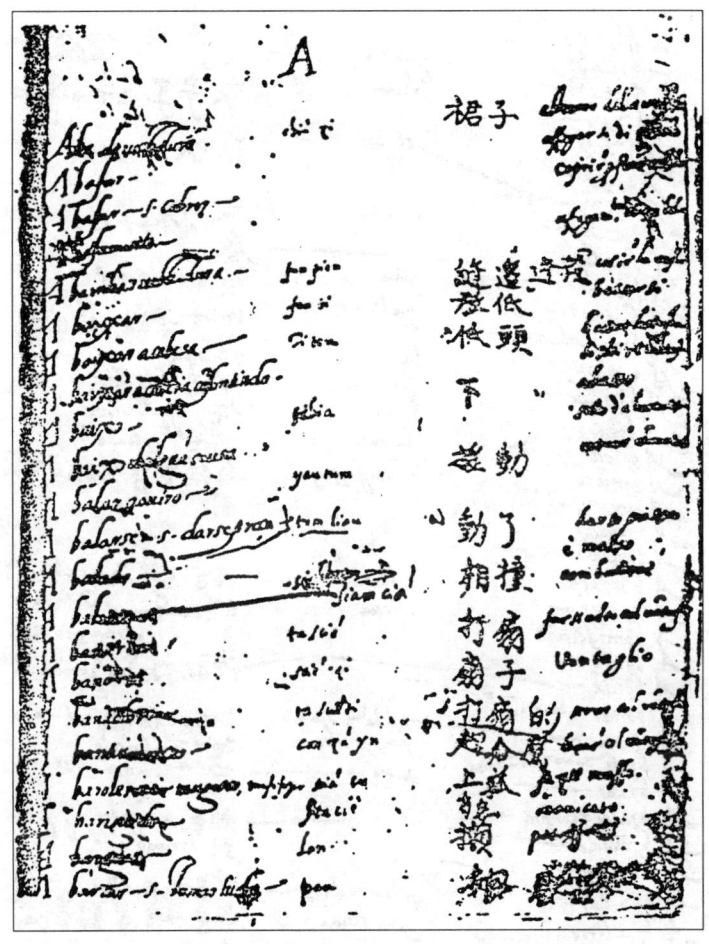

附图2 《葡汉辞典》首页(32a)

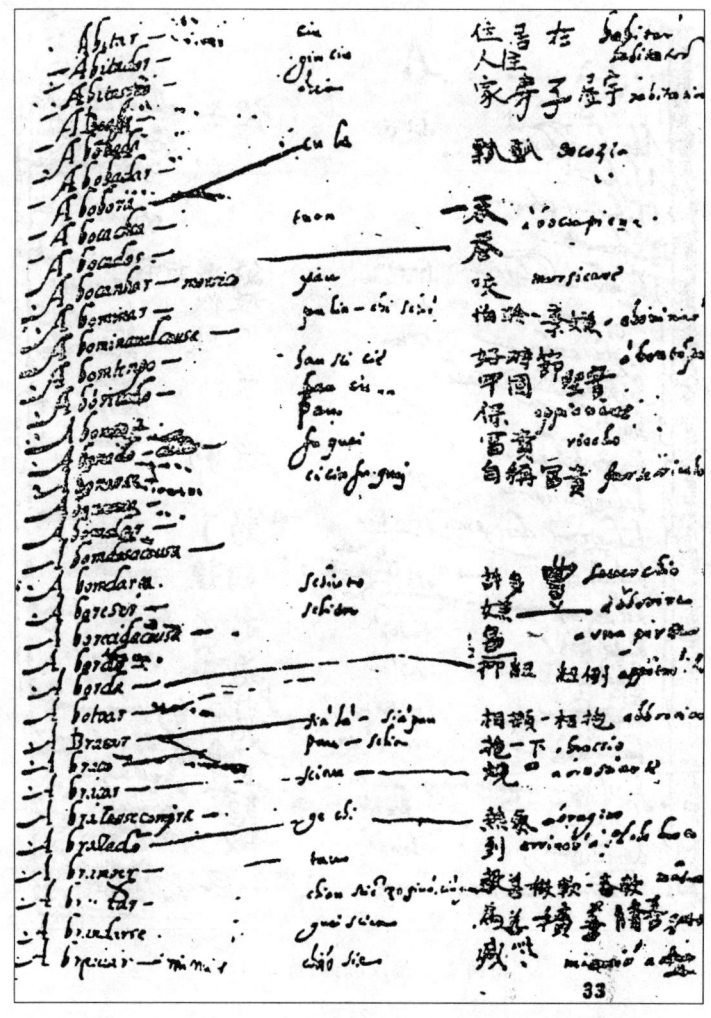

附图3 《葡汉辞典》第二页(33a)

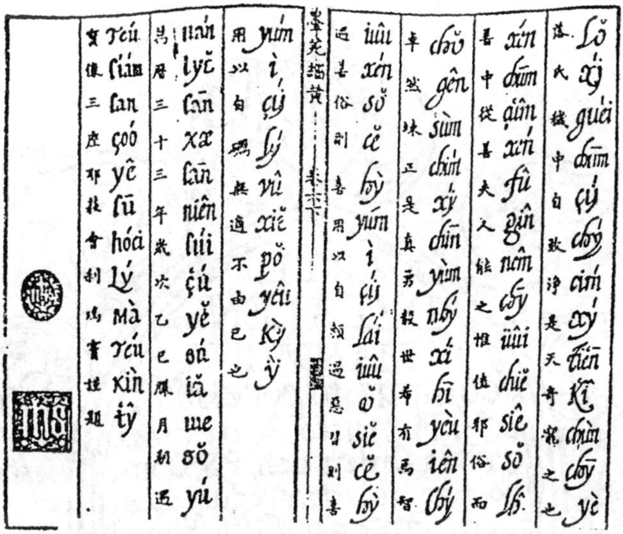

附图4 《程氏墨苑》所收利玛窦注音文章之一页

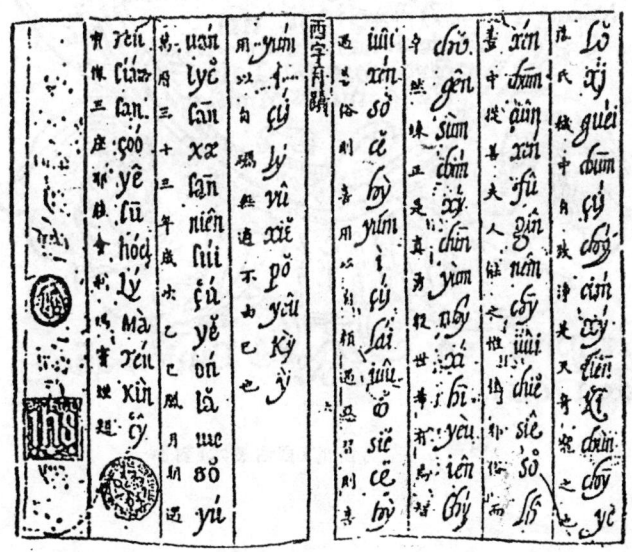

附图5 利玛窦《西字奇迹》之一页("谨题"下盖有梵蒂冈图书馆印)

附图 6　范芳济的《官话技术》封面

马礼逊的《中文字典》和官话拼音方案[①]

周有光[②]

马礼逊（Robert Morrison，1782—1834）的官话拼音方案（1815），是利玛窦、金尼阁方案（1605,1626）到威妥玛方案（1867）之间承前启后的关键，同时也是鸦片战争以后大半个世纪教会罗马字在我国流行的前导。它在汉语拼音方案的发展历史上有一定的地位，可是过去似乎未被注意。例如故罗常培先生的《汉语拼音字母演进史》（1934年第一版，1959年重印）在比较"中西各式罗马字"时候就没有提到这个方案。

马礼逊，英国人，1807年来广州。他是来我国的第一个基督教新教传教士。在1814年出版《中文文法》[③]以后，他在1815年到1823年出版《中文字典》（*A Dictionary of the Chinese Language*），[④]全书六大册，经过13年编印完成。这部字典只印750部（见原书广告之一），现在保存完整的已经不多。这是最早的中英字典（见威妥玛《语言自迩集》序言），其中的官话拼音方案大致是最早的接近英文拼法的，又是最早的基督教新教徒拟订的汉语拼音方案。

---

① 原刊《中国语文》1960年1月号，第44—47页。
② 周有光（1906— ），原名周耀平，中国著名语言学家、文字学家。
③ 编注：此书原名《通用汉言之法》，出版于1815年。
④ 编注：马礼逊汉英英汉词典并无统一全称。

在这以前,大致只有天主教的方案,也就是利玛窦、金尼阁方案的传统。

这部字典分三个部分。第一部分分三册,是部首排列的中英字典,收汉字约四万(主要依据《康熙字典》),汉字下面附多音节词和成语,事实上是一部"词典"。马礼逊已经认识到汉语不但有单音节词,还有多音节词,例如"字典"就是一个多音节词(见第一部分序言)。从利玛窦、金尼阁一直到何大化(参看罗常培《〈耶稣会士在音韵学上的贡献〉补》),汉字注音都是自上而下直排的。马礼逊认为汉字可以横排,不像阿拉伯文那样改为自左而右横排以后就会发生字形变化(见第一部分"说明")。为了跟英文一致起见,他的字典改用汉字横排。这可能是最早的自左而右的汉字横排。第二部分两册,是字母音序排列的中英字典,①编列格式跟现在的《同音字典》相同,可能是最早的字母音序排列的汉字同音字典。第三部分只一册,是从英文查中文的英中字典。

根据《中文字典》的拼写法,可以整理出马礼逊的官话拼音方案如下:(1)声母:ㄅp;ㄆp';ㄇm;ㄈf;ㄉt;ㄊt';ㄋn;ㄌl;ㄍk;ㄎk';ㄫg;ㄏh;ㄐk,ts(e, i);ㄑk',ts'(e, i);ㄒh, s(e);ㄓch;ㄔch';ㄕsh;ㄖj;ㄗts, tsz;ㄘts', tsz';ㄙs, sz。(2)单韵母:ㄚa;ㄛo;ㄜě, ay;ㄝě, ay;ㄦurh;ㄭe;ㄧe(y);ㄨoo(w);ㄩeu(yu)。(3)复韵母:ㄞae;ㄟei, ay;ㄠaou;ㄡow;ㄢan, en;ㄣǎn, in, un;ㄤang;ㄥǎng, ing。ㄧㄚea(ya);ㄧㄛeo(yo);ㄧㄝěě(yě), eay(yay);ㄧㄠeaou(yaou);ㄧㄡew(yew);ㄧㄢëen(yen);ㄧㄣin(yin);ㄧㄤeang(yang);ㄧㄥing

---

① 第二部分另有中文名称,叫"五车韵府",因为汉字材料主要以陈某所作《五车韵府》为依据。

(ying)。ㄨㄚwa；ㄨㄛwo；ㄨㄞwae；ㄨㄟwei,wuy,uy；ㄨㄢwan,uen；ㄨㄣwǎn,un；ㄨㄤwang；ㄨㄥwǎng,ung。ㄩㄝeuě(yuě)；ㄩㄢeuen(yuen)；ㄩㄣeun(yun)；ㄩㄥeung(yung)。说明：a.《中文字典》第一部分送气符号用[ʼh]（例如tʼhang），但是第二部分改用[ᶜ]写在汉字后面，不夹在字母拼写当中；在上文里，只写[ʼ]，省略[h]。b.平声不标，上声符号[ˋ]，去声符号[ˊ]，入声符号[ˇ]或[ˇh]（例如ǔh）。在上文里，入声写法以及少数几个拼法变体省略未列。c.多音节词没有连写，只偶然运用短横连接，例如"字"下"字典"tsze dëen不连写，而"字汇"tsze-hwey用短横连接。

  《中文字典》的注音是当时官话区的汉字读书音，分平上去入四声，不是阴阳上去四声，所以跟北京语音略异，而跟南京语音接近（见第一部分"说明"）。只要除去入声写法，把平声分为阴阳，这个方案就成为北京语音方案。从利玛窦、金尼阁一直到何大化，都是在文言汉字旁边用字母注音的，所注的音大致都是汉字的读书音，不是纯粹的口语音。马礼逊仍旧是这样。后来，艾约瑟（J. Edkins）把官话分为北、西（西南）、中（江淮）三区；威妥玛（T. F. Wade）完全拼写北京语音。

  作者说明，他参考了天主教的《字典稿本》（*Manuscript Dictionary*），把《字典稿本》（英国皇家图书馆藏本，收汉字一万余）的音节表和他自己的音节表列成一个对照表（见第二部分第一册）。比较对照表上的两种拼写法，可以看出：一，《字典稿本》方案是利、金方案的一种较晚的修正方案，稍稍接近英文，但是还保留着一些明显的利、金方案的特点，例如ㄗ写ç，ㄙ写ㄨ，兀已经大都改成ng，还有少数写-m。二，马礼逊方案的蓝本就是《字典稿本》方案，只把拼写法修改得更加接近英文，例如i改作e，u改作oo，ç改作ts，x改作sh。

  鸦片战争（1840）以后的艾约瑟方案（1857）和威妥玛方案（1867）

都以马礼逊方案为参考。把马礼逊方案跟后来成为国际通用的威妥玛方案比较一下,可以看出:一,威妥玛继承了马礼逊方案,保留了原来一些突出的特征。例如ㄗㄘㄙ有两套写法,马作 ts,ts',s 和 tsz,tsz',sz,威作 ts,ts',s 和 tz,tz',sz(ss);儿的写法,马作 urh,威作 êrh。二,威妥玛修正了马礼逊方案。主要的修正是完全拼写北京语音;其次是拼写法简化和一致化,保留接近英文的特点,但是不过分迁就英文。例如 oo 改为 u,e 改为 i,ㄐㄑㄒ不分"尖团"。

从上面这些比较,可以明白,从利、金方案到威妥玛方案,中间马礼逊方案起着承前启后的关键作用。

《中文字典》还刊载一个广州方言和官话的对照音节表(见第二部分第一册)。关于这个广州方言方案的来源没有说明。从这个对照表可以知道,广州方言在鸦片战争前至少 20 年就已经有了教会罗马字方案,不但远在广州话《新约》零卷出版(1877 前后)以前,比厦门话《约翰福音》出版(1852)也至少早 30 多年。

当时还没有汉民族共同语的认识,官话被称为"官话方言"。马礼逊方案是官话拼音方案发展过程中的里程碑之一,同时也可以看作是基督教新教传教士后来在各地拟订方言教会罗马字方案和出版方言字典的前导。这些工作,起初的目的是方便来华传教士和其他外国人学习中国语文,后来发展成为对我国人民传教的文字工具。

马礼逊方案在汉语拼音方案的发展历史上有一定地位,但是必须认清,他当时编印字典和拟订方案完全不是为我国人民服务,而是为帝国主义侵略我国服务。他的字典开始出版在鸦片战争以前 25 年,那时候英国的侵略机构东印度公司已经把印度作为基地而积极图谋中国了。《中文字典》正是在这个东印度公司的资助下并且由这个公司的澳门印刷厂印成的。

普遍唯理语法和《马氏文通》①

陈国华②

《马氏文通》③是中国第一部汉语语法,自1898年出版以来,语法学界一般承认它有筚路蓝缕之功,批评者则主要说它机械模仿西洋(主要是拉丁)语法,削足适履。也有学者注意到作者马建忠的语言哲学。高名凯曾断言:"马建忠在法兰西学习语法学,他多少受了波尔-洛瓦雅耳(Port-Royal)理性主义语法学的影响。"④许国璋视马建忠为普遍语法理论在中国的倡导者,他指出:"《马氏文通》后序多处表露了唯理语法的观念。"⑤

法国普遍唯理语法的创始和代表作是1660年问世的《普遍唯理语法》⑥,一般认为作者是Arnauld(1612—1694)和Lancelot(1615—1695),因为这两个人同在法国凡尔赛南部的波尔-洛瓦雅尔修道院任职,所以这部语法又称《波尔-洛瓦雅尔语法》。本文拿《语法》与《文

---

① 原刊《国外语言学》1997年第3期,第1—11页。
② 陈国华,北京外国语大学教授,中国外语教育研究中心副主任,主要研究方向:英语语言学、英汉翻译、词典学。
③ 以下简称《文通》,引文据商务印书馆1983年版。
④ 高名凯《关于汉语的词类分类》,《中国语文》1953年第10期。
⑤ 许国璋《论语法》,《外语教学与研究》1986年第1期。
⑥ *Grammaire générale et raisonnée*,以下简称《语法》,引文据1670年新版(1969年Republications Paulet 复制本)。

通》进行对比,以探究普遍唯理语法在语言哲学、语法编写原则和语法体系上对《文通》的影响,并分析《文通》不同于普遍唯理语法之处。

一

今天难以找到具体证据证明马建忠读过或没读过《语法》,不过我们推断他很可能读过。

据《语法》英译本的译者介绍,①《语法》于1660年4月2日在巴黎出版,很快成为几乎全国通用的语法教科书,到1709年共再版了四次。后来出版的许多普遍语法和法语语法都直接受其影响,形成一个理性主义传统。不久英国和德国也相继出版了《语法》的译本和普遍语法的著作。普遍语法的这种理性主义传统一直延续到19世纪中叶。那时由于历史比较语言学的兴起,《语法》的影响才受到削弱。然而它并未被人遗忘。从1803年到1846年,《语法》在法国共再版了六次。1874年,即在马建忠到达法国前夕,J. Tell 在《1520—1874年的法国语法家》②一书中宣布:"如果在语法方面有什么人人皆知的名字,那肯定就是波尔-洛瓦雅尔了。"20世纪研究法国语言学史的 Guy Harnois 评论说:"从1660年开始到以后的很长时期,对于一切与语言有关的人来说,此书都是权威性的。"③

---

① Jacques Rieux & Bernard E. Rollin, Translators Introduction, in Arnauld and Lancelot eds. *General and Rational Grammar: The Port-Royal Grammar*, 1975, pp. 21—31.

② J. Tell, *Les grammairiens français 1520—1874*, Paris, 1874, reprints 1967. p. 56.

③ Guy Harnois, *Les théories du language en France de 1660—1821*, Paris Société d'Edition "Les Belles Lettres", 1929, p. 33.

马建忠1876年以郎中资格被李鸿章派往法国,①曾在巴黎大学政治学院学习,②1877年在法国考院通过法文、物理、律师、政治、外交等五项考试。③ 19世纪外语教学,特别是希腊文和拉丁文的教学,盛行的是语法翻译法,马建忠通晓希腊、拉丁、英、法四门外语,不会不关心语法问题。对当时这样一部人人皆知的权威性语法著作不可能毫无所闻,既闻之而不读之也是近乎不可能的。

二

普遍唯理语法对马建忠的影响首先反映在他的语言哲学上。

唯理主义是普遍唯理语法的哲学基础,只有承认理性人人皆有,才会想到不同语言里应该有一些共性或普遍现象以表达人类共有的理性。在理性和语言二者的关系问题上,《语法》和《文通》作者的观点十分相似。《语法》由上下两部组成。上部分析言语的物质成分(包括元音、辅音、音节、重音、字母、字母读音的改革等6章);下部研究言语的精神成分,即人们遣词造句表达思想的原则和道理。作者在下部一开始便指出:"言语的精神成分是人类超越所有其他动物的一个最大长处,也是人类理性的一个最好证据。"(22页)马建忠在

---

① 吕叔湘、王海棻《〈马氏文通〉评述》,《中国语文》1984年第1期。也有人认为马建忠是1875年去法国的,见任继愈《马建忠的思想》,《中国近代思想史论文集》,上海人民出版社,1958年;赖汉纲《马建忠(附马相伯)》,《中国现代语言学家》,河北人民出版社,1981年,第138—143页。

② 许国璋根据马建忠本人所著《适可斋记言》里的记载推断,马建忠是被李鸿章派到法国修习外交业务的,"似乎不曾在法国正式上大学读书",参注4文献91页。陈士林《中国第一位文法学家》,1951年2月3日《光明日报》第6版;吴文祺《关于〈马氏文通〉》,《复旦》月刊1959年第3期;林玉山《汉语语法学史》,湖南教育出版社,1983年,第41页。

③ 马建忠《适可斋记言》,张岂之、刘厚祜校点,中华书局,1960年,第89、261页。

《文通》(12页)里引用荀子的话说:"'人之所以异于禽兽者,以其能群也。'夫曰群者,岂惟群其形乎战!亦曰群其意耳。而所以群今人之意者则有话,所以群古今人之意者则惟字。"马建忠不同于《语法》作者的地方是,他首先强调了人的社会性;在语言是人类超越其他动物的标志这一点上,他(以及荀子)和《语法》作者的看法是一致的。关于理性和语言的关系,马建忠还说:"人心莫不有理,而文以明之。"(13页)"言语不达者,极九译而辞意相通矣,形声或异者,通训诂而经义孔昭矣。盖所见为不同者,惟其已形已声之字,皆人为之也。而亘古今,塞宇宙,其种之或黄、或白、或紫、或黑之钧是人也。天皆赋之以此心之所以能意,此意之所以能达之理。"(12页)马建忠所谓的"理",与孟子所说的"心之所同然者何也?谓理也"的"理"和普遍唯理语法学家所谓的理性也是一致的。

如果说在理性和语言的关系问题上马建忠的观点和《语法》作者的观点只是碰巧一致,属于英雄所见略同,在语言的共性问题上,马建忠显然接受了普遍语法的基本观点。《语法》的作者之一 Lancelot 是一位语法学家,此人精通多国语言,曾编写过拉丁语、希腊语、意大利语和西班牙语的语法。通过长期的语法研究他发现,各种语言不仅有各自的特点,而且还有许多共同之处。他通过向逻辑学家 Arnauld 请教,明白了各种语言存有共同之处和不同之处的道理,于是合著了这本《普遍唯理语法》。① 《语法》的首页宣布,其宗旨是"解释所有语言的共同之处和主要不同之处"。再看马建忠,他从7岁起入上海天主教会所办的徐汇公学读书。在校时"于汉文之外,乃肆意于

---

① Antoine Arnauld & Claude Lancelot, *General and Rational Grammar: The Port-Royal Grammar*, The Hague Mouton, 1975, pp. 29—30.

辣丁文字,上及希腊,并英法语言",经过长达13年的苦心钻研,自称"于彼国一切书籍,庶几贯穿融洽,怡然理顺,涣然冰释,遂与汉文无异"①。由于通晓多门外语,他"常探讨画革旁行诸国语言之源流,若希腊、若辣丁之文词而属比之,见其字别种而句司字,所以声其心而形其意者,皆有一定不易之律,而因以律吾经籍子史诸书,其大纲盖无不同"(12页)。既然各种语言都有"一定不易之律","其大纲盖无不同",那么"因西文已有之规矩,于经籍中求其所同所不同者,曲证繁引以确知华文义例之所在"(13页),自然是理所应当,名正言顺的事情了。这里需要注意的是,"西文已有之规矩"中的"西文"泛指西方语言,"西文已有之规矩"即当时的普遍语法,不是希腊语法或拉丁语法这样的特定语法。

退一步说,即使马建忠没有读过《语法》,理性主义哲学和普遍语法论也是马建忠写《文通》的理论依据。

三

在语法的编写原则上也可以看到普遍语法对《文通》的影响。

自索绪尔以来,语言研究一般分为两种:一种是历时的,研究语言的演变;一种是共时的,研究语言的状态。索绪尔有一种误解,以为传统(即19世纪新语法学派兴起之前的)语法学家遵循的是共时原则,他在《普通语言学教程》中说:

> 例如波尔-洛瓦雅尔语法试图描写路易十四时期法语的状

---

① 马建忠《适可斋记言》,第91页。

态,并确定其价值体系。为此它不需要中世纪语言;它忠实地遵循横轴线,从来没有背离过。①

《教程》中译本的校注者也说,"《普遍唯理语法》完全以逻辑为基础,试图描写路易十四时代法语的状态"。其实,《普遍唯理语法》虽然是用法语写的,而且也常以法语为例,却不是一部法语语法,更不是描写路易十四时期法语的语法。书中所论,除法、德、西、意等现代地方(vernacular)语言外,还有拉丁语、希腊语、希伯来语等古典语言,是一部名副其实的普遍语法。《语法》对例句的引用,完全不讲时代的早晚。上自公元前3至2世纪罗马剧作家普劳图斯的拉丁文作品和公元1至2世纪希腊文本的《新约》,下至17世纪笛卡儿的名言和《语法》作者自己造的句子,《语法》都照收不误,②不知索绪尔因何说"一切所谓'普遍语法'的东西都属于共时态"③。由于《语法》既不是共时研究,又基本不讲语言的演变,而是阐述超越时空的普遍现象,因此可以说它是一部泛时语法。

那么《马氏文通》属于哪一种语法呢?马建忠声称自己研究的是"中国古文词"(15页)。在马建忠之前,国内没有人对汉语史的分期进行过研究,什么时期的汉语算是"古文词",也没有一个确定的说法。对于清朝末年的人来说,离当时通行的文言文较远一些(譬如唐代)的文章,大概都可能称为古文词。然而马建忠心目中的古文词,

---

① 译文参考了索绪尔《普通语言学教程》,沙·巴利、阿·薛施蔼、阿·里德格林编,高名凯译,岑麟祥、叶蜚声校注,商务印书馆,1980年,第118页。还参考了和 Harris (1983)英译本。
② 陈国华《1660年的〈普遍唯理语法〉是怎样的一部书》,《外语教学与研究》1988年第4期,第61—68页。
③ 索绪尔《普通语言学教程》,第141页。

范围要具体得多。他在《文通》的例言(16 页)里说：

> 古文之运，有三变焉。春秋之世，文运以神，《论语》之神淡，《系辞》之神化，《左传》之神隽，《檀弓》之神疏，《庄周》之神逸。周秦以后，文运以气，《国语》之气朴，《国策》之气劲，《史记》之气郁，《汉书》之气凝，而《孟子》则独得浩然之气。下此则韩愈氏之文，较诸以上之运神运气者，愈为仅知文理而已。今所取为凭证者，至韩愈氏而止。先乎韩文而非以上所数者，如《公羊》《谷梁》《荀子》《管子》，亦间取焉。惟排偶声律者，等之"自郐以下"耳。

这样，马建忠给我们勾画出了他所谓古文词的大致范围：
1. 春秋之世； 2. 周秦以后； 3. 韩愈之文。

马建忠看到了古文文运的"三变"，这"三变"又发生在从春秋到中唐这样一个 1500 年的漫长时期。本来，他完全有可能对这个时期丰富的语言材料进行历时的研究，阐明这"三变"的具体内容，从而写出一部古汉语史或古汉语历时语法。不仅有这种可能，事实上马建忠在《文通》里时常指出不同时代的文本在用词方面的特点。这方面的例子，除了吕叔湘、王海棻[①]和王海棻[②]列举的之外，还可以找出一些，例如：

(1) 名有一字不成词，间加"有"字以配之者，《诗》《书》习用之。(39 页)

(2) 秦汉文虚字最少者莫若《汉书》。(247 页)

(3) 《史记》之用"始"字，与左氏之用"初"字，《汉书》之用

[①] 吕叔湘、王海棻《〈马氏文通〉评述》。
[②] 王海棻《正确评价〈马氏文通〉的模仿与创新》，《语文建设》1988 年第 3 期。

"前"字同，可见诸书皆各有字例也。（234页）

(4) 夫"之"字以间倒文，此种句法《左氏》《论语》最所习见。后则韩文袭用者最多。（252页）

(5)《论语》习用"斯"字，《孟子》间用之，后此用之者仅矣。（345页）

(6) "邪"字在《四书》《左传》不多见，自《语》《策》诸子始用之。（370页）

然而，这些例子仅证明马建忠对语言材料的观察比较细腻。有一定的历史观念，却并不足以说明《文通》是一部历时语法，因为整部《文通》不是用历史比较法写出来的。对于不同时期的文本所反映的古汉语语法的演变，马建忠仅仅不时地、附带性地评论一两句而已。单从马建忠在"例言"里为自己限定的研究范围来看，《文通》大体上是一部上古汉语语法。因为按照王力对汉语史的分期，公元3世纪以前为汉语的上古期，①而前面马建忠提到的著作，除韩愈之文外，都不出此范围。在"例言"里，马建忠还提到他引证的另外三部著作，即《后汉书》《三国志》《晋书》。《后汉书》虽然为南朝范晔（398—445）所编撰，却以东汉刘珍等撰的《东观汉记》为主要依据，而且范晔本人去上古时期未远，《后汉书》的语言与上古汉语应该是比较接近的。《三国志》为西晋陈寿（223—297）所撰，此书于3世纪末，属于上古汉语不成问题。《晋书》修于唐初，房玄龄等编撰此书，主要依据南朝臧荣绪（416—488）著的《晋书》，不论哪一种《晋书》都算不得上古汉语。不过通览《文通》，仅发现引自《晋书》的一个例句，这个单例可不论。

---

① 王力没有说明往前上溯到何时，大概从有甲骨文时起。王力《汉语史稿》，中华书局，1980年，第35页。

至于韩愈之文,则另当别论。韩愈虽然是古文运动的一个倡导者,自己也身体力行,竭力模仿先秦时期的文体写作,达到了马建忠所谓"仅知文理"的水平。所以,学习和掌握一种语言,"仅知文理"是远远不够的。身处中唐而言追秦汉,毕竟不是一件容易的事。就像一个人在本国学外语,学得再好,也不及外国人说自己的母语地道。马建忠自己也观察到,韩愈像其他同代人一样,"者"字的使用不符合上古汉语的规范(见361页)。马建忠还说:"助字之妙,惟古人能用之,周秦以下无继之者。"(381页)既然周秦以下的人不算古人,那么周秦以下的文词,特别是韩愈之文,就不能算古文词。其实韩愈本人并没有把写出与先秦古文一模一样的文章作为自己的目标。摈弃骈体,取法古文,这是他的基本原则;写作时,他却要求自己做到"惟陈言之务去"①,就是说,不因袭别人,要说前人没有说过的话。取法于古文而以不因袭古人,结果就写一种"新体的古文"②。马建忠把这种新体古文或仿古文与真正的古文摆在一起,不免给人一种不伦不类的感觉。

选材方面的问题不止于此。《文通》"例言"所列著作共17种,而《文通》正文实际引用的文本大大超出了这个范围。现将这些文本按其大致年代顺序排列如下,引证不到10次的文本,后面括号里附有其在《文通》里的页码。

(1)《周易》的《经》和《系辞》之外的各《传》;(2)《尚书》;(3)《诗经》;(4)《春秋》(296);(5)《老子》(71,199,204);(6)《周

---

① 韩愈《答李翊书》,郑奠、谭全集编《古汉语修辞学资料汇编》,商务印书馆,1980年,第112页。

② 朱自清《经典常谈》,生活·读书·新知三联书店,1980年第129页。

礼》(35,36,38,80,201,203,204,206,239);(7)《礼记》(《檀弓》《大学》《中庸》之外的各篇);(8)《晏子春秋》(141);(9)《墨子》(194,239,357,358,364,374);(10)《孝经》(199);(11)《庄子》(372);(12)《楚辞》(44,273,322,357,358);(13)《吕氏春秋》;(14)《韩非子》(313,368);(15)《尔雅》(200,204,205);(16)《大戴记》(239,266,374,378,382);(17)《山海经》(358);(18)《诗序》(37);(19)贾谊《过秦论》(196),《淮难篇》(400);(20)刘安等《淮南子》(35);(21)刘向《说苑》(383);(22)扬雄《解嘲》(35);(23)张揖《博雅》(37);(24)《孔子家语》(204);(25)曹丕《与吴质书》(236);(26)束皙《补亡诗》(35);(27)《列子》(156,262,268,358);(28)杜预《春秋左传集解序》(236);(29)范宁《穀梁序》(236);(30)郭璞《尔雅·郭叙》(80,277);(31)郦道元《水经注》(237,279);(32)刘义庆《世说新语》(199);(33)鬼谷子《与苏秦张仪书》(393);(34)魏收《魏书》(268);(35)颜之推《颜氏家训》(81);(36)魏征《隋书》(37);(37)熊忠《古今韵会举要》(198);(38)欧阳玄等《宋史》(36);(39)张自烈《正字通》(199)。

以上统计难免有遗漏,却足以证明:(1)马建忠并没有像自己所说的那样,"惟排偶声律者,等之'自郐以下'耳",《文通》中不少例子取自《诗经》和《楚辞》;(2)《文通》引用了《易经》《尚书》(其中一部分)之类早于春秋时期的典籍;(3)从班固到韩愈之间并不是一片空白(23—35诸条);(4)"所取为凭证者"也并非"至韩愈氏而止",晚于韩愈的例子共有四条(36—39条)。如果我们相信司马迁所说的"西伯拘羑里,演《周易》"①,那么从演《周易》的周文王到明末编《正字通》的张自烈,上下有差不多2700年的时间。不可想象哪一种语言的共时状态能有如此长的跨度。好在这些出格的例句在例句总数中占的比例很小,不足以改变《文通》的根本性质。我们只能批评马建忠在选择例句时没有严守自己规定的范围,或者说,没有严格遵守共时的原则。

另外,《文通》的例句虽然有的大致按照先春秋、后秦汉、再韩愈之文的顺序排列,相当数量的例句都是一锅煮,不分时间顺序,不讲历史原则。这也是马建忠历时观念不很明确的表现。

马建忠之所以缺乏明确的共时和历时的观念,究其思想根源,还是受了普遍唯理语法的影响,认为"古迭造字,点画音韵,千变万化,其赋以形而命以声音,原无不变之理,而所形其形而声其声,以神其形声之用者,要有一成之律贯乎其中,历千古而无或少变"。(9页)写《波尔-洛瓦雅尔语法》这样的普遍语法,似乎有理由从泛时的观点来看问题,因为"语言学像下棋一样,有一些比任何事件都更长寿的规则。但这些都是不依赖于具体事实而独立存在的普遍原则。一谈到特定的、看得见摸得着的事实,就没有泛时观点了"②。《文通》是一部研究"古文词"这一具体语言事实的特定语法,在例句的选择和排列上却既没有严守共时的原则,又没有遵循历史原则,采取了一种近似泛时的观点。在历史比较语言学已经相当成熟的时代,马建忠采取了这样一种观点和做法,是不能令人

---

① 司马迁《史记》,中华书局,1959年,第3300页。
② Ferdinand de Saussure, *Cours de linguistique générale*, Publié par Charles Bally et Albert Sechehaye, avec la collaboration de Albert Riedlinger, édition critique prepare par Tullio de Mauro. Paris Payot, 1972, p.135.

满意的。

四

马建忠本人在《文通》的例言(15页)里直言不讳地说,"此书系仿葛郎玛而作"。《文通》模仿了西洋语法,这点语言学界向无异议。然而许国璋通过比较《文通》和 Harkness 所编《拉丁文法》[①]对名词、代词和动词的不同定义,又对《文通》和《语法》在作者宗旨和对名词、代词、形容词、动词、状词的定义这六方面的差异进行分析,得出的结论却是:

> 《文通》之成书,不像是模仿学校《拉丁文法》,也不像以法国《普世唯理语法》为范式。此书之成,我以为是马建忠根据普世语法"字别种,句司字"的通理,凭个人的哲学自信(conviction),经过十四年的勤求深探之结果。[②]

凭"字别种,句司字"的通理和个人的哲学自信,经过十几年的努力,不是不可能写出一部汉语语法。可是既然马建忠自己承认《文通》模仿了西洋语法,我们今天没有必要否认这一点。问题不是《文通》是否模仿了西洋语法,而是它在多大程度上模仿了西洋语法,模仿得好还是不好。王海棻的看法是,《文通》在词的分类和归类、次的设立和分析、句子成分的处理以及句子的分析这四个方面"表现出明显的模仿西方语法的痕迹"。她紧接着又说:

---

① Albert Harkness, *A Latin Grammar for School and Colleges*, New York, 1883.
② 许国璋《论语法》。

但这些模仿之处只表现在一些具体问题上,在《文通》全书并不占主导地位,甚至也不占据重要地位。《文通》主导的方面是,它的作者对古汉语进行了长达十数年的全方位考察,从语言材料的实际考察中,全面揭示了古汉语的特点及其语法规律,创立了一个相当完备的、颇为精深的古汉语语法体系。①

这样一个"相当完备、颇为精深"的语法体系的基本框架(即马建忠所谓"大纲")究竟是哪里来的,是马建忠自己白手起家发明创造的,还是他从西洋语法那里借鉴的?就语法体系而言,《普遍唯理语法》没有什么创见,它注重的是各种不同语言的共性,因此其体系在西洋语法中较具代表性。下面我们把《语法》的体系和《文通》的体系加以对照,有对应关系的语法范畴并列,缺乏对应关系的范畴单列,看看二者同在何处、异在何处。需要指出的是,所谓对应只是大致而言,不是完全对应,因为马建忠在借用西洋语法的范围时,往往扩大或缩小其含义,以适应汉语分析的需要。

表1 《波尔-洛瓦雅尔语法》和《马氏文通》的语法体系

《语法》	《文通》
Nom(名词,25页)	名字(20页)
Substantif(本体名词,25页)	公名(33页)
	群名(34页)
Adjectif(属性名词,25页)	通名(34页)
Propre(专有名词,28页)	本名(33页)
Général/Commun(普通名词,28,58页)	公名(33页)

---

① 王海棻《马氏文通与中国语法学》,安徽教育出版社,1991年,第189—199页。

Article(冠词,39 页)
Pronom(代词,43 页)　　　　　　　　　代字(20,41 页)
　　Antécédent(先行词语,49 页)　　　　前词(41 页)
　　　　　　　　　　　　　　　　　　指名代字(43 页)
　　　　　　　　　　　　　　　　　　　指所语者(43 页)
　　Première personne(第一人称,44 页)　发语者(43 页)
　　Seconde personne(第二人称,44 页)　与语者(43 页)
　　Troisième personne(第三人称,44 页)　所为语者(43 页)
　　　　　　　　　　　　　　　　　　指前文者(43 页)
Réciproque(反身代词,44 页)　　　　　重指代字(55 页)
Démonstratif(指示代词,44 页)　　　　指示代字(78 页)
　　　　　　　　　　　　　　　　　　　特指(78,80 页)
　　　　　　　　　　　　　　　　　　　逐指(78 页)
　　　　　　　　　　　　　　　　　　　约指(78,83 页)
　　　　　　　　　　　　　　　　　　　互指(78,87 页)
Possessif(领属代词,48 页)　　　　　　代字用作偏次(43 页)
　　Relatif(关系代词,48 页)　　　　　接读代字(58 页)
　　Interrogatif(疑问代词,102 页)　　　询问代字(71 页)
Préposition(前置词,62 页)　　　　　　介字(22,246 页)
Adverbe(副词,65 页)　　　　　　　　状字(21,227 页)
Adjectif(形容词,26,82 页)　　　　　　静字(21,111 页)
　　　　　　　　　　　　　　　　　　　象静(111 页)
　　　　　　　　　　　　　　　　　　　滋静(111 页)
　　　　　　　　　　　　　　　　　　　平比(135 页)
　　　　　　　　　　　　　　　　　　　差比(138 页)
　　　　　　　　　　　　　　　　　　　极比(140 页)
Verbe(谓词,66 页)　　　　　　　　　　动字(21,144 页)
　　Temp(时,75 页)
　　Mode(式,语气,77 页)
　　Actif(主动,82 页)　　　　　　　　施动(144,160 页)
　　Passif(被动,82 页)　　　　　　　　受动(160 页)

Neutre(中性,82 页)	内动(25,166 页)
Transitif(及物,84 页)	外动(25,144 页)
Intransitif(不及物,101 页)	内动(25,166 页)
Impersonnel(无人称,86 页)	无属(189 页)
Gérondif(主动动名词,90 页)	
Supin(被动动名词,90 页)	
	同动(177 页)
	坐动(208 页)
Infinitif(不定式,80 页)	散动(208 页)
Participe(分词,89 页)	读,散动(208 页)
Auxiliaire(助谓词,92 页)	助动(177 页)
Interjection(叹词,102 页)	叹字(23 页)
Conjonction(连词,102 页)	连字(22 页)
	提起(277 页)
	承接(281 页)
	转捩(311 页)
	推拓(316 页)
	助字(23,323 页)
	传信(323 页)
	传疑(323 页)
	合助(377 页)
Nombre(数,29 页)	
Genre(性,30 页)	
Cas(格,33 页)	次(24,27 页)
Nominatif(主格,33 页)	主次(27 页)
Vocatif(呼格,34 页)	主次(89 页)
Accusatif(宾格,37 页)	宾次,止词,司词(25,97 页)
Génetif(生格,35 页)	偏次(90 页)
	正次(90 页)
Datif(与格,36 页)	转词(145 页)
Ablative(夺格,37 页)	转词(166 页)

Apposition(同位,36页)　　　　　　同次,加词(102,106页)
　　　　　　　　　　　　　　　　　前次(102页)
Proposition(命题,23页)　　　　　　句,读(24,28,385页)
　　Sujet(主项,23页)　　　　　　　起词(24,385页)
　　Attribut(谓项,24页)　　　　　　语词,表词(24,26,385页)
　　Liaison(连项,24页)　　　　　　决辞/决词/断辞/断词(26,129页)
　　Objet(客体,83页)　　　　　　　止词,司词(25,28页)

从表1可以看出,《语法》和《文通》在体系上大同小异,后者在某些方面(如指示代字、静字、连字的再分类)比前者更细密。《语法》里有一些《文通》里没有的语法范畴,如数、性、时等,古汉语里至今也找不出与之对应的范畴;《文通》里也有一些《语法》里没有的小范畴,如"群名"(集体名词)、"滋静"(数词)、"比"等,这些在19世纪下半叶通行的各种西洋语法书里很容易找到;"助字",即我们今天所说的句末语气词,其作用与《语法》中谓词的 Mood(式,语气)相当,是马建忠求出的"华文所独"的唯一词类,王力将这一发现称之为"很大的创造"。[①]

《文通》模仿的也许不是一本特定的语法,但它确系"仿葛郎玛而作",否则无法解释二者何以在体系上有那么多的相同之处。到目前为止,论者说到"模仿",一般持鄙夷态度,以为不如创新,无足称道。不过,站在马建忠的立场上看问题,既然"各国皆有本国之葛郎玛,在旨相似,所异者音韵与字形耳",把外国的葛郎玛拿来仿效一下,为我所用,有何不可? 马建忠在建立古汉语语法体系的过程中有取舍、有创造性地仿效西洋语法,做到了"基本符合古汉语实际"[②],结果是成

---

① 王力《汉语史稿》。
② 王海棻《正确评价〈马氏文通〉的模仿与创新》。

功的。

马建忠虽然在语言哲学、语法的编写方针和体系上受了普遍唯理语法的影响,他的《文通》却不是《语法》的翻版。在语法研究的方法上,在对某些基本的语法范畴和结构的解释上,《文通》和《语法》之间存在着重要区别。

《语法》贯彻始终的基本研究方法是理性的演绎法。《语法》从分析人的思维方式出发,探索人类共同的思维方式是怎样通过语言这一媒介表现出来的。按照《语法》的观点,人的思维过程有三步。首先是形成概念,然后是做出判断,在判断的基础上再进行推理。人们发明出来用以指称各种概念的声符就是词,人们对事物进行的判断表达出来则称为命题。每个命题都包含主谓这两个项,主项是判断的对象,谓项是对该对象的判断。除了主谓这两项外,命题还包括连系主项和谓项的连项。人的思维既然可以分解为思维对象和思维方式,词也可以分成与此相应的两大类。《语法》(24页)把其认为表示思维对象的名词(包括本体名词和属性名词)、冠词、代词、分词、前置词、副词等归为一大类;把表示思维方式的谓词、连词和叹词归为另一大类。

马建忠没有走《语法》的道路,没有从分析人的思维方式出发,归纳上古汉语中与思维方式相适应的各种语言形式,对这些语言形式的存在给以理性主义的解释。首先,他虽然求出了与拉丁语的八大词类相似的上古汉语的名、代、动、静、状、介、连、叹诸类字和"华文所独"的助字,可是并没有像《语法》的作者那样,把这些字类归入表示思维对象的字和表示思维方式的字这两大类。他的作法是,按照有无事理可解这一语义标准,把他求出的九类字归入"有事理可解"的实字和"无解而惟以助实字之情态"的虚字这两大类。名、代、动、静、状诸类字被视为有事理可解,归入实字;剩下的介、连、助、叹这四类字被视为无事理可解,归入虚字。字的虚实之分是中国古代学者对普遍语法理论的重要贡献。① 马建忠继承和发展了古人的研究成果,认为它是"字法之大宗"(20页),然而这一"字法之大宗"与《语法》归纳词类的方法是大相径庭的。

在原则上,马建忠对于语言本质的认识与《语法》的作者没有什么不同。《语法》(7页)说:"言语,就是用特地发明的符号表达自己的思想。"马建忠(13页)也认为言语就是人们"以口舌点画以达其心中之意"。可是一到对具体语言现象的分析,马建忠就把理性主义的原则扔到一边。在对语言符号的看法上,《文通》和《语法》就有明显和重要的不同之处。

《语法》(28页)认为,词是表示各种概念的声音符号,而不是客观事物的名称。这一观点在其给专有名词和普遍名词下的定义里解释得很清楚:

> 我们有两种概念。首先,有一些概念代表对我们来说是独一无二的事物,如每个人对其父母、朋友、马、狗、自己所形成的概念。
>
> 另一些概念代表对我们来说是好几样相似的事物,这样的一个概念对几样事物都同等适合,例如我们对一般的人或一般的马所形成的概念。
>
> 人们需要不同的名称来表示这两种不同的概念。于是就产

---

① "实字"和"虚字"的区分始于南宋的张炎(见林玉山《汉语语法学史》,1983年,湖南教育出版社,第28页),起初用以从修辞的角度分析诗词,元代卢以纬的《助语辞》是论述"虚字用法的最早著作"(胡裕树《助语辞序》,1985年)。

生了专有名词和普遍名词。

马建忠没有这样给名词下定义。他继承了先秦学者"称器有名","名者,名形者也"①(尹文子)的形名观,把名字看成是客观事物的名称:

> 名字所以名一切事物者,省曰名。
> 名字共分两宗,一以名同类之人物,曰公名。
> [……]
> 一以名某人某物者,曰本名。(33页)

马建忠大概认为,思维(心中之意)和语言符号的关系不言而喻,所以他跳过概念这一环,把语言符号和客观事物直接挂钩。《文通》的定义符合一般人对语言的认识,简单明了,易被人接受,也是传统学校语法对名词的定义,但这种定义却没有《语法》的定义那样严谨、科学。

《语法》和《文通》对谓词/动字的不同处理,更反映出二者在语法研究方法上的不同。在《语法》里,断定被认为是"我们思维的主要形式"(66页),谓词的定义是:"主要用以表示断定的词。"(66页)。Est(是)是表示单纯断定的谓词,其他谓词除了表示断定之外,还同时表示某种属性。例如 Pierre vit(皮埃尔活着)就可以理解为 Pierre est vivant(皮埃尔是活着)。这样,vivit 这个词实际上即表示断定又表示"活着"这一属性。在某些情况下,人们把命题的主项也并进谓词里,这样一来,单独一个词因表达了某种断定,也可以构成一个完整的命题,如拉丁语的 vivo(我活着)。谓词还可以通过形态变化同时

---

① 洪诚选注《中国历代语言文字学文选》,江苏人民出版社,1982年,第28页。

表示与断定相关的时间关系,由此而产生了谓词的各种时态。可见《语法》对谓词的定义具有高度的概括性,任何谓词,不论其形态怎样因人称、数和时态而变化,其基本功能总是表示断定。

马建忠在《文通》里也说到决断,可是他所说的决断,其内涵大大小于《语法》作者所说的判断。马建忠(24页)认为:"句者,所以达心中之意。而意有两端焉:一则所意之事物也,夫事物不能虚意也,一则事物之情或动或静也。"表面上看,马建忠所说的"意"和《语法》里所说的判断很相似,可是马建忠没有说"事物之情或动或静"就是人们对所意之事物的决断。他从语义出发,把事物的动和静截然分开,说:"夫事物之可为语者,不外动静两境,故动境语以动字,静境语以静字。"(127页)这样一来就出现一个问题。有些字,如"有""无""似""在""不记行而惟言不动之境"(177页),却被归入动字,称为"同动";还有一些字,像"是""非""为""即""乃",既不表示事物的动境,又不表示事物的静境,只是"参于起表两词之间"起一种连系作用,"以表决断口气"(26页),那么应该把它们划到哪一类字里呢?既然动字和静字里都没有它们的位置,马建忠只好为它们单立一类,含糊地称之为"决辞"(26页),又称"决词""断辞""断词"(129页)。在《文通》里,"辞"不是一个语法单位,而"决词"或"断词"的"词"显然又与"起词""语词""表词"的"词"不在一个层次上。读完《马氏文通》,人们始终搞不清楚"是""非""为""即""乃"这类词在马氏语法体系中所处的位置。由于没有把决断作为人的基本思维方式来对待,马建忠也就不可能像《语法》的作者那样提纲挈领地把握 verb 的本质,只好像传统学校语法那样将之定义为表示动作的字,并不顾其词源意义,将之译为"动字"。

作为一部唯理语法,《波尔-洛瓦雅尔语法》致力于发掘各种语言现象背后的道理,对这些现象给以理性主义的解释。《马氏文通》不是一部唯理语法,因为它没有对所分析的语言现象进行理性主义的解释。下面再举一个例子。

在《语法》里,第9章专论关系代词。《语法》认为关系代词有两个特点:(1)它总是与另一个名词或代词有关,这个名词或代词称为先行词;(2)关系代词引导的命题可以成为另一个命题的主项或谓项的一部分,这另一个命题可以称为主命题。在分析 Dieu, qui est invisible, est le créateur du monde, qui est visible(见不到的上帝是见得到的世界的创造者)这句话时,《语法》认为该句实际上表达了三个判断:

(1) Dieu est invisible(上帝是见不到的);

(2) Il a créé le monde(他创造了世界);

(3) Le monde est visible(世界是见得到的)。

在这三个命题中,第二个命题是原先命题的主要成分,第一和第三个命题只在这三个命题中,通过关系代词分别进入主命题的主项和谓项后,这两项各自成为复合项(50页)。复合项表达的思想要比简单项更丰富。

马建忠也求出了上古汉语的三个接读代字:"其""所"和"者"。关于接代字的作用,他(58页)说:"接读代字,顶接前文,自成一读也。"这一点和《语法》指出的关系代词的第一个特点是一致的。"自成一读"是什么意思呢?马建忠(28页)解释说:"凡有起、语两词而辞意未全者曰读。"在此之前,他(25页)在给句下定义时说:"盖意非两端不明,而句非两语不成。"现在有了起、语两词,辞意为何不全,马建忠没有解释;文章里为什么要有接读代字"自成一读",马建忠也没有解释,全靠读者自己通过大量例句揣摩其中的道理。

通过上面的比较,我们看到,《文通》的语法是参照西文现成的语法体系建立起来的,马建忠在《文通》里运用了历史比较的方法和归纳法,比较出上古汉语在不同时期的一些差别,归纳出他认为是"华文所独"的助字,但这两种方法不是他研究上古汉语的主要方法;他具有一定的历史观念,但没有严格地遵守历时或共时的原则;他虽然接受了普遍唯理语法的一些基本观点,并且自信"人苟能玩索[《文通》]而有得焉,不独读中书者可以引通西文,即读西书者亦易于引通中文,而中西行文之道,不难豁然贯通矣"(245页),他的《文通》却不是一部《波尔-洛瓦雅尔语法》式的普遍唯理语法。

一句话,《马氏文通》是一部以普遍唯理语法作为理论基础,模仿西洋语法体系而充分注意汉语特点,非严格意义上的古汉语语法。

20世纪以前欧洲汉语语法学研究状况[①]

[法]贝罗贝[②]

一 前言

在中国,对于语言问题的研究有着悠久的历史。最早可以追溯到战国时期(公元前475—公元前221)。《荀子》(公元前3世纪)这一部书特别对语言的性质提出了重要观点。其后,随着历史的发展,各种精心编著的字典和语音、方言及韵律研究相继出现,例如:《尔雅》(公元前3世纪著)、《方言》(公元1世纪著)、《说文解字》(公元2世纪著)、《释名》(约公元200年著)、《玉篇》(公元547—549年著)、《切韵》(公元601年著)、《广韵》(公元1008年著)、《中原音韵》(公元1324年著)、《康熙字典》(公元1716年著)等。

然而,一直到19世纪末,中国语言学传统存在着一个缺陷,那就是关于语法的研究一直没有真正出现。虽然有些著作谈语法问题,但是只是零散的、没有系统的分析。这些著作包括:陈骙的《文则》

---

　① 原刊《中国语文》1998年第5期,第346—352页。收入本论文集时,编者对文中的译名进行了修订。
　② 贝罗贝,法国国家科研中心特级研究员、法国社会科学院博士生导师。

(1170)、卢以纬的《语助》(1311)、刘淇的《助字辨略》(1711)、袁仁林的《虚字说》(1710)、王引之的《经传释词》(1798)。①

直到距今一百年的1898年,才可以看到中国人写的第一部汉语语法著作。这本书就是马建忠(1844—1900)编写的《马氏文通》。该书深受中国传统染濡(我们可以看到《文通》对上文列举的著作做了诸多分析),但基本上是以西方语言概念为基础的作品,采用了印欧语言同类著作的模式。本文的第二部分将对该书进行简单的叙述,在这部分中我同时会介绍法国的《普遍唯理语法》(Grammaire générale et raisonnée,1660)。我认为本书对《文通》写成起了很大的启发作用。

首先介绍由西方学者编写的汉语语法书,这些书很可能是《马氏文通》曾作为参考的书籍。1898年以前没有由中国文人编著的汉语语法书,但自16世纪起,有不少由西方传教士及早期汉学家编辑的几部著作。对这些著作的彻底整理工作到今天还没有完成。这些书对几世纪前汉语(国语及方言)的研究提供了极为宝贵的资料。在此选择其中几部最重要的著作,它们是:Francisco Varo (1703) *Arte de la lengua mandarina*、Joseph Prémare(1728) *Notitiae Linguae Sinicae*、Joshua Marshman(1814) *Clavis Sinica*、Robert Morrison (1815) *A Grammar of the Chinese Language*、Abel Rémusat (1822) *Elémens de la grammaire chinoise*、Georg von der Gabelentz(1881) *Chinesische Grammatik*。

---

① 陈骙《文则》,人民文学出版社,1960年;卢以纬《语助》,中华书局,1988年;刘淇《助字辨略》,中华书局,1954年;袁仁林《虚字说》,中华书局,1989年;王引之《经传释词》,岳麓书社,1984年。

二 20世纪前的西方语法书

称得上最早的汉语语法著作应该是由弗朗西斯科·瓦罗(Francisco Varo)神父编写的《华语官话语法》(*Arte de la lengua madarina*)。该书在1703年于广州木刻初版。此书以西班牙文写成,没有包含任何汉字。作者是一位多明我会的传教士,他仅对当时的白话语言提出了一些规则,没有分析古代汉语(文言文)。

除去作者对汉语发音及汉人风俗习惯的详细叙述,书中只剩下不足30页真正的语法分析。这些语法分析是依照著名的《拉丁文文法入门》(*Introductiones Latinae*, 1481)的模式编写的。《拉丁文文法入门》作者为内卜列加(Elio Antonio Nebrija, 1441—1522)。这本书受了意大利人文主义作品的启发,是为教学而编写的语法书。内卜列加也写了另外一部语法书叫作《卡斯特兰语文法》(*Gramatica de la lengua castellana*, 1492),虽然这部书在18世纪以前没有再版,但瓦罗神父仍有可能看过此书。

可以肯定地说,作者希望将汉语纳入印欧语言的类别而并没有考虑汉语的特征。例如他在书中讲到性数格的变化,而这一现象在汉语中并不存在。此书是用下述方式组织编写的:在第二章谈发音,特别是汉语声调之后,第三章阐述性数格的变化及复数形式;第四章介绍体词(形容词在体词内)及比较级和最高级;第五章分析动词、指示词、反复动词、职业名词及词之性别;第六章再次谈到代词(人称代词、指示代词、关系代词、相互代词);第七章分感叹词、连词、否定词、反问词、条件式词等栏目;第八章叙述动词及动词变位;第九章主要讲被动式句;第十章谈介词及副词,是该书最丰富的一章。它对列出的大量副词进行了解释与翻译,并以西班牙文字母顺序进行排列。第十一章只有几页,主要解释句子的组成。第十二章讨论数词。最后第十三章主题为助词。

马若瑟(Joseph Prémare)所著《汉语札记》(*Notitiae Linguae Sinicae*)是用拉丁文写的。这部书同时概括了古代汉语和白话,并且分别得很清楚:书中对古代汉语和白话所阐述的规则也不同。另外,作者举出了大量例子,大致不少于 12000 个例句和 50000 个汉语词。

此书特别注重阐述汉语的修辞特征。作者充分地讨论了文体和组织。书中真正属语法分析及句法解释的内容也不少,只是湮没在一大堆各具特色的讨论里,难以看出其一贯性。

第一部分(文言文)和第二部分(白话文)使用了同一术语。有时例句到底是文言还是白话,并不容易分辨。

马若瑟将汉语的字(lettera)作为语法的基本单位。他认为字有 487 个音(soni)和 4 个调(accente)。它们组成 1445 个音节(voces)。之后,作者采用实词和虚词的传统分法,却又按照西方词类分法将它们分类:体词(包括名词和形容词)、代词、动词(系词、助动词、主动词、被动词等)、副词、介词、连词、助词。其中体词部分又区分成不同的格:主格、宾格、属格、与格、处格和等格。时态和语式的分析则在动词一章中。

这部著作明显的缺陷是对句法的解释。

马若瑟采用拉丁语的模式来解释中国语言。因而汉语的很多现象往往只能被扭曲以便套进拉丁语模式。作者没有深入研究出一种考虑汉语特征的术语,而只简单地采用了他所了解的拉丁语术语。

这部书在 1728 年写成,但晚至 1831 年才在马六甲(Malacca)出版。主要是当时英国新教徒向儒连(Stanilas Julien)要求复制手稿这部著作对后来语法书的发展起了重要影响。

马士曼（Joshua Marshman）的《中国言法》（*Clavis Sinica*）于1814年在塞兰坡出版，而马礼逊（Robert Morrison）的《通用汉言之法》（*A Grammar of the Chinese Language*）于1815年也同样在塞兰坡出版。这两部书不如前几部著作重要。它们实际上是翻译过来的语言教材而不能说是真正的语法著作。

马士曼的著作实际上是他对孔子《论语》的翻译（1809年出版）的进一步延伸。作者大部分篇幅局限于对《论语》的一些例句做分析。换言之，这是一本基于单一古典文献所做的文言文分析著作。作者同时使用冗长的篇幅解释中国的社会及人类学特征，与语言本身并无任何关联，书中举出和翻译的例句也不多。

马礼逊的著作更应归类为教学课本。作者到了中国以后，注重寻求与英语会话中常用句等同的汉语句子。这部著作对将英文翻译成汉语有帮助，但不能把它看作是一本真正能指出语言规则的语法著作。

雷慕沙（Abel Rémusat，1788—1832）的《汉文启蒙》（*Elémens de la grammaire chinoise*）于1822年出版，1857年再版。可称作第一部对汉语做逻辑综论及结构分析的著作。在很长一段时间里，这部书被用作参考书籍，至少一直到巴赞（Antoine Bazin，1799—1863）的《汉语官话语法》（*Grammaire mandarine*，1856），与儒连的《汉语新句法》（*Syntaxe nouvelle de la langue Chinoise*）。儒连是雷慕沙最出色的弟子，也是欧洲19世纪下半期公认的汉学大师。

如同作为《汉语札记》一书之参考的马若瑟神父的语法著作一样，雷慕沙在他的著作中很明确地将古典的文言与官话的白话区分开来。这两种语言在两个不同部分给予阐述："古典文体"和"现代文体"。这两部分采用相同的组织方式来讨论不同的类别。具体章节划分如下:名词、形容词、专用词、数词、代词、动词、副词、介词、连词、感叹词、助词及惯用语。

与以前论著相反,雷慕沙没有在描述的汉语语言中勉强加入印欧语言的常见规则。他如实地处理了汉语本身的特点,并且直截了当地指出汉语中名词没有性与格,动词也没有时态变式。该著作只是在陈述汉语文言文部分时比较简略(只有几行字解释介词和连词,对副词的解释也不多)。所以说,这部著作的特点在于极具价值的、丰富的白话分析。

相比之下,甲柏连孜(Georg von der Gabelentz)所著的《汉文经纬》(*Chinesische Grammatik*,1881)在古代汉语语法方面更为全面,可以说是19世纪末期最优秀的相关著作。书中列出了全部文言助词及它们详细的用法,同时还讲到了各种词源问题。

我们也可以看到在前面著作中提到的详细的词类,对虚字的长篇分析并包括许多例子。书中还对语法功能(主语、谓语、宾语等)及语言组织原则(倒装式、表态式等)进行了分析。

三 《文通》及其渊源

(一)《文通》的内容概况

对《马氏文通》这本著作已经有过很多分析,在众多的著作中,最近的研究性著作有吕叔湘和王海棻的文章及王海棻的著作[①]。这点并不奇怪,因为这部书对于20世纪几乎全部语法著作都具有很大的

---

① 吕叔湘、王海棻《马氏文通读本》,上海教育出版社,1986年;王海棻《马氏文通与中国语法学》,安徽教育出版社,1991年。

影响,甚至《文通》所使用的术语也全部被继承下来。下面请看选自王海棻《马氏文通与中国语法学》的图表,作者对《文通》及《现代汉语八百词》①的用词进行了比较:

《文通》	名字		代字	动字	静字			状字	介字	连字	助字	叹字	
《八百词》	名词	量词	指代词	动词	形容词	数词	方位词	副词	介词	连词	助词	叹词	象声词

在此,我们仅重申《文通》包括三个基本组成部分:词类、句子成分和格。作者称第一部分为字,第二部分词,第三部分为次。最后这部分确实有特别的创意。它模仿了西方语言的语法模式,但后来的语法学家没有继续这种方式。《文通》另一点独到之处是将"句"和"读"区分开。这一区分始终不是非常清楚,但我们也许可以将它看作我们今天对于句子及分句的划分。

至于《文通》的渊源,明显地有两个:作者一方面受传统"小学"的影响,但同时也深受欧洲语言分析方式的影响。作者在书的序部分也多次承认这一点。他特别在跋中强调:"则常探讨画革旁行诸国语言之源流,若希腊、若拉丁之文词而属比之,见其字别种,而句司字,所以声其心而形其意者,皆有一定不易之律;而因以律吾经籍子史诸书,其大纲盖无不同。于是因所同以同夫所不同者,是则此编之所以成也。"他也在例言里写过:"此书系仿葛郎玛而作。"(在此,葛郎玛一词被选作 grammaire(语法)的翻译词)

下面我们分别讨论《文通》一书的两个渊源。

(二)传统的影响

马建忠是一位传统的文人。他本可以写一部白话文的语法著

---

① 吕叔湘等《现代汉语八百词》,商务印书馆,1981年。

作,但他选择的是古典汉语语法。

正如何九盈①所提出的,如果将传统的语法研究划分为两大部分,即训诂学与修辞学,那么《文通》一书明显地受二者的影响。马建忠肯定了解陈骙、卢以纬和袁仁林的语法分析(修辞传统)。马建忠从这些著作中借用了许多词语,但他往往对这些词语做新的定义:名、动、读、句。当然还有相对意义的实字和虚字。作者肯定还非常了解训诂学类的著作,如刘淇或王引之的著作。对于后者,马建忠更多地采用著作的语法分析,而较少借用它的用词。

但《文通》所反映的西方影响是最根本的。

(三) 西方影响

中国及西方的学者,特别是中国学者,曾经苦苦追溯对马建忠有过重要影响的西方著作。作者确实承认"此书系仿葛郎玛而作",但是在书中却没有提到任何一个曾被选用为模式的西方著作。

许国璋曾经将《文通》与哈克耐斯(Harkness)的《拉丁语法》(1883)和上面提到的《波尔-洛瓦雅尔语法》(即《普遍唯理语法》,1660)进行比较。他得出结论是这两部著作都不能被认作是《文通》一书的模式。②

贝沃海力③认为斯威特④的英语语法著作及马若瑟的《汉语札记》都对马建忠的作品起到了影响,但是也不足以说明这两部著作就是《文通》的模式。

---

① 何九盈《中国古代语言学史》,河南人民出版社,1985年,第193页。
② 许国璋《论语言》,外语教学与研究出版社,1991年,第83—89页。
③ P. Peverelli, *The History of Modern Chinese Grammar Studies*, Leiden University Ph. D, 1986.
④ H. Sweet, *New English Grammar*, Oxford Clarendon Press, 1892.

王海棻提出"《文通》表现出明显的模仿西方语法的痕迹",但她马上又补充说明:"但这些模仿之处只表现在一些具体问题上,在《文通》全书中并不占据主导地位,甚至也不占据重要地位。"①最后,陈国华在对《文通》与《波尔-洛瓦雅尔语法》进行比较之后,得出结论:"《文通》却不是一部《波尔-洛瓦雅尔语法》式的普遍唯理语法",然而又承认:"《文通》是一部以普遍唯理语法作为理论基础,模仿西洋语法体系而充分注意汉语特点,非严格意义上的古汉语语法。"②

下面,我们将进一步阐述马建忠取用并由此编写《文通》的两大素材来源,即由西方学者撰写的汉语语法和印欧语言语法。

1. 西方学者撰写的汉语语法。

很难想象瓦罗的《华语官话语法》这一著作曾是马建忠采用的重要模式。而且,这部著作在19世纪时已经很难找到。③ 在《文通》一书中,我们也看不到引自该书的任何分析。

同样,对于马士曼所著《中国言法》和马礼逊的《通用汉言之法》,马建忠似乎都没有什么了解,或者说,就算他曾读过这两部书,对他作《文通》并没有什么影响。

最后我们可以自信地肯定马建忠当时不了解甲柏连孜所著的《汉文经纬》。假如作者曾经读过这部书的话,那么可以肯定《文通》的特殊语法分析应该不一样。况且《汉文经纬》在1881年才第一次出版,当时马建忠已离开欧洲。再者,这本著作是用德文撰写的,而马建忠虽十分了解希腊文、拉丁文、法文和英文,但并不懂德文。

---

① 王海棻《马氏文通与中国语法学》,第199页。
② 陈国华《普遍唯理语法和马氏文通》,《国外语言学》1997年第3期,第1—11页。
③ A. Rémusat, *Elémens de la grammaire chinoise*, 1822.

所以只剩下马若瑟的《汉语札记》及雷慕沙的《汉文启蒙》。

贝沃海力也许说得对,他认定马若瑟的著作确实对《文通》起了影响。这部著作,实际上也许可以说是马建忠在上海森伊捏斯(Saint Ignace)教会学校读书期间,最早接触的语法著作之一。这早期的接触远在他于 1875 年(或 1876 年)至 1880 年被送到法国留学之前。实际上,我们知道当时该教会学校的耶稣教会神父就是用这部著作作为语法参考书的。同时,不难看出这两部著作有着共同点,特别在组织结构方面。

还很可能马建忠也曾读过雷慕沙的著作。这本书 1857 年在法国再版,而且自此以后广泛流传。所以,马建忠于 1875 年(或 1876 年)至 1880 年在巴黎期间,理应很容易看到这本语法书。不过,这本书对《文通》并没有很大的影响。原因是:其一,《汉文启蒙》对古代汉语部分没有很深的论述,而《文通》主要在分析古代汉语;其二,马建忠的观点有时与雷慕沙的观点有对立的地方。后者确实希望避免将西方语言的规则套用于汉语,而马建忠却恰巧相反,专门寻找汉语与西方语言在句法上的共同点。

2. 西方学者撰写的印欧语言语法。

事实上,当马建忠谈到西方语法模式时,他所想到的主要是西方人撰写的西方语法著作。

我想做以下的假设:在马建忠所掌握的语法著作中,《波尔-洛瓦雅尔语法》很可能是对他影响最大的语法书。这本 17 世纪的书同样地影响了 19 世纪大部分西方语言著作。随后比较文法理论才开始在西方广泛流传。

据我们了解这部语法著作在 1803 年至 1846 年期间,在巴黎曾 6 次再版。该书当时被叫作《LA Grammaire》(即最主要的语法书)。

所以,马建忠在写到"此书系仿葛郎玛而作"时,所指的很可能就是这本《波尔-洛瓦雅尔语法》。

这一假设是基于这样一个事实:两本语法书所采用的哲学系统是相同的。正如陈国华指出的:"在理性和语言二者的关系问题上《语法》和《文通》作者的观点十分相似。"①

文末附表将两部著作所用词语作比较,显示两书之间众多相似之处。《文通》用了《波尔-洛瓦雅尔语法》的一些概念,而这些概念在以前的汉语语法中并不存在,例如关系代词。这众多相似之处很难说只属偶然的巧合。

附表

《文通》	《波尔-洛瓦雅尔语法》
1. 字	
—名字	Substantif(名词)
公名	général(普遍名词)
群名	collectif(集合名词)
通名	adjectif(抽象名词)
本名	nom propre(专有名词)
—代字	Pronom(代词)
发语者	première personne(第一人称)
与语者	deuxième personne(第二人称)
所谓语者	troisième personne(第三人称)

---

① 陈国华《普遍唯理语法和马氏文通》。

重指代字	réciproque(相互代词)
接读代字	relatif(关系代词)
询问代字	interrogatif(疑问代词)
指示代字	démonstratif(指示代词)
－静字	Adjectif(形容词)
象静	adjectif(形容词)
滋静	nombre(数词)
－动字	Verbe(动词)
外动字	transitif(及物动词)
自反动字	réciproque(相互动词)
施动	actif(主动)
受动	supin(被动)
内动字	intransitif(不及物动词)
同动字	copule(系词)
助动字	auxiliaire(助动词)
无属动字	impersonnel(无人称动词)
动字相承	infinitif(不定式)
?	neutre(中性)
－状字	Adverbe(副词)
－介字	Préposition(介词)
－连字	Conjonction(连词)
－助字	?(助词)
－叹字	Interjection(感叹词)

2. 词

－起词	Sujet(主语)

	－止词	Objet（宾语）
	－转词	？（补语？）
	－表词	Attribut（谓项）
	－司词	Objet de préposition（介词宾语）
	－加词	？（状语）
	－前词	Antécédent（先行词语）
	－后词	？（后行词语）
	－状词	？（状语）
3. 次		
	－主次	Nominatif（主格）
	－宾次	Accusatif（宾格）
	－偏次	Génitif（属格）
	－同次	Apposition（同位）
	－转词？	Datif（与格）
	－？	Vocatif（呼格）
	－转词？	Ablatif（夺格）
读		Proposition（分句）
句		Phrase（句子）

近代欧洲人撰写的汉语语法[①]
——《华语官话语法》及其语言和语法特点

[日] 西山美智江[②]

《华语官话语法》(Arte de la Lengua Mandarina，简称《官话语法》)是世界上出版的第一本汉语语法书，作者是西班牙多明我会传教士万济国(Francisco Varo, 1627—1687)。1703年该书在广州出版，出版者是方济各会的石振铎(Pedro de la Pinuela, 1650—1704)。2000年《官话语法》的英译本出版后，我们已把它翻译成日语。[③] 通过翻译，我发现万济国对汉语语法有独到见解，值得深入发掘。本文尝试探讨《官话语法》的特点以及该书在西洋汉语研究史上的地位。

一　万济国和石振铎生平简介

万济国于1646年参加多明我会的中国传教团，1648年抵达菲律宾马尼拉，学了一年官话。次年抵达中国福建，主要在福安和福州从事传教活动。1682年他用西班牙语写了《官话语法》，1684年完成

[①] 原刊姚小平主编《海外汉语探索四百年管窥——西洋汉语研究国际研讨会暨第二届中国语言学史研讨会论文集》，外语教学与研究出版社，2008年，第182—190页。
[②] 西山美智江，日本关西大学非常勤讲师，从事传教士语法著作研究。
[③] 内田庆市、西山美智江译《官话文法》，《或问》第2—4期，2001—2002年。

拉丁文版。1687年在福州去世。

石振铎出生在墨西哥,1671年参加方济各会传教团,1676年抵达中国,主要在闽北传教。结识万济国后,从他学习官话。1703年他在广州整理了万济国的稿子,附上方济各会士叶宗贤(Basilio de Glemona,又名叶尊孝)编写的《解罪手册》并亲自撰写弁言,出版了《官话语法》。1704年他在广州去世。

二 《华语官话语法》概要

此书共16章。1.若干注意点;2.声调;3.名词和代词的格变;4.名词和形容词,比较级和最高级;5.抽象名词,动名词,指小名词,反复,职业,性;6.代词;7.叹词,连词,否定,疑问词,假定;8.动词及其变位;9.被动动词和被动句;10.副词和介词;11.构句方式;12.数和数的虚词;13.各种虚词;14.官话礼貌用语;15.如何称呼官员及其亲属,以及其他人,如何在口语和书面语中称呼自己;16.交谈中的礼貌用语,以及拜访邀请时的礼节。

三 多明我会的汉语语法

在万济国撰写其著之前,已有多明我会士写过汉语语法。《官话语法》中常出现"以前的语法""别的语法"等字样:

以前有些教士已经集取了一批例句,这里我只是想再增加一些,以补充我的前任们的缺漏。(第10章)

本章讨论的内容都是写在别的语法书里的。(第11章)

知道了这类麻烦后,多明我会士们就尽快编出了一部语法。

现在的这部语法,基本上支持以前的语法的规则。(第13章)

我觉得按照别的语法,在这里写一下礼貌用语、礼仪行为以及正式社交中的书信表达是很合适的。(第14章)

从引文可以推测,《官话语法》的第10、11、13章,以及第14、15、16章很可能参考过先前传教士写的汉语语法,他们的语法作品现已佚失。其中高母羡(Juan Cobo)、施方济(Francisco Diaz)、黎玉范(Juan Bautista de Moreles)三位传教士对万济国的影响最深。

四　内卜列加的语法书

西班牙语法学家内卜列加(Antonio de Nebrija,1441—1522)的《拉丁文文法入门》(1481)在出版后二百年间,一直是拉丁语语法书的权威之作。在《官话语法》里,我们可以看到内卜列加的名字:

我们都知道,一个人学习拉丁语的时候,即使他懂得了内卜列加制定的所有规则,仍然不足以成为一个拉丁语言学者。他还需要学习西塞罗、维吉尔等人的作品。另一方面,即便他学到了西塞罗、维吉尔等人的东西,而没有首先掌握内卜列加的规则,他也无法成为一个拉丁语言学者。与此相仿,教士首先需要掌握这本简单的册子所包含的规则和戒律,然后应该广泛地涉猎西塞罗作品,在中国这样的作品被称为"小说"。(弁言)

即便我们按照内卜列加语法的次序来讨论这些词类,把叹词和连词放在这里也不合适,因为这两个词类在他的词类序列中是放在最后的。(第7章)

下面我们来看内卜列加的另一部作品《卡斯特兰语文法》(Gramatica de la lengua castellana)。卷一：正字；卷二：韵律和音节；卷三：词源和词；卷四：句法学和十词类的排列；卷五：供想学西班牙语的外国人所用的入门书。与《华语官话语法》相比，有以下相似之处：(1)《官话语法》的第2章和《卡斯特兰语文法》的第2卷都是讨论音节问题。(2)跟《官话语法》第3章"名词和代词的格变"类似的题目包括在《卡斯特兰语语法》的第5卷里。(3)《官话语法》第4、第5章里有详细的名词分类，譬如说"动名词""指小词"以及"名词的性"等，这些问题也出现在《卡斯特兰语语法》的第3卷里。(4)跟《官话语法》的第8章"动词及其变位"类似的问题出现在《卡斯特兰语文法》的第3卷里。还有以下不同点。《官话语法》的第1章"若干注意点"、第9章"被动动词和被动句"、第12章"数和数的虚词"、第13章"各种虚词"以及从第14章到16章，是《卡斯特兰语文法》里没有的。西班牙语里没有被动动词、被动句，所以在《卡斯特兰语文法》里跟第9章类似的内容是找不到的。

五　卫匡国的《中国文法》

为了考察《官话语法》的特点，还要看其他传教士写的汉语语法书。目前认为最早的汉语语法书之一是耶稣会士卫匡国（Martino Martini，1614—1661）写的《中国文法》（*Grammatica Sinica*，1653）。虽然他和万济国所属的派别不同，但是各个派别之间，特别是学习汉语方面，互相也可能有交流。万济国和石振铎即属于不同派别。

卫匡国是耶稣会的传教士。他1643年被派遣到中国，主要在杭州从事传教活动。1651年为了答辩典礼问题，临时回欧洲。途中，被荷兰军强迫停留在雅加达。1653年抵达挪威。他在欧洲期间出版了几本关于中国的书籍。1658年回到中国,1661年在杭州去世。他在世期间,《中国文法》没有出版过。1689年一位德国医生在雅加达发现了《中国文法》的手稿,把它寄给他的朋友门采尔(Christian Mentzel,1622—1701)。后来,一位德国学者巴耶(T. S. Bayer,1694—1738)在柏林的皇家图书馆里发现了《中国文法》的手稿,写了几个抄本。现在《中国文法》的原本手稿已经不存在,只有巴耶写的抄本。1730年,巴耶参考了《中国文法》,自己写了一本汉语语法书《中国博物》(Museum Sinicum)。这也是第一本在欧洲出版的汉语语法书。

以下是《中国文法》的概要。1.音节表;2.名词及其格变,代词,动词的变位;3.介词,副词,叹词,连词,名词的原级、比较级和最高级,代词附录,数词。跟《官话语法》相比,《中国文法》只不过是小小的册子,但是两本书的结构基本上一样,都按照拉丁语的八个词类来分析汉语,即名词、代词、动词、分词、介词、副词、连词、叹词。由于汉语里没有分词,所以他们可能才把数词看成词类之一。值得注意的是,他们都很重视数词和量词。《中国文法》和《官话语法》里有很多量词的例子。两本书之间也有不同点。《官话语法》的第1章"若干注意点"、第13章"各种虚词"以及从第14章到16章是《中国文法》里没有的。

六 马若瑟的《汉语札记》

以上考察了《官话语法》以前的汉语语法书,下面看一看《官话语法》之后的汉语语法书。

耶稣会传教士马若瑟(Joseph Premare,1666—1736)于1698年

抵达中国,主要在江西传教,1736年在澳门去世。马若瑟的《汉语札记》(Notitia Linguae Sinicae,1720)在他生前未能出版,但他把书稿寄给法国汉学家傅尔蒙(Etienne Fourmont,1684—1745)并托付出版,但傅尔蒙觉得如果出版《汉语札记》,自己撰写的汉语语法书就会减色很多,于是故意阻拦。直到大约一百年后,才在马来西亚的英华书院出版了拉丁文版《汉语札记》(1831),后来又在广州出版了英译版(1848)。

有人说过,《汉语札记》是"第一本给欧洲人正确地介绍汉语特点和结构的专书"。这是一本篇幅很大的著作,由两个部分构成:第1编口语,第2编书面语。很多例子都是从文学作品引用的,跟《官话语法》不太一样,但是也有共同点。《汉语札记》的第1编第1章使用的例子有很多见于《官话语法》,例如:

(1) 属格由它后面的虚词"的"来标示,如:"天主的恩"(《官话语法》第3章);"的"在名词后,表示属格。例:"天主的恩"(《汉语札记》第1编第1章)。

(2) 形容词通常由后置的虚词"的"构成,例如:"长的""短的""白的""黑的"……当形容词由两个同义的词项组成时,一般要放在名词的前面,这时候不用"的"显得更高雅,如:"富贵人"(《官话语法》第4章);形容词后也加"的"字。例如:"好的""歹的""白的""黑的";如果两个形容词意思相近或是同义词,用不用"的"均可。如:"富贵人"或"富贵的人"(《汉语札记》第1编第1章)。

(3)《官话语法》的最高级:"好得紧""好不过""上好""极好""十分热""好得很"等。《汉语札记》的最高级:"好得紧""好不过""上好""极好""绝好""十分好"等。

从这些例子来看,马若瑟写《汉语札记》第1编第1章时,可能参考了《官话语法》。据龙伯格描述，①耶稣会拥有《官话语法》一书。看来不能否定《官话语法》对马若瑟的影响。

七　官话

《官话语法》的第1章论述了汉语"官话"以及"口语的三种文体"，这最能反应万济国的语言观念。以下是关于"官话"的记述：

中华帝国除了通用的官话之外，各个城市或乡镇还有不同的方言，他们称之为"乡谈"。这种话只有本地人才听得懂。一个教士被派到某个地方后，他应该学会本地话，这样才能成为一个优秀的教士，因为如果掌握不好本地话，他就不能布道或者规劝，也听不懂那些不能说官话的妇人和农民的忏悔了。但立即去学它也不可取，最好是等到能够比较自信地说官话之后，再去学本地话，以免这两者都说不好。

为了把这件事做好，我们一定要懂得中国人读这些词的发音方法。但也并非任何一个中国人都能把音发好。只有那些资质好的说官话的人，例如南京地区的居民，以及来自其他操官话省份的人，才能做到这一点。一个中国人即使知识广博或学历很高，也并不意味着他就能说好官话；实际上有许多这样的人官话说得很糟。因此我们应该集中精力，只学那些以南京话或北京话为基础编纂的词汇表等。

---

① Kund Lundbaek, *Joseph de Premare* (1666—1736) *S. J. Chinese Philology and Figurism*. Aarhus University Press, 1991.

从上面的记述来看,"官话"是指当时的一种"普通话",在全中国都能通行。这种"官话"不是北京话,而是南京话。下面列举《官话语法》里具有南京官话特点的几个例子:

(1) 否定词"没有"。"没"这个虚词通常放在"有"字的前面,例如:"没有人来""没有做"。在北方省份,人们单独用"没"而不加"有"字,例如:"没饭""没来"(第7章)。在现代汉语里否定动词时,北方用"没",南方用"没有"。

(2) "紧要"和"欢喜"。也有那样一些复合词,颠过来倒过去,其意思都不会变,例如:"要紧的""紧要的"(第1章);"恺然、欢然、欢喜、喜欢"(第10章)。现代汉语里,在北方用"要紧"和"喜欢",在南方用"紧要"和"欢喜"。

(3) 疑问代词"几多"。如:"几多长久""几多长"(第7章)。Mateer在《官话类编》里指出,在南方用"几多",相当于北方的"多少"。

除了这些以外,还有量词"遭"和"桩",代词"自家",动词"晓得",加上形容词后边表示程度高的"得紧"和"得极"等。

八　口语的三种文体

万济国指出,官话口语里有三种文体:第一种是高雅、优美的文体,怎么写就怎么说,只是在受过教育的人们中间使用;第二种是处于高雅与粗俗之间的中间位置的文体,大多数人都能理解;第三种是粗俗的文体,可以用来向妇人和农夫布道。

这三种文体可以这样概括:第一种是"用文言的口语",第二种是"半文半白的混合体",第三种是"一般的口语"。万济国指出汉语口语里存在着"用文言的口语"和"半文半白的混合体"。他可能是第一

个指出这一点的人,显示了他的不凡眼光。下面给出第二种和第三种口语的例子:

(1) 第二种文体:"欲升天者,可行真善路。若不然,岂得到。"

第三种文体:"但凡要升天,该当为善。若不为善,自然不会升天。"

(2) 第二种文体:"这一位是福州府太爷的公子。"

第三种文体:"这个人是福州府知府的儿子。"

很可惜,万氏只给了这两对例子,而且未提供第一种文体的例子。例子很少,我们就无法全面了解不同文体的全貌。不过他对个别词做了细致说明。譬如,他认为在第二种文体中,"更多地用于书面语和比较文雅的口语"的词还有"可","既优美文雅,又清晰动听";在第三种文体上,使用的"但凡"一词"在口语中很常用"。除此之外,在《官话语法》里还有很多关于"书面语""文雅"以及"口语"的记述。下面是万氏列出的判断"书面语""文雅"和"口语"的虚词:

(1) 书面语:代词"吾""己""之""其""此""且""兹""安""焉";副词"已""亦""宁""至""最""非""弗""无""莫""勿",连词"而",关系词"者""俦",名词性定语标志"之";句尾语气词"否""呼""呀""哉"。

(2) 文雅:代词"其""此""何";副词"非""莫""毋";连词"而";名词性定语标志"之"。

(3) 口语:代词"我""你""他""这""那",副词"但""但凡";连词"若是""若";关系词"辈"。

雅洪托夫表达过这样的意见,认为中国古代文学作品之间最明显的区别就表现在"虚词"上。① 他调查了唐宋时代的古文、传奇、变

---

① 雅洪托夫《七至十三世纪的汉语书面语和口语》,《汉语史论集》,北京大学出版社,1969/1986年。

文、语录、话本等,根据"文言"和"白话"对虚词进行分类。下面列举他判断"文言""白话"以及"用在文言和白话的混合体的文言"的虚词:

(1) 文言:代词"其""之";关系词"者""所";介词"以""于",句尾语气词"也""矣";连词"则"。

(2) 用在文言和白话的混合体的文言:代词"此""何";名词性定语标志"之";动词谓语标志"而";副词"无""乃"。

(3) 白话:代词"这";名词性定语标志"底";名词词尾"子""儿";动词词尾"了""着""过";量词"个";副词"便""只"。

万济国说的"文雅"和雅洪托夫说的"用在文言和白话的混合体的文言"实际上很相似。通过比较我们可以判断,万济国所说的"文雅"词汇应该就是他区分的"第二种文体"词汇。万济国说:

> 对我们来说,在准备布道宣教时,掌握第二种文体都是十分必要的。因为如果我们不以粗俗的语言令他们生厌,他们就能饶有兴致地听讲,从而使得我们传布的教义更容易为他们接收。

也就是说,他觉得传教士要学第二种文体。雅洪托夫认为,用文言和白话的混合体写的文章是语录和变文。这就说明,基督教的传教士布道时用的文体跟佛教的和尚讲经时用的文体很相似,这是一个很有趣的现象。

九 小结

通过以上的考察,可以得到如下结论。万济国撰写《官话语法》时,手边有可以参考的资料,其中最重要的应该是多明我会前辈学者写的汉语语法,其次是内卜列加的拉丁语法或西班牙语法。另外,《官话语法》和卫匡国的《中国文法》也不无相似之处。而《官话语法》给后来语法的影响也是很大的,马若瑟的《汉语札记》即是一例。还有傅尔蒙的《中国官话》(*Linguae Sinarum Mandarinicae hieroglyphicae Grammatica duplex*, 1742),有人甚至说这本书不过是翻译成拉丁语的《华语官话语法》。此外,《官话语法》中对汉语"官话"和"三种口语文体"的记述也是相当深刻的。万氏的这些看法通过傅尔蒙的书流传到欧洲,肯定给了当时的欧洲汉语界很深的影响。关于这一点,还要继续研究下去。

艾儒略对汉语的贡献[1]

[意]马西尼 著[2]　孟伟根 译　黄河清 校

在人类的历史中,每当一个思想家要向他的同时代人介绍科学发现时,必定会碰到术语上的问题:为了使社会的其他成员得以理解,有必要充分挖掘被选作用来介绍科学发现的那一语言的功能。语言上的一些技巧或许是超绝的,但对于表达新概念还不够用。在这种情况下,通常有两种选择:要么赋旧词以新义,要么创造新词。

在某种意义上说,16世纪末、17世纪和18世纪时来到中国的欧洲传教士,他们就碰到了这种情况。他们面临着如何用汉语来表达他们的宗教与文化方面的这一具有挑战性的问题。为了能向中国人介绍西方的文化和宗教,早期的耶稣会士首先必须解决用汉语来表达外来的名称和概念的问题。因此,他们得到了中国文人的帮助。为了简单起见,我这里专就传教士创造的词汇进行论述。

首先举个例子,罗明坚早期在中国活动时,他用"僧"来指称自

---

[1] 原刊《华裔学志》著作丛书,载 Giulio Aleni S. J. (1582—1649) and the Dialogue between Christianity and China, Jointly published by Fondazione Civilta Bresciana, Brescia and the Monumenta Serica Institute, Sankt Augustin. 1997. 译成中文刊于《语文建设通讯》第68期(2001年10月),第49—62页。

[2] 马西尼(Federico Masini),罗马大学副校长,在传教士汉学、中西文化交流史、汉语教学史等领域开展研究。

己。但后来,大约是在 1600 年,他和利玛窦开始意识到把自己与佛教中的"和尚"区分开来的重要性,于是创造了"神父"一词。这词现在仍用来指天主教教士。1605 年,在《天主教要》一书中,利玛窦还创造了"撒责尔铎德"这一名称,这是意大利语 sacerdote 的音译。① 对于"僧"这个字来讲,罗明坚和利玛窦用的是一个意译词,也就是说,他们给旧词以新义。而"神父"就不同了,他们创造了一个全新的双音节复合词,通过两个普通汉字——"神"和"父"——的组合来表示新的意义。至于"撒责尔铎德",则是用音译词来表示外来概念。

使用意译词、仿译词(或纯粹的新词)和音译词是解决如何用汉语表达先前未知概念的三种基本方法。这三种方法有利也有弊。意译词易于理解,但与以前的词义不能保持有机的联系。音译词通常很长,这是由于西方语言单词在音节上要比汉语的词长得多。这些词语的意义对于那些操原语言(如拉丁语)的人来说可能是明确的,他们可以通过这些词的语音模式去理解词义,但对接受语的人来说就不是这样了。因此,音译词常常被简略,例如,"撒责尔铎德"被简略为"铎德",或"司铎德"和"司铎"。"司铎"还成了一个意译词,因为这词在古代中国用来指"掌管文教"。相传古代宣布教化的人必摇木铎以聚众,故称"司铎"。②

用原有的词进行组合而创造的复合词(如"神父")通常是使用时间最长的新词,因为它们较好地适应了汉语的特性:由字合成的词,

---

① 参 *Fonti Ricciane*:Pasquale D'Elia (edited by),*Fonti Ricciane*,*Storia dell' introduzione del Cristianesimo in China*,Roma 1942—1949,第 1 卷,第 335 页,注释 2。

② 参《汉语大词典》,汉语大词典出版社,1986—1993 年,第 3 卷,第 69 页;*Fonti Ricciane*:Pasquale D'Elia (edited by),*Fonti Ricciane*,*Storia dell' introduzione del Cristianesimo in China*,Roma 1942—1949,第 2 卷,第 335 页,注释 2。

是意义的组合,这种词构词简短,易于理解。如果新造词的结构是仿照原词的词法结构,那么这个新组成的词就是"仿译词"。①

艾儒略最大成就之一是向中国文人介绍了许多外国文化,如地理、历史、哲学、政治、公共机构、风土习俗等。由于他的一些汉语著作介绍了中国人前所未知的事情,所以了解艾儒略如何用汉语表达外来名称,是很有意义的。本文将讨论艾儒略在中国学者帮助下写成的三部汉语著作:《职方外纪》(1623年)②、《西学凡》(1623年)③、《西方答问》(1637年)④,让我们来看看艾儒略是如何处理术语问题的。⑤ 之所以选这三部著作,是因为它们介绍了西方文化的许多方面,而这些内容在其他耶稣会士的汉语著作中几乎是没有提及的。

---

① 对于这些词的类别的讨论,详见 Federico Masini:*The Formation of Modern Chinese Lexicon*,Monograph No.6 of the Journal of Chinese Linguistics, University of California, Berkeley, USA, 1993, pp.128—134。亦可参见该书的中译本,马西尼著、黄河清译《现代汉语词汇的形成——十九世纪汉语外来词研究(1840—1898)》,汉语大词典出版社,1997年,第153—161页。

② 艾儒略增译、杨廷筠汇记《职方外纪》,杭州,1623年,意大利罗马国立中央图书馆,72 C494,1—2。

③ 艾儒略《西学凡》,杭州,1623年,意大利罗马国立中央图书馆,72 B347,11。

④ 艾儒略撰、蒋德璟阅《西方答问》,杭州,1637年,梵蒂冈图书馆,Borgiano Cinese 324 No.17。

⑤ 关于《职方外纪》,可专门参阅 Kenneth Ch'en《利玛窦对中国地理知识的贡献和影响》,载 JAOS 59(1959),第325—359页;马西尼《十七世纪耶稣会士著作的遗产:十九世纪中国的地理、数学和科学术语》,载 C. Jami-H. Delahaye 编的 *L'Europe en Chine. Interactions Scientifiques,religieuses et culturelles aux XVII et XVII siècles*(巴黎,1993年),第137—146页。关于《西学凡》,可阅 Pasquale D'Elia 的 Le Generalità sulle Scienze Occidentali di Giulio Aleni("艾儒略的《西学凡》"),载 *Rivista degli Studi Orientali* 25 (1950),第58—76页。关于《西方答问》,见 Mish 的全译本:John Mish,Creating an Image of Europe for China:Aleni's Hsi-fang ta-wen. Introduction, Translation, and Notes, in *Monumenta Serica* XXII. 1964,pp.1—87。其他参考文献有 Erik Zurcher, Nicolas Standaert S. J., Adrianus Dudink 编《耶稣会士在中国传教的文献目录》(莱顿,1991年)。

在描述西方文化时,艾儒略采用了在他之前的耶稣会士们所创造的一些好的术语。例如,对于中国人陌生的国家和地区的地理名称,他基本上沿用了利玛窦在《坤舆万国全图》中使用的音译词,如"亚细亚""欧逻巴""意大理亚"等。他也保留了利玛窦和罗明坚在他们的著作中使用过的一些宗教和礼拜仪式的用语,如上面提到的"铎德"即是一例。在科学术语方面,我们发现了"几何"(geometry)一词,这是1605年利玛窦和徐光启翻译的欧几里德《几何原本》中使用的词。艾儒略还使用了"字母"(alphabet)这词,这是金尼阁在《西儒耳目资》中使用过的意译词(该书于1626年在杭州出版)。艾儒略可能还使用了其他耶稣会士已使用过的天文学术语。

虽然艾儒略可以利用以前耶稣会士所创造的一些好的术语,但他仍需要创造新的术语来表达西方的一些概念。挑选出真正属于艾儒略创造的术语,然后考证这些新词产生的时间,这将是很有意义的。

在对这三本书的分析中,我首先确定了一批词,这些词有的是在艾儒略之前没有人用过的,还有的是艾儒略在使用时另有别义的。这些词的确定主要是翻检了两部大型汉语词典——台湾的《中文大辞典》和上海的《汉语大词典》。如果这两部词典引用了艾儒略以前的书证,而且词义相同,那么很显然这个词不是艾儒略创造的。如果这个词过去不是这个意义的,我就认定这个词可能是艾儒略创造的。

我不准备讨论专有名词的音译词(如地名和人名),因为从词汇学的观点看,它们的意义不是很大。但这些词语对有些学者可能是有用的,如研究17世纪初南京官话音系的人,这些词语就是他们想得到的素材。参照希腊语、拉丁语、意大利语和葡萄牙语的语音,对利玛窦和艾儒略音译的专有名词加以研究,这对翻译外语语音的汉语音节做系统的分析是很有意义的,这样有助于早期官话音系的研究。①

在艾儒略的这三部著作中,我确定了77个新词语(其中60个为艾儒略所创,17个是其他耶稣会士用过的)。然后,根据这些词语对汉语词汇所产生的影响,我把它们分了类。由于在其他文献(除了耶稣会士所写的著作)中没有发现某些词语的轨迹,因此有30个词我认为它们现在已经不用了。还有21个词在一部书的有关"意大利"的章节中使用过,这部书就是《清朝文献通考》,这是1747年乾隆皇

---

① 耶稣会士采用的专名音译词还没有人从音韵学的角度加以系统研究。但是对金尼阁在《西儒耳目资》里提出的汉字音素表音法已有下列的分析:罗常培《耶稣会士在音韵学上的贡献》,载《中研院史语所集刊》第一本第三册,第267—338页;罗莘田《中国音韵学的外来影响》,载《东方杂志》,XXXII,14,1935年,第35—45页;奥中孝三《〈西儒耳目资〉汉字表音法》,载《音声学会》,41,1936年,第11—13页;张世禄《中国音韵学史》,上海,1938年,vol.2,第330—332页;张世禄《西洋学者对于中国语言学的贡献》,载《文化先锋》,IX,2,1939年,第175—177页;陆志韦《金尼阁〈西儒耳目资〉所记的音》,载《燕京学报》,XXXIII,1947年,第115—128页,第318页;杨道经《谈〈西儒耳目资〉》,载《中国语文》1957年第4期;Yang Paul Fu-mien S. J., The Catholic Missionary Contribution to the Study of Chinese Dialects,载 Orbis,9,1,1960年,第158—185页;Chang Feng-chen (Mark) S. J.,张奉箴《明末清初天主教传教士的三种语音学著作》,载《中华学术院天主教学术研究所学报》(Bulletin of the Catholic Research Institute)1,1969年,第109—116页;谢云飞《金尼阁〈西儒耳目资〉析论》,载《南洋大学学报》,8—9,1975年,第66—83页;李新魁《记表现山西方言的〈西儒耳目资〉》,载《语文研究》1982年第1期,第126—129页;李思敬《汉语儿音史研究》,北京,1986年,第52—54页;Luo Shen-yi, Les premieres systèmes de notation alphabétique utilisés dans les études de phonologie chinoise,载 Acres du V Colloque International de Sinologie de Chantiliy,Chantilly,1986,第191—200页;Chen Liang-chi, Eine funktionell-strukturelle und historisch-vergleichende Untersuchung des Xi Ru Er Mu Zi—Eine verleichende Studie zur traditionellen chinesischen Lexikographie, Inaugural-Dissertation zur Erlangung der Doktorwurde des Fachbereichs II: Sprach-und Literaturwissenschaften der Universität Trier 1987;曾晓渝《试论〈西儒耳目资〉的基础及明代官话的标准音》,载《西南师范大学学报》1991年第1期,第57—65页;曾晓渝《〈西儒耳目资〉的调值拟测》,载《语言研究》1992年第2期,第132—136页;麦耘《〈西儒耳目资〉没有儿化音的记录》,载《语文研究》1994年第4期,第49—51页。

帝谕旨编修的一部百科全书。① 我认为,这些词语不只是在阅读传教士著作的士大夫中间有影响,它们还影响了更多的人。《清朝文献通考》是18世纪下半叶编纂的,因此我认为这些词语至少已使用了一个半世纪。最后还有26个词,这26个词是仍在汉语中使用的(其中14个词是艾儒略创造的)。② 综上所述,可归纳如下:

传播的情况	现已不用	某一时期使用	现在仍在使用	总计
艾儒略创造	27	19	14	60
不是艾儒略创造	3	2	12	17
总计	30	21	26	77

这77个词语按字母顺序排列,对每个词条我做如下说明:(1)汉语拼音;(2)词目;(3)英语中的对应词语;(4)音节个数(单音节、双音节、三音节等);(5)词法结构(主谓结构、谓补结构、动宾结构、偏正结构、联合结构、多音节语素、前缀、后缀);(6)词源(新词、音译词、意译词、仿译词);(7)词类(名词、形容词、动词、副词);(8)是否为艾儒略创造;(9)在汉语中的使用情况(现已不用,曾在某一时期使用,或现在仍在使用)。接下去会对每个词语做一个简短的讨论(如谈谈使用这些词语的著作)以及它们对汉语所产生的影响等。

所有新创造的词语都是多音节复合词,这显然是因为在那个发展阶段,汉语中很少创造新字。当需要新词语时,最佳的方法是通过各种单音节词的意义组合来创造。值得注意的是,这种创造新词的

---

① 参马西尼《〈清朝文献通考〉中关于意大利的描述》,载 RSO,LXIII,1989年,第4期,第285—298页。在本文末尾列有《清朝文献通考》,我标注的年份是1785年,因为这是《清朝文献通考》成稿的时间,该书中的史料均在此之前。

② 关于艾儒略创造的词在中国和日本的使用,参马西尼著、黄河清译《现代汉语词汇的形成——十九世纪汉语外来词研究(1840—1898)》,汉语大词典出版社,1997年。

方法在以后的几个世纪里仍在延续,特别是19世纪和20世纪。

就音节的个数来说,双音节词最为通行。被使用的较长的词语几乎全是音译词。最常见的构词结构是偏正结构(在57个词条中有55个),①其中最多的是通过加后缀成词的(32个词),如"学"(12个双音节词,1个三音节词),"科"(7个双音词),"家"(6个三音节词),"院"(5个双音节词),"机"(1个三音节词)。只有1个为联合结构,1个为动宾结构。

就词的创造来看,有20个是音译词,这些词在现代汉语中已经不用了。只有3个为混合词(音译成分加上表示类别的后缀),3个是真正的新词(这3个词的创造与外语原词无任何直接关系)。仿译词有33个,意译词有18个,在艾儒略的这三部著作中用仿译和意译的方法来创造词语最为常见。

在汉语中,如同在其他语言中一样,意译词和仿译词通常不像是外来的词,对操本族语的人来说,它们完全像是本族语中创造的词。这就是在汉语词汇发展史上这两种方法常被使用的原因。在艾儒略创造的、现仍在使用的14个词语当中,除了1个是真正的新词外,其他8个是意译词,5个是仿译词,这也充分证明了这一点。

	音译词	混合词	意译词	仿译词	新词	总计
单音节						0
双音节	4	1	18	25	3	51
三音节	7	2		8		17
四音节	4					4

---

① 只有57个词目具有词法结构,另外20个音译词没有按照构词法构词。

(续表)

	音译词	混合词	意译词	仿译词	新词	总计
五音节	4					4
六音节	1					1
总计	20	3	18	33	3	77

关于词类,76个为名词,只有"审判"为动词。

艾儒略创造的新词大多数用来指西方的机构,尤其是教育机构和社会机构,还有科学领域中的词语。这可能是当时中国和西方之间存在最大差异的地方。艾儒略使用后缀"院"来构成各种西方机构的名称;用"学"或"科"来表示西方科学的各种分支;用"家"表示技术专家。有时他对所用的词踌躇不定,例如,他使用了至少六种不同的名称来表示西方的学校和大学,如"大学""学校""学社""公监""公学""共学"。值得注意的是,其中三个一直沿用到现在。"大学"和"学校"在上个世纪末从日语重新传入汉语时就成了常用词。

下面的词表不包括艾儒略在翻译圣·托马斯(Saint Thomas)那本属于逻辑学范畴的 *Summa Theologiae* 时所使用过的哲学词语(有些词语利玛窦已经使用过)。这些词语并不是新造的词,无非是将汉语的哲学术语用于西方的哲学,在意义上没有任何变化。

因为词汇学是一门很不精确的学科,加之我研读的文献数量极其有限,所以我的词语观察数据可能有许多是错的,有待查找更早的书证。毋庸置疑,耶稣会士对汉语是有贡献的,但这个领域还鲜有人研究,我希望我的工作至少能为这个领域的进一步研究开辟道路。

《职方外纪》《西学凡》《西方答问》中的一些新词列表

(注释号为校者所加,有关注释的内容,详见脚注中的"校者注")

A'liman 阿力满,Arum,三音节,音译词,名词,艾儒略创造的词(《职方外纪》卷 2 第 27 页阴面),现已不用。《汉语大词典》未收此词。此词源自希腊语 aron,指的是一种植物,它含有淀粉,在南欧曾用它来充饥。

A'liwa 阿利袜,olive,三音节,音译词,名词,艾儒略创造的词(《职方外纪》卷 2 第 2 页阴面、第 11 页阳面),曾在某一时期使用。《西方答问》卷 1 第 9 页阴面上既见"阿利袜",又见"橄榄"。"阿利袜"还见于《清朝文献通考》卷 298 第 7467 页中栏。艾儒略还使用过"阿和袜"。《汉语大词典》未收"阿利袜"。

beiji 北极,North Pole,双音节,偏正结构,意译词,名词,现仍在使用。原指"北极星"或"北天极"(《中文大辞典》2615.301)。利玛窦 1602 年使用过此词(Mappamondo①, tav. Ⅲ-Ⅴ),艾儒略于 1623 年(《职方外纪》总说第 1 页阳面)和 1637 年(《西方答问》卷 1 第 2 页阴面)用过此词,当时用这个词时已具现代意义了。利玛窦创造的"北极圈"(见 Mappamondo,第 160 页)也是从这个词派生出来的。

---

① Pasquale D'Elia ed, Kunyu wanguo quantu(《坤舆万国全图》),*Mappamond cinese del P. Matteo Ricci S. J.*, Terza Edizione, Pechino 1602.

bianxue 辩学[1]，logic，双音节，"学"为后缀，仿译词，名词，艾儒略创造的词（《西学凡》第 4 页阳面），现已不用。此词原指"富于才学而又善辩"（《汉语大词典》第 11 卷第 513—514 页）。它也用来指中国古代的逻辑。艾儒略用此词来指辨别是非的逻辑学分支。

bingyuan 病院，hospital，双音节，"院"为后缀，仿译词，名词，艾儒略创造的词，曾在某一时期使用（《职方外纪》卷 2 第 6 页阴面；《西方答问》卷 1 第 20 页阴面）。但是"养病院"却是一个很古的词（《汉语大词典》第 12 卷第 528 页），"病院"在《汉语大词典》中最早的书证是在 20 世纪初（《汉语大词典》第 8 卷第 292 页）。"病院"还见于《清朝文献通考》（卷 298 第 7468 页上栏）。此词也可参见《中文大辞典》22597.58。

bisibo 俾斯玻，bishop，三音节，音译词，名词，见《职方外纪》卷 2 第 10 页阴面，现已不用。为葡萄牙语 Bispo 的音译词，1605 年利玛窦已经使用该词（*Fonti Ricciane*[2] 第 1 卷第 335 页注释 2）。

chidao 赤道，equator，双音节，偏正结构，意译词，名词，现仍在使用。原来只指"天球赤道"（《汉语大词典》第 9 卷第 1169 页；《中文大辞典》37843.274）。利玛窦（*Mappamondo*，tav. Ⅲ-Ⅴ）和艾儒略（《职方外纪》总说第 1 页阴面；《西方答问》卷 1 第 2 页

---

[1] 校者注：《辞海》在"辩学"条下有这样一些文字："'逻辑学'的旧称。亦作'辨学'。……明末来中国的意大利传教士利玛窦在所译《辨学遗迹》中首先使用此称。以后一度流行。"（见《辞海》，缩印本，上海辞书出版社，1999 年，第 2388 页。）

[2] Pasquale D'Elia ed, *Fonti Ricciane, Storia dell'introduzione del Cristianesimo in Cina*, Roma 1942—1949, 3 vols.

阴面)曾用现在这个意义使用过该词。

daoke 道科,theology,双音节,"科"为后缀,仿译词,名词,艾儒略创造的词,曾在某一时期使用(《职方外纪》卷2第4页阳面;《西学凡》第1页阳面;《西方答问》卷1第13页阴面;《清朝文献通考》卷298第7467页下栏)。《汉语大词典》未收此词。

daoxue 道学,theology,双音节,"学"为后缀,意译词,名词,艾儒略创造的词(《西学凡》第12页阳面;《西方答问》,卷1第12页阴面),现已不用。《汉语大词典》(第10卷第1085—1086页)指的是另外的意义。

daxue 大学,university,双音节,偏正结构,意译词,名词,艾儒略创造的词,现仍在使用。

从汉朝到宋朝,"太学"用来指皇朝的最高学府。1623年,艾儒略最先将"大学"用来指西方的学校(《职方外纪》卷2第3页阴面)。在另外一个地方,艾儒略用"大学"只是指高深的学问(《西学凡》第3页阳面;《清朝文献通考》卷298第7467页下栏)。该词在19世纪以前很少有人使用,后来通过日语的传递,它才在中国流行开来。因此,"大学"应该看成是一个从日语来的回归借词。参见《现代汉语词汇的形成》第197—198页。

dilijia 地理家,geographer,三音节,"家"为后缀,仿译词,名词,艾儒略创造的词,现仍在使用。[①] 原指"风水先生"(《汉语大词典》第2卷第1028页)。1623年,艾儒略以现代意义(geogra-

---

[①] 校者注:20世纪初还见有指geographer的"地理家"用例:"据地理家言,北方七十五度以北,不论水陆终年不闻雷声。"(汇报馆教士译《西学关键》,上海汇报馆,1903年,卷6,第19页阳面),但后来这个词淘汰了,现在叫"地理学家"。

pher)使用此词(《职方外纪》总说第 3 页阳面—阴面)。

duode 铎德,priest,双音节,音译词,名词,见于《西方答问》(卷 2 第 14 页阴面),《汉语大词典》亦收有此词(第 4 卷第 160 页)。"铎德"现已不用。它为意大利语 sacerdote 的缩略音译词。1605 年,利玛窦用过该词的全译形式"撒责尔铎德"(*Fonti Ricciane* 第 1 卷第 335 页注释 2)。

douluriya 陡录日亚,theology,四音节,音译词,名词,艾儒略创造的词(《职方外纪》卷 2 第 13 页阳面、第 18 页阴面;《西学凡》第 1 页阳面),现已不用。《汉语大词典》未收此词。

duoluorong 多罗绒,woolen broadcloth? 三音节,偏正结构,混合词,名词,艾儒略创造的词(?),见《西方答问》卷 1 第 9 页阳面。现已不用。《汉语大词典》未收此词。"多罗"可能是波斯语 tirāz(织物)的音译,"绒"为后缀。

e'di jia 厄第加,ethics,三音节,音译词,名词,艾儒略创造的词(《西学凡》第 7 页阴面),现已不用。艾儒略还将此词用来指"修齐治平之学"。

fake 法科,law(the study of),双音节,"科"为后缀,意译词,名词,艾儒略创造的词(《西方答问》卷 1 第 13 页阴面)。对于现代意义的"法科"这词,《汉语大词典》只提供了 19 世纪初期的书证。

faxue 法学,law(the study of),双音节,"学"为后缀,意译词,名词,艾儒略创造的词,现仍在使用。原指"刑名、法治之学"(《汉语大词典》第 5 卷第 1048 页)。艾儒略用它来翻译西方的法律(《西学凡》第 10 页阳面;《西方答问》卷 1 第 12 页阴面)。由于日语的传递,"法学"才又回到了中国。所以,应该把它看成是从日语 hōgaku 来的回归词形借词(《现代汉语词汇的形成》第 207

页)。

feilusuofeiya 斐录所费亚,philosophy,五音节,音译词,名词,艾儒略创造的词,曾在某一时期使用(《职方外纪》卷2第4页阳面;《西学凡》第1页阳面、第3页阳面)。艾儒略有时也将此词缩写成"斐录"(《西学凡》第7页阴面),或写成"斐录之学"(《清朝文献通考》卷298第7467页下栏)。《汉语大词典》未收此词。

feixijia 费西加,physics,三音节,音译词,名词,艾儒略创造的词,曾在某一时期使用(《职方外纪》卷2第4页阳面;《西学凡》第4页阴面;《清朝文献通考》卷298第7467页下栏)。艾儒略用此词来指自然科学。《汉语大词典》未收此词。

fulangji 弗郎机,a kind of cannon,三音节,"机"为后缀,混合词,名词,曾在某一时期使用(《职方外纪》卷2第14页阴面)。此词的另外两种形式"佛郎机"和"佛郎机"在16世纪初就已经使用了。明代泛指葡萄牙和西班牙(《汉语大词典》第1卷第1289页;亦可参阅 Paul Pelliot,Le Hō ja et le Sayyid Husain de l'Histoire des Ming,载 *TP*,XXXVIII[1945],第86页,注释7,第199—207页;戴裔煊《〈明史・佛郎机传〉笺正》,中国社会科学出版社,1984年)。

gongjian 公监,public academy,双音节,偏正结构,仿译词,名词,艾儒略创造的词(《西学凡》第16页阴面),现已不用。《汉语大词典》未收此词。艾儒略用此词来指西方君主创办的公立学校。

gongxue 共学,university,双音节,"学"为后缀,仿译词,名词,艾儒略创造的词(《职方外纪》卷2第10页阳面),现已不用。《汉语大词典》未收此词。艾儒略用此词来指西班牙的萨拉曼卡大学和阿尔卡拉大学、葡萄牙的尤拉大学和科英拉大学(《职方外纪》卷2第13页阳面)、巴黎的大学(《职方外纪》卷2第14页阳面)、日耳曼的大学 (《职方外纪》卷2第21页阳面)、佛兰芒的大学(《职方外纪》卷2第22页阴面:"共学三所,一学分二十余院"),以及英国的大学(《职方外纪》卷2第28页阴面)。此词在《西学凡》(第7页阳面)中也有使用。参见"daxue 大学"。

gongxue 公学,public school,双音节,"学"为后缀,仿译词,名词,艾儒略创造的词(《职方外纪》卷2第19页阳面),观已不用。该词用来指波洛尼亚的公立学校。在《西方答问》(卷1第13页阴面)中也使用过这个词。"公学"在19世纪至20世纪初用来指外国人在中国创办的宗教学校和私立学校(《汉语大词典》第2卷第78页)。罗存德的汉英词典(1870年)和《中文大辞典》未收此词,但Evan Morgan 在 *Chinese New Terms & Expression* (上海:Kelly&Walsh,1913)这本新词词典中收录了这词。参见"daxue 大学"。

gongyuan 公院,public building,双音节,偏正结构,仿译词,名词,艾儒略创造的词(《西方答问》卷1第22页阳面),现已不用。《汉语大词典》未收此词。

gujing 古经,Old Testament,双音节,偏正结构,仿译词,名词,艾儒略创造的词(《西学凡》第16页阳面)。《汉语大词典》未收此词。此词可能在艾儒略之前的传教士就已经使用了。参见"xinjing 新经"。

jianuonuosi 加诺掲斯,Canon law,四音节,音译词,名词,艾儒略创造的词(《西学凡》第1页阳面),现已不用。《汉语大词典》

未收此词。

jiaohuang **教皇**,pope,双音节,偏正结构,新词,名词,见于《职方外纪》(卷 2 第 16 页阳面)、《西学凡》(第 11 页阳面)、《西方答问》(卷 1 第 13 页阴面),现仍在使用。《汉语大词典》未收此词。[①] 此词可能在艾儒略之前就有了。

jiaoke **教科**,Canon law,双音节,"科"为后缀,仿译词,名词,艾儒略创造的词,曾在某一时期使用(《职方外纪》卷 2 第 4 页阳面;《西学凡》第 1 页阳面;《西方答问》卷 1 第 13 页阴面;《清朝文献通考》卷 298 第 7467 页下栏)。《汉语大词典》未收此词。

jiaoxue **教学**,Canon law,双音节,"学"为后缀,仿译词,名词,艾儒略创造的词(《西学凡》第 11 页阳面;《西方答问》卷 1 第 12 页阴面),现已不用。此词原指教育(《汉语大词典》第 5 卷第 451 页)。

jihe **几何**,geometry,双音节,偏正结构,意译词,名词,现仍在使用。1605 年,利玛窦和徐光启将欧几里德 *Elements of Geometry* 的前六卷翻译成了中文,书名为《几何原本》,从此这个学科就用"几何"来命名。艾儒略用过这词(《职方外纪》总说第 3 页阴面;《西学凡》第 6 页阳面"几何之学")。他还将它叫作"马得马第加","马得马第加"为拉丁语 matematica 的音译词(《汉语大词典》第 4 卷第 448 页;《现代汉语词汇的形成》第 221 页)。

jingxian **经线**,meridian,双音节,偏正结构,意译词,名词,现仍在使用。为利玛窦在《坤舆万国全图》中创造的新词(*Mappamondo*,tav. Ⅲ-Ⅴ)。艾儒略在《职方外纪》(总说第 3 页阴面)中

---

① 校者注:《汉语大词典》收有此词,只是没有提供书证。

使用过该词(《汉语大词典》第 9 卷第 867 页;《现代汉语词汇的形成》第 223 页)。参见"weixian 纬线"。

jiyuan **济院**,welfare institution,双音节,"院"为后缀,仿译词,名词,艾儒略创造的词(《西方答问》卷 1 第 20 页阳面),现已不用。在《汉语大词典》中只收了"济贫院"(第 6 卷第 193 页)和"养济院"(第 12 卷第 532 页)。

leduolijia **勒铎理加**,rhetoric,四音节,音译词,名词,艾儒略创造的词(《西学凡》第 1 页阳面),现已不用。《汉语大词典》未收此词。

lengdai **冷带**,cold zone,双音节,偏正结构,仿译词,名词,现仍在使用。① 为利玛窦在《坤舆万国全图》中创造的新词(*Mappamondo*,tav. Ⅲ-Ⅴ)。后来艾儒略也用过此词(《职方外纪》总说第 2 页阴面)。在利玛窦《坤舆万国全图》中这个词的组合尚不稳定,但在艾儒略的《职方外纪》中这个词显然已经固定下来了(《现代汉语词汇的形成》第 226 页)。

leyisi **勒义斯**,law,三音节,音译词,名词,艾儒略创造的词(《西学凡》第 1 页阳面),现已不用。《汉语大词典》未收此词。

liangfajia **量法家**,geometer,三音节,"家"为后缀,仿译词,名词,艾儒略创造的词,曾在某一时期使用(《西学凡》第 6 页阴面;《清朝文献通考》卷 298 第 7468 页上栏)。《汉语大词典》未收此词。

lifajia **历法家**,calendarist,三音节,"家"为后缀,仿译词,名词,艾儒略创造的词(《西学凡》第 6 页阴面),曾在某一时期使用。

---

① 校者注:这个词现在已经不用。

《汉语大词典》收有"历法"(第5卷第837页),但未收"历法家"。"历法家"还见于《清朝文献通考》(卷298第7468页上栏)。

like **理科**,philosophy,双音节,"科"为后缀,意译词,名词,艾儒略创造的词,现仍在使用。艾儒略用这个词来指 philosophy (《职方外纪》卷2第3页阳面;《西学凡》第1页阳面;《西方答问》卷1第13页阴面)。在别的地方艾儒略也用过"理学"这词(《清朝文献通考》卷298第7467页下栏)。后来这词从日语返回到汉语,当时已具现代意义,指科学学科(《汉语大词典》第4卷第572页;《现代汉语词汇的形成》第227页)。参见"wenke 文科"。

linuo **利诺**,flax,双音节,音译词,名词,艾儒略创造的词,曾在某一时期使用(《职方外纪》卷2第2页阳面;《西方答问》卷1第9页阳面;《清朝文献通考》卷298第7467页中栏)。"利诺"为拉丁语 linum 的音译词。《汉语大词典》未收此词。

lülüjia **律吕家**,musician,三音节,"家"为后缀,混合词,名词,艾儒略创造的词(《西学凡》第6页阴面),曾在某一时期使用。《汉语大词典》收有"律吕"(第3卷第953页),但未收"律吕家"。"律吕家"还见于《清朝文献通考》(卷298第7468页上栏)。

luorijia **落日加**,logic,三音节,音译词,名词,艾儒略创造的词,曾在某一时期使用(《职方外纪》卷2第3页阴面;《西学凡》第3页阳面;《清朝文献通考》卷298第7467页下栏)。《汉语大词典》未收此词。

mademadijia **玛得玛第加**,mathematics,五音节,音译词,名词,曾在某一时期使用(《职方外纪》卷2第5页阳面"度数之学曰玛得玛第加",此词也见于该书卷2第24页阳面;在《西学凡》第6

页阳面中,写作"马得马第加")。"玛得玛第加"还见于《清朝文献通考》(卷 298 第 7468 页上栏)。《汉语大词典》未收此词。

mengtao **孟桃**,almond？双音节,偏正结构,混合词,名词,艾儒略创造的词(《西方答问》卷 1 第 9 页阴面),现已不用。《汉语大词典》未收此词。

misa **弥撒**,Mass,双音节,音译词,名词,见于《西方答问》(卷 1 第 26 页阴面),现仍在使用。在艾儒略之前可能已有耶稣会士使用这个词了。参见《清朝文献通考》卷 298 第 7467 页中栏;《汉语大词典》第 9 卷第 160 页。

modafeixijia **默达费西加**,metaphysics,五音节,音译词,名词,艾儒略创造的词,曾在某一时期使用(《职方外纪》卷 2 第 4 页阳面;《西学凡》第 5 页阳面;《清朝文献通考》卷 298 第 7467 页下栏)。《汉语大词典》未收此词。

modijina **默第济纳**,medicine,四音节,音译词,名词,艾儒略创造的词(《西学凡》第 1 页阳面),现已不用。《汉语大词典》未收此词。

nanji,**南极**,South Pole,双音节,偏正结构,意译词,名词,现仍在使用。原指"老寿星"或"南天极"(《中文大辞典》2798.594)。利玛窦(*Mappamondo*,tav. Ⅲ-Ⅴ)和艾儒略(《职方外纪》总说第 1 页阴面;《西方答问》卷 1 第 2 页阳面)已用现代意义使用此词。利玛窦创造的"南极圈"(*Mappamondo*,第 160 页)显然是"南极"的派生词。参见《现代汉语词汇的形成》第 231 页。

pinyuan **贫院**,poor house,双音节,"院"为后缀,仿译词,名词,艾儒略创造的词(《职方外纪》卷 2 第 6 页阳面),曾在某一时期使用。《汉语大词典》未收此词。此词也见于《清朝文献通考》

(卷 298 第 7468 页上栏)。

redai 热带,torrid zone,双音节,偏正结构,仿译词,名词,现仍在使用。此为利玛窦创造的词(*Mappamondo*, tav. Ⅲ-Ⅴ),艾儒略也使用过(《职方外纪》总说第 2 页阳面)。在《西方答问》(卷 2 第 4 页阴面)中,艾儒略还对该词做了详细的解说。利玛窦使用这词时,其词的组合尚不稳定,但艾儒略用这词时显然已经固定下来了(《汉语大词典》第 7 卷第 237 页;《现代汉语词汇的形成》第 235 页)。①

renhui 仁会,charity institution,双音节,偏正结构,仿译词,名词,艾儒略创造的词 (《职方外纪》卷 2 第 13 页阴面),现已不用。《汉语大词典》未收此词。

renxue 人学,human sciences,双音节,"学"为后缀,仿译词,名词,艾儒略创造的词,曾在某一时期使用(《西学凡》第 15 页阴面;《汉语大词典》第 1 卷第 1055 页)。19 世纪末,这词用来指人类科学,它与"天学"(即算术、历法、电学、光学)相对,它还与"地学"(测量、经纬度、植物、车船、军队)相对。

sagelamengduo 撒格辣孟多,sacrament,五音节,音译词,名词,艾儒略创造的词(《西学凡》第 15 页阳面),现已不用。《汉语大词典》未收此词。

shenpan 审判,to judge,双音节,联合结构,新词,动词,艾儒略创造的词(?),(《西方答问》卷 1 第 28 页阳面),现仍在使用。它用来指上帝对亡灵的审判。《汉语大词典》(第 3 卷第 1629 页)

---

① 校者注:关于"热带"更详细的讨论,可参阅荒川清秀《近代日中学术用语の形成と伝播》,日本东京白帝社,1997 年,第 1 章。

提供了一个已是 17 世纪晚期的书证。《中文大辞典》7485.20 没有提供书证。高名凯等人(《汉语外来词典》第 312 页)把它当作是来自日语 shinban 的一个借词。1886 年,Hepburn 编纂的 *Japanese English Dictionary*(第 570 页)收录了这个词。此词是否为艾儒略创造还很难确定。

sheyuan 社院,school institution,双音节,"院"为后缀,仿译词,名词,艾儒略创造的词(《职方外纪》卷 2 第 14 页阴面),现已不用。在《西学凡》中此词用来指法国教育穷人的机构(第 16 页阴面)。艾儒略还用此词来指西方君主为支持穷人学生读书而建立的某些组织。《汉语大词典》未收此词。

sibiliduosanduo 斯彼利多三多,Holy Spirit,六音节,音译词,名词,见于《西学凡》(第 14 页阴面),现已不用。《汉语大词典》未收此词。在艾儒略之前可能已有耶稣会士使用这个词了。

suanfajia 算法家,arithmectician,三音节,"家"为后缀,仿译词,名词,艾儒略创造的词(《西学凡》第 6 页阴面),曾在某一时期使用。《汉语大词典》(第 8 卷第 1193 页)收有"算法",但未收"算法家"。"算法家"还见于《清朝文献通考》(卷 298 第 7468 页上栏)。

suofu 锁袱,a kind of woollen fabric,双音节,音译词,名词,艾儒略创造的词(?),曾在某一时期使用(《西方答问》卷 1 第 9 页阳面)。也写作"琐服""琐伏""琐附",指阿拉伯的一种毛织物,音译自阿拉伯语 sūf(《汉语外来词词典》第 332 页)。《汉语大词典》(第 4 卷第 614 页)引用了一个很晚的书证。

tianwenjia 天文家,astronomer,三音节,"家"为后缀,仿译词,名词,艾儒略创造的词(《职方外纪》总说第3页阳面),现仍在使用。① 《汉语大词典》未收此词。

tianxue 天学,theology,双音节,"学"为后缀,意译词,名词,艾儒略创造的词(《西学凡》第13页阳面;《西方答问》卷1第1页阳面:指基督教;《汉语大词典》第1卷,第1055页;《中文大辞典》5961.1241),②现已不用。19世纪末,这个词用来指有关天的科学,它与"人学"(即语言、政治、法律、食品、建筑、商务、技术)相对,也与"地学"(即测量、经纬度、植物、车船、军队)相对。参见"renxue 人学"。

weixian 纬线,parallel,双音节,偏正结构,意译词,名词,现仍在使用。此词是利玛窦在《坤舆万国全图》中创造的新词(*Map-*

---

① 校者注:"天文家"在《梦溪笔谈》中已有:"天文家有浑仪,测天之器,设于崇台,以候垂象者,则古玑衡是也。"(见沈括著,李文泽、吴洪泽译《梦溪笔谈全译》,巴蜀书社,1996年,第91页)这一词语一直到晚清还有人使用,如《格致启蒙》:"今天文家考究精详,咸知地球动而日星不行也。"(见罗斯古、司都霍等人原著,林乐知译,郑昌棪述《格致启蒙》,卷三,江南制造局,1875年,第5页阳面—阴面)又如《地球韵言》:"天文家谓行星绕日者有八。"(见张士瀛《地球韵言》,卷一,1897年,务急书馆,1898年重刊本,第2页阳面)除了"天文家"外,当时还有"天文师""星学士"这些词语。也是在这个时候,"天文学家"这一名称悄然出现,例如在1902年,梁启超就使用了这个词:"纯以生计学理论货币者,实始于著名之天文学家歌白尼。"(《饮冰室合集·文集之十二》,中华书局,1989年,第15页)后来,"天文家"等词语渐渐地消亡了,取而代之的是"天文学家"。关于"天文家"发展成"天文学家",这如同"地理家""绝济家"发展成"地理学家""经济学家"一样,是同一类问题,需要综合分析,统一研究。

② 校者注:潘鼐在"评《天学真原》"一文中有这样一段话:"李之藻于1629年刊《天学初函》,此'天学'却非天文学而系'天主之学'。所收《天主实义》为利玛窦原撰于1595年的《天学实义》。李之藻为《天学初函》题辞时也说:'天学者唐称景教'。"(《自然科学史研究》1997年第3期,第291页)如果这段话与事实吻合,那么"天学"这词在1595年就有了。说"天学"是个仿译词也无妨,因为希腊语theologia中的theos,拉丁语theologia、意大利语teologia、英语theology中的theo是"天主、上帝、神"的意思,而这些单词的后半部分logia、logy即为"学问"的意思,所以"天学""神学"也可称作是仿译词。

pamondo, tav. Ⅲ-Ⅴ)。艾儒略也认为"纬线""经线"是利玛窦创造的词(《职方外纪》总说第 3 页阴面;*Mappamondo*,第 160 页;《汉语大词典》第 9 卷第 955—956 页。《现代汉语词汇的形成》第 248 页)。参见"jingxian 经线"。

wendai 温带,temperate zone,双音节,偏正结构,仿译词,名词,艾儒略创造的词(《职方外纪》总说第 2 页阳面),现仍在使用。利玛窦将 temperate zone 称为"正带"(参见 *Mappamondo*,tav. Ⅲ-Ⅴ)。参见《现代汉语词汇的形成》第 248 页。

wenke 文科,literary subjects,双音节,"科"为后缀,意译词,名词,艾儒略创造的词,现仍在使用。《汉语大词典》说,在科举制时,"文科"已用来指以经学考选的文士之科,这是相对于"武举"而言(第 6 卷,第 1527 页)。艾儒略已用现代意义使用此词,他以"文科"来与哲学、自然科学相区别(《职方外纪》卷 2 第 3 页阴面;《西学凡》第 1 页阳面—阴面;《西方答问》卷 1 第 12 页阴面;《清朝文献通考》卷 298 第 7467 页下栏)。但是,这词是通过日语 bunka 返回到汉语后才重新使用开来的(《现代汉语词汇的形成》第 249 页)。参见"like 理科"。

wenxingxue 闻性学,nature(?),三音节,"学"为后缀,仿译词,名词,艾儒略创造的词(《西学凡》第 4 页阴面),现已不用。在《西学凡》的另一处,艾儒略写作"闻性之学"(第 5 页阳面)。《汉语大词典》未收此词。

wenxue 文学,literature,双音节,"学"为后缀,意译词,名词,艾儒略创造的词,现仍在使用。在《论语》(卷 11 第 2 页)中,此词用来指孔门四科中的一科:文章博学。艾儒略已用 literature 的意义使用此词(《职方外纪》卷 2 第 3 页阴面:"欧逻巴诸国尚文学";《西学凡》第 1 页阴面:"自幼习文学者";《西学凡》第 2 页阴面也见有"文学")。按现代词典学家的观点,表示 literature 的"文学"与它原来的意义(即"文章博学")是有区别的。此词还见于《清朝文献通考》(卷 298 第 7467 页下栏)。毫无疑问,在 19 世纪末到 20 世纪初,日语 bungaku 对此词在中国的传播起了很大的作用(《汉语大词典》第 6 卷第 1543 页;《现代汉语词汇的形成》第 250 页)。

xinjing 新经,New Testament,双音节,偏正结构,仿译词,名词,艾儒略创造的词(《西学凡》第 16 页阳面),现已不用。《汉语大词典》未收此词。在艾儒略之前,可能已有其他传教士使用这个词。参见"gujing 古经"。

xuexiao 学校,school,双音节,偏正结构,意译词,名词,艾儒略创造的词,现仍在使用。孟子曾用此词来指专门进行教育的机构(《汉语大词典》第 4 卷第 246 页)。艾儒略在(《职方外纪》卷 2 第 3 页阴面)中用此词来指欧洲的学校。在《西学凡》(第 16 页阴面)中,艾儒略还用过"公监""学舍"等词。"学校"还见于《清朝文献通考》(卷 298 第 7467 页下栏)。该词在 19 世纪末之前似乎还没有流传开来,后来在日语 gakkō 的影响下,"学校"完全取代了"学堂""书院""学塾"等词(《现代汉语词汇的形成》第 257—258 页)。

yike 医科,medical science,双音节,"科"为后缀,仿译词,名词,艾儒略创造的词,现仍在使用。艾儒略用此词来指欧洲医科学校(《职方外纪》卷 2 第 4 页阳面;《西学凡》第 1 页阳面)。这词还见于《清朝文献通考》(卷 298 第 7467 页下栏)。后来,"医科"通过日语的 ika,又回到了汉语,并且使用了开来(《汉语大词典》

第 9 卷第 1439 页;《现代汉语词汇的形成》第 259 页)。

yinshu 阴树,?,双音节,偏正结构,仿译词,名词,艾儒略创造的词(《职方外纪》卷 1 第 5 页阳面),现已不用。这是印度的一种树,它的花类似素馨,夜间开花,冬天凋谢。① 《汉语大词典》未收此词。

yixue 医学,medicine,双音节,"学"为后缀,意译词,名词,艾儒略创造的词,现仍在使用。自宋朝以来,此词用来指医学校(《汉语大词典》第 9 卷第 1440 页)。艾儒略用此词来指 study of medicine(《西学凡》第 9 页阳面;《西方答问》卷 1 第 12 页阴面、第 19 页阳面)。虽然这个词好像是来自日语 igaku 的回归借词,但它很可能是 19 世纪由江南制造局译员们的重新起用而复活的,他们用这个词来翻译英语的 medicine(《现代汉语词汇的形成》第 261 页)。

youyuan 幼院,orphan-asylum,双音节,"院"为后缀,仿译词,名词,艾儒略创造的词,曾在某一时期使用(《职方外纪》卷 2 第 6 页阳面)。《汉语大词典》未收此词。"幼院"也见于《清朝文献通考》(卷 298 第 7468 页上栏)。参见"pinyuan 贫院"。

zhanli 瞻礼,Sunday,双音节,动宾结构,意译词,名词,见于《西方答问》(卷 1 第 26 页阳面)和《清朝文献通考》(卷 298 第 7467 页中栏),② 现仍在使用(《汉语大词典》第 7 卷第 1266 页)。这

---

① 校者注:据谢方考证,"阴树",即素馨花树,学名 Jasminum officinale var. grandiflorum(艾儒略原著、谢方校释《职方外纪校释》,中华书局,1996 年,第 43 页,注释 12)。

② 校者注:在《清朝文献通考》中用到"瞻礼"的这段话是:"自国郡至闾井,咸设天主堂。有掌教者,专主教事,称为神父。其堂一切供亿,皆国王大臣民庶转轮不绝。每七日瞻礼一次,名曰弥撒。"(卷 298 第 7467 页中栏)这里的"瞻礼"不是指 Sunday,而是指"瞻仰礼拜"。《清朝文献通考》中的这段话可能来自《职方外纪》。《职方外纪》卷二(接下页注)

个词本来指"瞻仰礼拜",后来传教士用它来指星期日。可能在艾儒略之前,耶稣会士就已经使用这个词了。

zhike 治科,politics,双音节,"科"为后缀,仿译词,名词,艾儒略创造的词,曾在某一时期使用(《职方外纪》卷 2 第 4 页阳面;《清朝文献通考》卷 298 第 7467 页下栏)。《汉语大词典》未收此词。

zhixue 知学,reasoning,双音节,"学"为后缀,仿译词,名词,艾儒略创造的词(《西学凡》第 4 页阳面),现已不用。艾儒略用此词来指讨论推理的逻辑学分支。《汉语大词典》未收此词。

zhongti 重体,gravity,双音节,偏正结构,新词,名词,艾儒略创造的词(《西方答问》卷 2 第 4 页阳面),现已不用。这个词可能在其他耶稣会士的汉语著作中在讨论地球引力时已经用过。《汉语大词典》未收此词。

zhongxue 中学,middle school,双音节,"学"为后缀,仿译词,名词,艾儒略创造的词,现仍在使用。艾儒略用此词来指欧洲的 secondary school(《职方外纪》卷 2 第 3 页阴面;《清朝文献通考》卷 298 第 7467 页下栏)。像"大学"一样,后来这个词在汉语中不大见到了,所以应该把它看成是来自日语 chūgaku 的回归借词(《汉语大词典》第 1 卷第 618 页;《现代汉语词汇的形成》第 269 页)。参见"daxue 大学"。

(接上页注)"欧逻巴总说"中有这样一些文字:"瞻礼殿堂自国都以至乡井,随在建立。复有掌教者专主教事,人皆称为神父,俱守童身,屏俗缘,纯全一心,敬事天主,化诱世人。其殿堂一切供亿,皆国王大臣民庶转轮不绝。国人群往归马。每七日则行公共瞻礼,名曰弥撒。"(艾儒略著、谢方校释《职方外纪校释》,中华书局,1996 年,第 43 页)这里的"瞻礼"也是"瞻仰礼拜"的意思。

zimingzhong 自鸣钟,self-sounding bell(clock),三音节,偏正结构,仿译词,名词,曾在某一时期使用(《职方外纪》卷 2 第 21 页阴面;《西方答问》卷 1 第 10 页阳面)。在《汉语大词典》(第 8 卷第 1333 页)里所引明代的书证中,提到利玛窦时用到了这个词。实际上,利玛窦第一次将西方自鸣钟带入中国时,可能他就创造了这个词(Joseph Needham:*Science and Civilization in China*,第 4/2 卷第 436—439 页)。①

zimu 字母,letters of the alphabet,双音节,偏正结构,意译词,名词,艾儒略在《西方答问》(卷 1 第 12 页阳面)中用过此词,现仍在使用。现代意义的"字母",是金尼阁在《西儒耳目资》(1626 年,杭州)中最先使用的。《汉语大词典》(第 4 卷第 192—193 页)收有此词。

---

① 校者注:"自鸣钟"这词现在吴方言中仍在使用。在闵家骥、范晓等人编纂的《简明吴方言词典》(上海辞书出版社,1986 年)中就收有此词。

17世纪耶稣会士著作中的
地名在中国的传播①

[意] 保　罗②

17世纪，一些耶稣会士来到中国传播天主教，他们因为博学和具有先进的科学知识受到了中国人民的尊重和信任。③

为了向当地的人们介绍西方的知识，诸如宗教信仰、哲学、数学、几何学和地理学，耶稣会士们使用中文写书。④

这些书籍已经从历史和科学的角度被广泛研究，但是还没有从语言学的角度给予足够的研究，在耶稣会士传播西方文化的过程中，

---

① 原刊《国际汉学》第15辑，第238—261页。
② 保罗（Paolo De Troia），意大利罗马大学教授研究员，在传教士汉学、中西文化交流史、世界汉语教育史、汉语词汇学、历史地理学等多个学术领域展开研究。
③ 许多学者已经就中国的耶稣会士的历史和他们传教的科学的著作的不同翻译写了文章，所以存在着大量的参考书目，在这里我不能把它们一一列举。希望查找任何一个参考书目，请参 Erik Zurcher, Nicolas Standaert S. J., Adrianus Dudink eds., *Bibliography of the Jesuit Mission in China*（《耶稣会士使团在中国参考书目》），Leiden,1991。关于耶稣会士到达中国和他们如何传播西方的知识，请参 D. E. Mungello, *Curious Land: Jesuit Accomodation and the Origins of Sinofogy*, University of Hawaii Press,1985,1989。参中译本《奇异的国度：耶稣会适应政策及汉学的起源》，大象出版社，2010年。
④ 参徐宗泽编辑的《明清间耶稣会士译著提要》，中华书局，1949年，1989年；也可参 Pfister P. Louis S. J., *Notices biographiques et Bibliographiques sur les Jésuites de l'Ancienne Mission de Chine* 1552—1773, Tome I, XVI & XVII siècles, Imprimerie de la Mission Catholique, Shanghai 1932; Tome II, XVIII siècle, id,1934。

他们不得不使用汉语来解释一些外国的词语和对这些新事物进行命名。所以他们就创造了一些新的词语,这对现代中国词汇的丰富做出了一定的贡献。其中有些词语涉及一些地理学方面的书籍,对中国地理学词汇系统的统一也有着一定的影响。近年来已经开始了一些有关这一内容的研究,但是专门针对地理学名词这方面的研究还没有完全展开。①

本篇文章的目的就是试图通过一个名叫艾儒略的一本著作——《职方外纪》,来对这些新地名词汇的创造及其在中国的传播这一现象做一些研究。②

我选用这本书的原因是它可以被认为是自利玛窦《坤舆万国全图》之后由耶稣会教士写的系列著作中最重要的一本,③我喜欢把它

---

① 关于耶稣会士对汉语词典的形成所做出的贡献,请参 Federico Masini, The Formation of Modern Chinese Lexicon and Its Evolution Toward a National Language: The Period from 1840 to 1898(《现代汉语词汇的形成和它向一种民族语言的演变:1840年至1898年期间》),刊 Journal of Chinese Linguistics(《汉语语言学杂志》)第6号专题系列,加利福尼亚大学,Berkeley,1993。这本书的中译本见马西尼著、黄河清译《现代汉语词汇的形成——十九世纪汉语外来词研究》,汉语大词典出版社,1997年。同一作者关于艾儒略的文章见《艾儒略对汉语语言的贡献》,参阅 Federico Masini, The Legacy of Seventeenth Century Jesuit Works: Geography, Mathematics and Scientific Terminology in Nineteenth Century China(《17世纪耶稣会士著作的遗产:19世纪中国的地理学,数学和科学的术语学》),刊 C. Jami-H. Delahaye ed., L'Europe en Chine Interactions scientificques, religieuses et culturelles aux XVII et XVIII siècles, Paris,1993。参 A. Chan 的 The Scientific Writings of Aleni,刊《从西方来的学者艾儒略(1582—1649)》,第477页。关于西方地名的汉语翻译,参周振鹤、司佳《汉语西洋地名的两个系统》,刊《词库建设通讯》第17号第28页,1998年9月;刘伉《外国地名谈丛》,北京旅游出版社,1987年,第18—19页。关于西方地名的汉语翻译,见 E. Wilkinson, Chinese History, A Manual, Harvard-Yenching Institute Monograph Series 52,2000, p. 41。

② 关于本书的完整的版本目录,请参阅《中国丛书综录》,上海图书馆,1986年,第2卷第624页。

③ Hung-kay (Bernard) Luk, A Study of Giulio Aleni's Chih-fang wai-chi, in Bulletin of the School of Oriental and Asian Studies 40,1977, pp. 58—84。

称为对欧洲文明、制度,当然也包括基督教和天主教的教义的一种"很好的市场开拓用具"。《职方外纪》在它和其他一些耶稣会士作品的联系和被中国人接受的程度两方面是这些著作中最重要的一本。它在受过教育的中国人中传播的历史可以追溯到19世纪。①

做这个研究的想法是来自于阅读了两篇早先的作品,在此我必须做一说明:其中之一是由 Kenneth Ch'en 在大约30年代末对利玛窦《坤舆万国全图》所做的研究。

Kenneth Ch'en 在他的文章②中对地图中的标注做了很完整的翻译、研究,以此来阐明利玛窦对中国地理学知识的贡献和影响。

不过在他的研究中,Ch'en 对另外一件重要的事分析得很少,这就是地名的创造和传播。他说:"利玛窦的地图集做出的第二大贡献是在术语学方面。直到现在,利玛窦所使用的那些国家和海洋的名字,以及一些地理学术语仍在汉语中使用着。我们可以认为这是他对中国地理学术语的统一所做出的一种不经意的贡献。"③

他列举了一些例子,例子中的19个地理学的术语是由利玛窦创造的,并出现在当时中国学校的一些地理学教科书中(见下表)。④

---

① Hung-kay (Bernard) Luk, A Study of Giulio Aleni's Chih-fang wai-chi, in *Bulletin of the School of Oriental and Asian Studies* 40, 1977, pp. 58—84.

② Ch'en, Kenneth 的 Matteo Ricci's contribution to, and influence on, Geographical knowledge in China(《利玛窦对中国地理学知识的贡献和影响》), *Journal of American Oriental Society*(《美洲东方协会期刊》),第59期,1939年,第325页。

③ 同上。Ch'en 的文章是用英文写的,为了读者的方便我自己翻译了一些。

④ 同上,第339页。Ch'en 不是唯一一个注意到这个贡献的人。李约瑟(Needham)虽然对科学方面更感兴趣些,在他的 *Science and Civilization in China*(《中国的科学与文明》)相关篇章中,他也提到了地理学方面的内容,第3卷第583页注释 e。参 Joseph Needham, *op. cit.* 剑桥大学出版社,1954年。特别一提的是,李约瑟批评了许多学者给予利玛窦太多赞誉的倾向,比如把 longitudo 和 latitudo 的概念介绍到中国。参如上注释 e。关于利玛窦对地理学名词的翻译,请参 D'Elia, *Mappamondo Cinese del Padre Matteo Ricci S. J.*, Città del Vaticano, 1938, p. 160。

Ricci	Yin Chuying World Geography	Tung Wen, Kao Sung-chen, Geography of Foreign Gountries	Wang Chung-chi World Geography
Asia(Ya-hsi-ya)亚细亚	亚细亚	"	"
Europe(Ou-lo-pa)欧罗巴	"	"	"
Africa(Ya-fei-li-chia)亚非利加(阿)	阿非利亚	"	"
America(Ya-mo-li-chia)亚墨利加	亚墨利加	"	"
Mediterranean(Ti-chung-hai)地中海	"	"	"
Nilo(Ni-lo)泥罗	"	"	"
Roumania(Lo-ma-ni-ya)罗马尼亚	"	"	"
Rome (Lo-ma)罗马	"	"	"
Naples(Na-po-li)那泥里	"	"	"
Cuba(Ku-pa)古巴	"	"	"
Jamaica(Ya-ma-chia)牙买加	"	"	"
Canada(chia-na-ta)加拿大	"	"	"
S. and N. Pole(Nan Pei Chi)南北极	"	"	"
Arctic Circle(Pei-chi-ch'üan)北极圈	"	"	"
Earth(Ti-ch'iu)地球	"	"	"
Meridians (Ching-wei-hsien)经纬线	"	"	"
Arctic Ocean(Ping-yang)冰洋	"	"	"
Atlantic(Ta hsi-yang)大西洋	"	"	"
Equator(Ch'ih-tao)赤道	"	"	"

这些例子使我们不禁感到好奇,收集这个研究对象的更多资料

究竟可以从中发现些什么呢？Ch'en 在 1939 年写了这篇文章，为什么他不试图对这个研究对象做一个更完全更详细的剖析，来为这一类词语的分类提供一个现代化的方法呢？利玛窦"坤舆万国全图"也被 Luk 认为是极为珍贵的，却没有被认为对地理学词语的传播也是有价值的。① 但是其他一些类似的书籍可能对这些词语的传播做出了贡献，例如艾儒略的《职方外纪》。

另外，我必须提到的是近几年来马西尼就新词汇和耶稣会士对中国词典学的贡献所做的研究，他在研究中使用了一个有效的方法来指出这些新的词汇的确存在于那些耶稣会士的书中，其中一些直到现在仍然在汉语中使用着。②

在他的著作和文章中，马西尼指出："有证据表明耶稣会士的汉语著作对一些其他词汇的创造起着贡献作用（不仅仅局限于地理学领域），而这些词汇现在仍然在现代汉语中使用着。"他发现，例如在对艾儒略的三本著作做一个初步分析后，可以发现其中存在大量的这类新词汇（详见后面的例证）。③

---

① "……利玛窦的地图是极其稀罕的，以至于被认为已经不复存在了，直到这个世纪初重新发现了一些版本，绝大多数是在中国外被发现的。……利玛窦地图的改写和剽窃版本的确存在，其中有大量很明显的错误，甚至是在 17 世纪的早期……例如，在一个盗版的版本中，利玛窦的 Chia-hsi-lang 加西郎(Castila)变成了 Chia-ssu 加思，而 To-le-tu 多勒笃(Toledo)和 Po-erh-tu- wa-erh 波尔杜瓦尔(Portugal)被相应地缩减成了 To-le 和 Tu-wa-erh。在另外一个版本中……被缩减了的 Castila 和 Toledo 被合并成了一个新的地名，Chia-ssu-to-le 加思多勒"，参阅 Luk, Hung-kay (Bernard) 的 A study of Giulio Aleni's Chih-fang wai-chi, *Bulletin of the School of Oriental and Asian studies* 40（《东方和亚洲研究学会简报》40），1977，p.59。

② 参 Masini, F. 的 *The Legacy*...（"……的遗产"），1993，p.141。

③ 参 Masini, F. 的 *Aleni's*...（"Aleni 的……"，1997，p.543。艾儒略的这三本已经被分析研究过的著作为《职方外纪》《西方答问》和《西学凡》。这些书的参考书目参阅 Masini 的 *Aleni's*...（"Aleni 的……"），p.540，注释 4。

Diffusion （分类）	Obsolcte （冷僻词）	A certain period （某时期被使用）	Still in use （仍在使用）	Total （总计）
Aleni's creations （艾儒略创制的新词）	27	19	14	60
Not Aleni's creations （非艾儒略创制的新词）	3	2	12	17
Total （合计）	30	21	26	77

不过我仍然没有发现其中有任何对地名的详细研究。① 这就是为什么我使用了一个相似的对词汇和借译做分类的方法来研究这些地理学的名词。我希望通过对这些地名的研究来为这个领域的探索工作做出一些小小的贡献。

我已经收集和分析了所有出现在艾儒略《职方外纪》中的地名，主要参考的是罗马 Vittorio Emanuele 图书馆中所藏的版本，并将它们整理在一个简单的数据库中。这个数据库的具体内容如下所示：

1. "汉语"：在文章中所找到的汉语地名。②
2. "拼音"：在文章中所找到的地名的汉语拼音。
3. "词源"：在西方语言中的对应地名。③

---

① 实际上他很清楚地说明他"没有考虑专有名词的音译词（比如地名和人名），因为这些词从词汇学角度来看没有对应的关系"。不过我坚信，这些名词不仅是一个声音，而且是一种思想，特别是对西方词汇的翻译，它们有一种不可忽略的语言学和词汇学上的价值。

② 在现阶段的研究中，我只考虑文中出现的地名。只有在一些不确定的情况下，我到地图中核对。

③ 在语言这一项，我尝试把每一个输入都使它的翻译形式更接近中文译文。例如，对"罗马"这个词，我使用相对应的意大利语中的 Roma。对 De Ruo（得若）这个词，我使用它原来的葡萄牙语发音 Tejo，这比意大利语的 Tago 更接近中文译文。

4."利玛窦的《坤舆万国全图》":在这一栏中,我把那些没有出现在利玛窦的地图集中的地名标记为 no,如果利玛窦曾经使用过了,我将标明它原来的形式,希望通过这样来与艾儒略所使用的形式做一个比较。

5."音节数":这个地名在汉语中的音节数。

6."形成的方法":分别为本土的新词、音译词、意译词、仿译词、混合式、不确定。①

7."使用情况":"现在仍在使用","曾在某一段时期使用","现已不用"。

8."备注"。

9."不确定的出处":两个选项——"早已存在"或"未知"。

10."利玛窦的创造":如果该词是利玛窦创造的,用 y 标记,否则用 n 标记。

11."艾儒略的创造":如果该词是艾儒略创造的,用 y 标记,否则用 n 标记。

目前我已经整理了 269 个地名并把它们输入这个数据库,试图了解它们是否在艾儒略之前已经被使用过,或者被用作表达另外一个意思。

在这个数据库的电子版本中,使用的人可以通过一个工具栏来做一些调查,比如说,这本书中有多少个三音节合成的地名,多少个地名是由利玛窦或艾儒略创造的,多少个音译词和多少个

---

① 参 Federico Masini, *The Formation of Modern Chinese Lexicon*, Monograph No. 6 of the Journal of Chinese Linguistics, University of California, Berkeley, USA, 1993, p.128。亦可参见该书的中译本,马西尼著、黄河清译《现代汉语词汇的形成——十九世纪汉语外来词研究(1840—1898)》,汉语大词典出版社,1997 年。

仿译词,多少个地名现在仍在使用,多少个曾在一段时期被使用,等等。

关于这些地名的分门别类,我首先遇到的问题是如何判断它们在利玛窦和艾儒略之前是否已经被使用过。

对于这个问题,我是这样考虑的:虽然利玛窦的地图集对于汉语的地理学知识的贡献有些时候得到过高的评价,因为在耶稣会士来到中国之前美洲对中国人是陌生的,所以我们仍可以说正是这个地图集第一次完整地用书面表达方式向中国人描述了西半球的另一半世界和五大洲的确切位置。因此,对于那些欧洲、美洲和其他地区的地名,在查证一些主要的词典和可能找到的资料后,①我假设它们是由利玛窦或艾儒略第一个创造的或使用书面形式的。② 对于那些中国人早已有所了解的国家(例如东非、中亚和东南亚),除了那些我已经找到确切的证据之外,我把它们定为"早已存在"或"未知"。它们中的很多词语,比如那些用来指代"朝鲜""日本""爪哇"等的地名,可以在一些早于 17 世纪的书中找到。另外,如上面所说的,中国人对东非的海岸线以及中亚和东南亚确实是相当了解的。

"中国人在耶稣会士来到中国之前对外国了解什么,特别是对欧洲和美洲,另外,在 16 世纪下半叶,中国人可能有机会看到的外国地名是什么样的文字",这个问题是非常敏感的。因为古时候的

---

① 我已经参阅了《汉语大词典》《中文大词典》,以及 Ma Huan 名字的索引,Ying-yai sheng-lan, *The Overall Survey of The Ocean's Shores*, Mills, J. V. G., Hakluyt Society,剑桥,1970。

② 参张西平、李真、王艳、陈怡《西方人早期汉语学习史调查》,中国大百科全书出版社,2003 年,第 97 页。参刘伉《外国地名谈丛》,北京,1987 年,第 18—19 页。

中国肯定存在很多地图和书籍来描述所谓的整个世界,①这就需要对它们有一个详细的研究来做出正确的评价。我们必须考虑到当时已经有相当部分的地理学信息传到了中国和阿拉伯国家。②

不管怎么说,对于这方面的研究,我们所要知道的是在耶稣会士来到中国的时候,中国人对于外国只有一个大概的了解,这可以从中国的朝志和一些独立学者的著作中看出,诸如一些游记和日记等。

一些词汇在古书里面用来指代跟"外国"和"外国人"有关系的会是"外国""西域",还有"北狄"或"南蛮"等等。我们还可以发现一些词语用在朝志中,例如"大秦"来指代罗马和罗马帝国。不过我们必须参考一些中国后来的史书诸如《明史》《清朝文献通考》等来发现一些对西方国家的详细描述。③

根据以上所述,下面的表格概述《职方外纪》中的地名分析:

---

① 特别是在元代即公元 1500 年左右,当时有很多地图来描述西方的世界。例如,有一幅已经被很详细地研究过了的地图"混一疆理历代国都之图"。这幅非凡的地图的一个版本现保存在日本,地图中包括了西方国家地名的音译,例如 *A lei man yi a* 和 *Fa li xi na*。不过无论如何,根据 Needham 引证 Fuchs 的意见,除了这两个地名,其他西方国家的地名并不容易识别。Fuchs, W. , *The Mongol Atlas of China by Chu Ssu-pen*, *and the Kuang Yu Thu*,北平辅仁大学出版社,1946 年。我尚未见到这份资料,所以我使用了 Needham 著作中的摘要。

② Needham,*op. cit.*,第 3 卷第 561 页。也参 Bertuccioli, G. ,*Europe as seen from China*(《从中国看欧洲》),*Scholar from the West*,*Giulio Aleni S. J.*(1582—1649)(《从西方来的学者:Giulio Aleni S. J. (1582—1649)》)和 *The Dialogue between Christianity and China*(《基督教与中国的对话》),由 Tiziana Lippiello 和 Roman Malek 编辑,1997 年,还有 Hummel, A. W. , *Beginnings of world geography in China*(《世界地理学在中国的开始》),*Annual reports of the Librarian of Congress*(《国会图书馆馆员年度报告》),1938, pp. 224—226;Hummel, A. W. ,*A view of foreign countries in the Ming period*(《明代对外国的认识》),ibid. ,1940,pp. 167—169.

③ 参 Bertuccioli, G. ,*Europe*...("欧洲……"),20 页及下文。

《职方外纪》中的地名	现已不用	曾在某一段时期使用	现在仍在使用	总计
艾儒略的创造	67	23	5	95
非艾儒略的创造	98	51	25	174
总计	165	74	30	269
非艾儒略的创造	现已不用	曾在某一段时期使用	现在仍在使用	总计
利玛窦的创造	59	30	11	100
早就存在	13	21	14	48
《海国图志》	26	0	0	26
总计	98	51	25	174

在把这些词语根据它们的词源分类后,我又按照借译类型和音节长度将它们分了类。

音节	本土的新词	音译词	意译词	仿译词	混合式	不确定	总计
单音节	0	0	2	3	0	8	13
双音节	2	19	3	8	0	36	68
三音节	0	77	1	2	2	2	84
四音节	0	49	0	0	3	6	58
五音节	0	16	0	0	2	2	20
六音节	0	2	0	0	2	0	4
总计	2	163	6	13	9	54	247

我们可以从表中看到,其中有很多的音译词,很容易来解释,因为当一个西方人创造一个新词时,①通常不去考虑它的形态和语义结构,所以这种方式是被用得最多的,而且这种词汇也带有一点外来词的"异国风味"。这些词汇大都是三音节和四音节的,这是因为它们跟随着原来的西方名词的形式,通常都很长。

---

① 为了方便,在这篇文章我一般写艾儒略创造的、利玛窦创造的等等,可是这些17世纪耶稣会士写书的时候当然得到一些中国学者的帮助。这种方法名叫"口译笔受"。

然而,如果我们看一下"不确定"这一栏,其中我放入了许多其实可能早已存在的词,我们将会发现双音节词的数目增加了,这可能是因为中国的名词通常都使用双音节或三音节的缘故吧。

考虑到这一点,让我们来注意这样一些仿译词,将是非常有趣的,如"花地"和"火地","花的地方"和"火的地方"。这就是说那些用原先存在的词来合成而形成的新词通常是最持久的,因为它们比较好地符合了汉语语言的特性:通过不同含义的字来合成的短语,它的含义是比较容易被理解的。① "花地"是对西方地名"Florida 佛罗里达"的仿译词,它是一个很清楚的例子,可以来说明仿译词是如何再创造词的形态结构来适应汉语言的。"火地",火的地方,是一个相同的例子,但是它现在仍然在使用。②

在分析了词源和音节长度后,我又根据这些地名对中国地理学的影响及其传播对它们进行了分类(见表格中词源部分)。如果这些新词我没有在其他的耶稣会士著作以外的书籍中发现,我就认为它们"现已不用"。如果发现在其他的书籍中有它们的踪迹,比如在专门提及外国的篇章中:《明史》(1739)、《清朝文献通考》(1848)、《海国图志》(1844)、《瀛环志略》(1848),我就认为它们"曾在某一段时期使用"。我假设那些出现在这些书籍中的新词有比较广泛的传播。因为有不少的文人有可能去看那些传教士的著述。

如果我能够在现代的词典、地理名词和书籍的目录中发现这些词语,我假设它们为"现在仍在使用"。

最后但并不是就此结束了,我想对一些词在语音学方面做些说

---

① Masini,F. 的 *Aleni*,*s*...("Aleni 的……"),p.540。
② 参《词目外文索引》《辞海》,上海,1989 年,第 2528—2567 页。

明。有时候耶稣会士在创造新词的时候所使用的发音与现代普通话并不相同。对这一点我们可以对那些已经被识别的词尝试相反的方法来做：根据一个新词在它原来西方语言中的发音，我们可以做一个音节的系统分析来把这个词的外语发音翻译成汉语，来获得17世纪初官话的音韵学史方面的数据。①

我认为这种解决方案会有用和有趣，但是目前这部分工作尚未开始。不管怎么样，在这里我仍希望做一些具体的说明。比如说我们来看"jia 加"这个字，在书中，它通常被用作翻译清音k+开口的元音a，如"America 亚墨利加"，或者用来翻译浊音g+a，如"Singapore 新加坡"。另一个例子是字"ya 亚"，它通常被用来翻译意大利语中的开口的元音a，如"Asia 亚细亚"或"America 亚墨利加"。还有一个字"厄"被用来翻译g这个浊音，通常随后跟着另外一个辅音，例如Anglia-An'eliya 谙厄利亚和Elejiya-Grecia 厄勒济亚。

在这里，我用一些综合统计和例子来结束这篇文章。②

根据我的数据库，在《职方外纪》中的269个地名中，有95个可能是由艾儒略创造的。其中，67个已经不再使用了，23个使用过一段时期，5个现仍被使用（详见表格"词源"部分）。

---

① 现在关于"官话"音韵学和它的历史方面的著作很少。想要得到更多的资料，请参South Coblin W.，Notes on the Sound System of Late Ming Guanhua，*Monumenta Serica*，45，pp.261—307。参阅同一个作者的 *A Diachronic Study of Ming Guanhua Phonology*（《对明代官话音韵学的一个历时的研究》），*Monumenta Serica*，48，pp.267—335。参Masini F.，Aleni's contribution...（"Aleni 的……"），p.542，第5号注释。

② 在此我要说明，由于词典学是一门不十分精确的科学，而且我只能参考有限的一些资料，许多数据可能有误，所以我们应该去发现更多的词汇方面的证据。这就是为什么我说本篇文章只是对耶稣会士的地名的一个"初步的考虑"。不过我希望借此带给其他的学者一些帮助，希望他们能够对这个很少被研究过的领域做进一步的探索，这样将来我们可能会有一个更大地名的数据库。

在174个非艾儒略创造的地名中,有100个可能是由利玛窦创造的。其中59个已经不再使用了,30个使用过一段时期,11个现仍被使用。下面是所有269个词汇的列表。

《职方外纪》的地名列表

阿比河,*Abi he*,fiume Ob',no 坤舆万国全图,三音节,音译词—混合式,艾儒略的创造,曾在某一段时期使用:清朝文献通考,卷298,7468。

阿零薄,*A ling bo*,Olimpo,no 坤舆万国全图,三音节,音译词,艾儒略的创造,现已不用。

亚尼俺峡,*A ni an xia*,stretto di Anian,坤舆万国全图:亚尼俺峡,四音节,音译词,混合式,现已不用。

阿勒恋河,*A le lian he*,fiume Orinoco,坤舆万国全图:乌水河,四音节,音译词,混合式,艾儒略的创造,现已不用。

亚施亚,*A shi ya*,Axios?,no 坤舆万国全图,三音节,音译词,艾儒略的创造,现已不用。

谙厄利亚,*An e li ya*,Anglia,坤舆万国全图:谙厄利亚,四音节,音译词,曾在某一段时期使用:瀛环志略,卷4,3页 *recto*。

安南,*An nan*,Annam(Vietnam),坤舆万国全图:安南,本土的新词。

安日,*An ri*,Gange,no 坤舆万国全图,双音节,不确定的出处,现已不用。

罢百尔,*Ba bai er*,Babele,no 坤舆万国全图,三音节,音译词,艾儒略的创造,现已不用。

罢鼻落你亚，*Ba bi luo ni ya*，Babilonia，坤舆万国全图：巴皮罗泥亚，五音节，音译词，艾儒略的创造，现已不用。

巴都亚：*Ba du ya*，Padova，no 坤舆万国全图，三音节，音译词，艾儒略的创造，现已不用。

巴尔德峡，*Ba er de xia*，Gibilterra，stretto di，坤舆万国全图：巴尔德，四音节，音译词，现已不用。

把而玛，*Ba er ma*，Parma，no 坤舆万国全图，三音节，音译词，艾儒略的创造，现已不用。

拔革老，*Ba ge lao*，Baccalos，坤舆万国全图：拔革老地，三音节，音译词，现已不用。

把理斯，*Ba li si*，Parigi，no 坤舆万国全图，三音节，艾儒略的创造，现已不用。

白德稜，*Bai de leng*，Betlemme，no 坤舆万国全图，三音节，音译词，艾儒略的创造，现已不用。

百而谟达，*Bai er mo da*，Bermuda，no 坤舆万国全图，四音节，音译词，艾儒略的创造，现已不用。

百尔西海，*Bai er xi hai*，Persia，mare della，no 坤舆万国全图，四音节，音译词——混合式，艾儒略的创造，现已不用。

百儿西亚，*Bai er xi ya*，Persia，坤舆万国全图：波斯，四音节，音译词，艾儒略的创造，现已不用。

伯西尔：*Bai xi er*，Brasile，坤舆万国全图：伯西儿，三音节，音译词，现已不用。

百西儿海，*Bai xi er hai*，Mar del Brasile，no 坤舆万国全图，四音节，音译词——混合式，艾儒略的创造，现已不用。

榜葛剌海，*Bang ge la hai*，Mar del Bengala，坤舆万国全

图:榜葛剌海,四音节,音译词—混合式,现已不用。

北高海,*Bei gao hai*,Mar Caspio,no 坤舆万国全图,三音节,仿译词,艾儒略的创造,现已不用。

北海,*Bei hai*,Mare del Nord,坤舆万国全图:北海,双音节,意译词,现在仍在使用。

北极,*Bei ji*,Polo Nord,坤舆万国全图,t. Ⅲ—Ⅴ:北极,双音节,意译词,清朝文献通考,卷298,7469,现在仍在使用。

孛露,*bei lu*,Peru',坤舆万国全图:孛露,双音节,音译词,曾在某一段时期使用:海国图志,卷67,986:孛鲁。

孛露海,*Bei lu hai*,Mare del Peru',坤舆万国全图:孛露海,三音节,音译词—混合式,现已不用。

北勒搦何,*Bei le nuo he*,Pirenei,no 坤舆万国全图,音译词,艾儒略的创造,现已不用。

北亚墨利加,*Bei ya mo li jia*,Nord-america,坤舆万国全图:北亚墨利加,五音节,音译词—混合式,曾在某一段时期使用:清朝文献通考,卷298,7468上,瀛环志略,卷9;海国图志,卷64,968。

榜葛蜡,*Beng ge la*,Bengala,坤舆万国全图:榜葛剌,三音节,音译词,本土的新词,现已不用。

比亚满德,*Bi ya man de*,Piemonte,坤舆万国全图:别蒙突,四音节,音译词,艾儒略的创造,现已不用。

冰海,*Bing hai*,Mar Glaciale,坤舆万国全图:冰海,双音节,仿译词,现已不用。

波的海,*Bo de hai*,Mar Boddico,坤舆万国全图:波的海,三音节,音译词—混合式,现已不用。

博厄美亚,*Bo e mei ya*,Boemia,坤舆万国全图:波亦米亚,四音节,音译词,艾儒略的创造,曾在某一段时期使用:清朝文献通考,卷 298,7470 上。

伯尔昨客海,*Bo er zuo ke hai*,Mar di Petzorke,坤舆万国全图:伯尔昨客海,四音节,音译词—混合式,现已不用。

博乐业,*Bo le ye*,Bologna,no 坤舆万国全图,三音节,音译词,艾儒略的创造,现已不用。

波罗尼亚,*Bo luo ni ya*,Polonia,坤舆万国全图:波罗泥亚,四音节,音译词,曾在某一段时期使用:清朝文献通考,卷 298,7467 上。

波泥,*Boni*,Borneo,坤舆万国全图:波尔匿何,双音节,不确定的出处,现已不用。

勃泥,*Bo ni*,Brunei,no 坤舆万国全图,双音节,不确定的出处。

伯西儿,*Bo xi er*,Brasile,坤舆万国全图:伯西儿,三音节,音译词,现已不用。

查理,*Cha li*,Charika,no 坤舆万国全图,bilillabo,音译词,不确定的出处,现已不用。

朝鲜,*Chao xian*,Corea,坤舆万国全图:朝鲜,双音节,本土词,现在仍在使用。

达达,*Da Da*,Tartari,no 坤舆万国全图,双音节,本土的新词,现已不用。Variante di 鞑靼 *da da*. 参阅:汉语大词典 10:1019。

大东洋,*Da dong yang*,Grande Oceano Orientale,坤舆万国全图:大东洋,三音节,本土词。

鞑而靼,*Da er da*,Tartaria,no 坤舆万国全图,三音节,本土的新词,no 汉语大词典。

大尔马齐亚,*Da er ma ji ya*,Dalmazia,坤舆万国全图:大尔马齐亚,五音节,音译词,现已不用。

大刚国,*Da gang guo*,Regno del Gran Khan,no 坤舆万国全图,三音节,艾儒略的创造,现已不用。

大浪山,*Da lang shan*,Montagna delle Grandi Onde(Capo di Buona Speranza),坤舆万国全图:大浪山,三音节,仿译词,曾在某一段时期使用:清朝文献通考,卷 298,7468 alto.

达马斯谷,*Da ma si ga*,Damasco,no 坤舆万国全图,四音节,音译词,艾儒略的创造,现已不用。

大明,*Da ming*,Cina,坤舆万国全图:大明,双音节,本土词。

大明海,*Da ming hai*,Mar della Cina,坤舆万国全图:大明海,三音节,本土词。

大泥亚,*Da ni ya*,Dania,坤舆万国全图:大泥亚,三音节,音译词,曾在某一段时期使用:清朝文献通考,卷 298,7467 上。

大西洋,*Da xi yang*,Grande Oceano Occidentale,坤舆万国全图:大西洋,三音节,本土词,曾在某一段时期使用:清朝文献通考,卷 298,7468 上;瀛环志略。

大知纳,*Da zhi na*,Grande Cina,no 坤舆万国全图,三音节,音译词—混合式,从:Mahacina(梵语,maha-:大,-cina:中国)。

得白得,*De bai de*,Tebaide,no 坤舆万国全图,三音节,音译词,艾儒略的创造,现已不用。

得若河,*De ruo he*,Fiume Tejo,no 坤舆万国全图,三音节,

音译词—混合式,艾儒略的创造,曾在某一段时期使用:清朝文献通考,卷 298,7470 上:德若河。

地白里河,*Di bai li he*,Fiume Tevere,no 坤舆万国全图,四音节,音译词—混合式,艾儒略的创造,曾在某一段时期使用:清朝文献通考,卷 298,7467 上。

地中海,*Di zhong hai*,Mar Mediterraneo,坤舆万国全图:地中海,三音节,仿译词,现在仍在使用。

东海,*Dong hai*,Mar Orientale,no 坤舆万国全图,双音节,本土词,现已不用。

东红海,*Dong hong hai*,Mar Rosso Orientale,坤舆万国全图:东红海,三音节,仿译词,现已不用。

东印度,*Dong yin du*,India Orientale,no 坤舆万国全图,三音节,不确定的出处。

度儿格,*Du er ge*,Turchi(terra dei),三音节,不确定的出处,现已不用。

杜尔格斯当,*Du er ge si dang*,Turkestan,坤舆万国全图:土儿客私堂,五音节,音译词,艾儒略的创造,现已不用。

多勒多,*Duo le duo*,Toledo,坤舆万国全图:多勒笃,三音节,音译词,现已不用。

鄂底亚,*E di ya*,Estonia,no 坤舆万国全图,三音节,音译词,艾儒略的创造,曾在某一段时期使用:清朝文献通考,卷 298,7467 上。

厄佛俗,*E fo su*,Efeso,no 坤舆万国全图,三音节,音译词,艾儒略的创造,现已不用。

厄欧白亚,*E ou bai ya*,Eubea,no 坤舆万国全图,四音节,音译词,艾儒略的创造,现已不用。

额勒济亚,*E le ji ya*,Grecia,坤舆万国全图:厄勤齐亚,四音节,音译词,现已不用。

厄勒祭亚,*E le ji ya*,Grecia,坤舆万国全图:厄勤齐亚,四音节,音译词,现已不用。

厄人多,*E ru duo*,Egitto,坤舆万国全图:黑入多,三音节,音译词,现已不用。

厄物辣,*E wu la*,Evora,no 坤舆万国全图,三音节,音译词,艾儒略的创造,曾在某一段时期使用:清朝文献通考,卷298,7470 上。

法兰得斯,*Fa lan de si*,Flanders,no 坤舆万国全图,四音节,音译词,艾儒略的创造,曾在某一段时期使用:清朝文献通考,卷298,7470 上;瀛环志略,卷4,3 页 recto。

法兰哥地,*Fa lan ge di*,Franchi(terra dei),no 坤舆万国全图,四音节,音译词,艾儒略的创造,现已不用。

福岛,*Fu dao*,lsole Fortunate (Canarian),坤舆万国全图:福岛,双音节,仿译词,曾在某一段时期使用:清朝文献通考,卷298,7468 中。

拂郎察,*Fu lang cha*,Francia,坤舆万国全图:拂郎察,三音节,音译词,曾在某一段时期使用:清朝文献通考,卷298,7470 上。

福楞察,*Fu leng cha*,Firenze,no 坤舆万国全图,三音节,音译词,艾儒略的创造,曾在某一段时期使用:清朝文献通考,卷298,7467 上。

弗沙,*Fu sha*,Fez,坤舆万国全图:佛沙,双音节,音译词,现已不用。

该禄,*Gai lu*,Cairo,坤舆万国全图:该禄,双音节,音译词,现已不用。

甘的亚,*Gan de ya*,Candia,坤舆万国全图:甘的亚,三音节,音译词,曾在某一段时期使用。

哥阿,*Ge a*,Khios,坤舆万国全图:角岛,双音节,音译词,现已不用。

哥而府,*Ge er fu*,Corfu',坤舆万国全图:哥而府,三音节,音译词,现已不用。

哥而西加,*Ge er xi jia*,Corsica,坤舆万国全图:哥尔西克,四音节,音译词,艾儒略的创造,曾在某一段时期使用:清朝文献通考,卷 298,7467 上。

革利哈大药,*Ge li ha da yao*,?,no 坤舆万国全图,五音节,未知,不确定的出处,现已不用。

格落兰得,*Ge luo lan de*,Greenland,坤舆万国全图:卧匿狼德,四音节,音译词,艾儒略的创造,现已不用。

哥生济亚,*Ge sheng ji ya*,Cosenza,no 坤舆万国全图,四音节,音译词,艾儒略的创造,曾在某一段时期使用:清朝文献通考,卷 298,7467 上。

哥应拔,*Ge ying ba*,Coimbra,no 坤舆万国全图,三音节,音译词,艾儒略的创造,曾在某一段时期使用:清朝文献通考,卷 298,7470 上。

工鄂,*Gong e*,Congo,no 坤舆万国全图,双音节,音译词,艾儒略的创造,现已不用。

古巴,*Cu ba*,Cuba,坤舆万国全图:古巴,双音节,音译词,现在仍在使用。

古查,*Gu cha*,CalCia,no 坤舆万国全图,双音节,音译词,艾儒略的创造,现已不用。

古理亚加纳,*Gu li ya jia na*,Cixliacan,坤舆万国全图:固列,五音节,音译词,艾儒略的创造,现已不用。

寡第亚纳,*Gua di ya na*,Guadiana,no 坤舆万国全图,四音节,音译词,艾儒略的创造,现已不用。

广州,*Guang zhou*,Canton,坤舆万国全图:广州,双音节,本土词,现在仍在使用。

哈密,*Ha mi*,Hami,坤舆万国全图:哈密,双音节,不确定的出处,现在仍在使用。

曷噩剌,*He e la*,Angola,坤舆万国全图:汉卧剌,三音节,音译词,艾儒略的创造,现已不用。

喝兰达,*He lan da*,Olanda,no 坤舆万国全图,三音节,音译词,艾儒略的创造,现已不用,清朝文献通考,卷 293,7413:荷兰;瀛环志略,卷 6:荷兰。

何折亚诺沧,*He zhe ya ruo cang*,未知,不确定的出处,no 坤舆万国全图,五音节,现已不用。

黑人国,*Hei ren guo*,Regno dei Neri,坤舆万国全图:黑人国,三音节,仿译词,现已不用。

红海,*Hong hai*,Mar Rosso,坤舆万国全图:西红海,双音节,音译词,现在仍在使用。

忽鲁谟斯,*Hu lu mo si*,Hormoz,坤舆万国全图:忽鲁谟斯,四音节,音译词,本土词,现已不用。

花地,*Hua di*,Florida(Term Florida),坤舆万国全图:花地,双音节,仿译词,现已不用。

黄河，*Huang he*，Fiume Giallo，坤舆万国全图：黄河，双音节，本土的新词，现在仍在使用。

回回，*Hui hui*，Maomettani，no 坤舆万国全图，双音节，本土词，现已不用。

火地，*Huo di*，Terra del Fuoco，坤舆万国全图：火地，双音节，仿译词，现在仍在使用。

际波里，*ji bo li*，Cipro，坤舆万国全图：止波里，三音节，音译词，艾儒略的创造，现已不用。

际剌，*Ji la*，no 坤舆万国全图，双音节，不确定的出处。

既未蜡，*Ji wei la*，Quiveira，坤舆万国全图：祈未蜡，三音节，音译词，现已不用。

寄未利，*Ji wei li*，no 坤舆万国全图，三音节，不确定的出处，艾儒略的创造，现已不用。

加得山，*Jia de shan*，Monti Ghats，no 坤舆万国全图，三音节，音译词—混合式，艾儒略的创造，现已不用。

加非尔斯当，*Jia fei er si dang*，Cafiristan，no 坤舆万国全图，五音节，音译词，艾儒略的创造，现已不用。

加里伏尔尼亚，*Jia li fu er ni ya*，California，坤舆万国全图：角利弗尔聂，六音节，音译词，艾儒略的创造，现已不用。

加木尔，*Jia mu er*，Jammur，no 坤舆万国全图，三音节，音译词，不确定的出处，现已不用。

加纳达，*Jia na da*，Canada，坤舆万国全图：加拿大，现在仍在使用，三音节，音译词，《职方外纪》曾在某一段时期使用：清朝文献通考，卷 298，7468 上。

加斯加尔，*Jia si jia er*，kashgar，no 坤舆万国全图，四音

节,音译词,不确定的出处,现已不用。

嘉峪关,*Jia yu guan*,Passo di jiayu,no 坤舆万国全图,三音节,混合式本土词。

金加西蜡,*Jin jia xi la*,Castillia de Oro,坤舆万国全图:金加西蜡,四音节,音译词—混合式,曾在某一段时期使用:海国图志,卷 67,983。

井巴岛,*Jing ba dao*,Zanzibar,坤舆万国全图:创齐巴尔,三音节—混合式,不确定的出处,现已不用。

开平,*Kai ping*,今内蒙古的部分,no 坤舆万国全图,双音节,本土词,现已不用。

老楞佐岛,*Lao leng zuo dao*,lsola di San Lorenzo,坤舆万国全图:仙劳冷祖岛,四音节,音译词,混合式,今圣老仑岛。

利未亚,*Li wei ya*,Libia(非洲),坤舆万国全图:利未亚,三音节,音译词,曾在某一段时期使用:清朝文献通考,卷 298,7468 上。

利未亚海,*Li wei ya hai*,Mare della Libia,坤舆万国全图:利未亚海,三音节,音译词—混合式,曾在某一段时期使用。

里西波亚,*Li xi po ya*,Lisbona,no 坤舆万国全图,四音节,音译词,艾儒略的创造,现已不用。

琉球,*Liu qiu*,Ryukyu,no 坤舆万国全图,双音节,本土词,现在仍在使用。

吕宋,*Lu song*,Luzon,坤舆万国全图:吕宋,双音节,不确定的出处,可能本土词。

鲁西亚,*Lu xia ya*,Russia,坤舆万国全图:鲁西亚,三音节,音译词,现已不用。

罗得,*Luo de*,Rodi,no 坤舆万国全图,双音节,音译词,艾儒略的创造,现已不用。

罗得林日亚,*Luo de lin ri ya*,Lotharingia,no 坤舆万国全图,五音节,音译词,艾儒略的创造,现已不用。

罗肋多,*Luo le duo*,Loreto,坤舆万国全图:罗肋多,三音节,音译词,曾在某一段时期使用:清朝文献通考,卷 298,7467 上:罗勒多。

罗玛,*Luo ma*,Roma,坤舆万国全图:罗玛,双音节,音译词,现在仍在使用:清朝文献通考,卷 298,7467 上。

罗马尼亚,*Luo ma ni ya*,Romania,坤舆万国全图:罗马泥亚,四音节,音译词,现在仍在使用:清朝文献通考,卷 298,7467 上:罗玛尼亚。

马儿达,*Ma er da*,Malta,坤舆万国全图:玛儿大,三音节,音译词,现已不用。也有马儿岛,ma er dao,Malta,坤舆万国全图:玛儿大,三音节,混合式,现已不用。

马儿地袜,*Ma er di wa*,Maldive,no 坤舆万国全图,四音节,音译词,艾儒略的创造,今马尔代夫。

马良温,*Ma liang wen*,不确定的出处,未知,no 坤舆万国全图,三音节。

马路古,*Ma lu gu*,Molucche,坤舆万国全图:马路古,三音节,音译词,现已不用。

马逻可,*Ma luo ke*,Marocco,坤舆万国全图:马逻可,三音节,音译词,现已不用。

马拿莫大巴,*Ma na mo da pa*,Monomotpa,坤舆万国全图:马拿莫大巴,五音节,音译词,现已不用。

满剌加,*Man la jia*,Malacca,坤舆万国全图:满剌加,三音节,本土词。

满剌加海,*Man la jia hai*,Mare di Malacca,no 坤舆万国全图,四音节,本土词。

孟斐斯,*Meng fei si*,Menfi,no 坤舆万国全图,三音节,音译词,艾儒略的创造,现已不用。

弥郎,*Mi lang*,Milano,no 坤舆万国全图,双音节,音译词,艾儒略的创造,曾在某一段时期使用:清朝文献通考,卷 298,7467 上。

墨古亚刚,*Mo gu ya gang*,Mechuacan,坤舆万国全图:墨珠亚甘,四音节,音译词,现已不用。

墨是可,*Mo shi ke*,Messico,坤舆万国全图:墨是可,三音节,音译词,现已不用。

莫斯哥,*Mo si ge*,Mosca,no 坤舆万国全图,三音节,音译词,艾儒略的创造,现已不用。

莫斯哥未亚,*Mo si ge wei ya*,Moscovia,坤舆万国全图:没廓箇未突,五音节,艾儒略的创造,音译词,曾在某一段时期使用:清朝文献通考,卷 298,7467 上。

墨瓦蜡尼,*Mo wa la ni*,Magellanica,坤舆万国全图:墨瓦蜡泥加,四音节,音译词,曾在某一段时期使用:清朝文献通考,卷 298,7468 上。

墨瓦蜡泥海峡,*Mo wa la ni hai xia*,Stretto di Magellano,坤舆万国全图:墨瓦蜡泥峡,五音节,音译词,曾在某一段时期使用:清朝文献通考,卷 298,7468 上。

墨瓦蜡尼加,*Mo wa la ni jia*,Magellanica,坤舆万国全图:

墨瓦蜡泥加,五音节,音译词,曾在某一段时期使用:清朝文献通考,卷 298,7468 中。

莫卧尔,*Mo wo er*,Regno dei Moghul,坤舆万国全图:莫卧尔,三音节,本土词,现已不用。

那多理亚,*Na duo li ya*,Anatolia,坤舆万国全图:那多理亚,四音节,音译词,现已不用。

那坡里,*Na po li*,Napoli,坤舆万国全图:那波里,三音节,音译词,现已不用。

那波里,*Na po li*,Napoli,坤舆万国全图:那波里,三音节,音译词,曾在某一段时期使用:清朝文献通考,卷 298,7467 上。

南海,*Nan hai*,Mare Meridionale,坤舆万国圣图:南海,双音节,本土词。

南极,*Nan ji*,Polo Sud,坤舆万国全图:南极,双音节,仿译词,现在仍在使用。

南亚墨利加,*Nan ya mo li jia*,America del Sud,坤舆万国全图:南亚墨利加,五音节,音译词—混合式,曾在某一段时期使用:清朝文献通考,卷 298,7468 上;瀛环志略,卷 10。

南印度,*Nan yin du*,India Meridionale,no 坤舆万国全图,三音节,混合式,不确定的出处,现在仍在使用。

泥禄河,*Ni lu he*,Fiume Nilo,坤舆万国全图:泥罗河,双音节,音译词—混合式,现已不用。

农地,*Nong di*,未知,no 坤舆万国全图,双音节,不确定的出处。

女国,*Nü guo*,Regno dello Donne,坤舆万国全图:女人国,双音节,混合式,本土的新词:Xuan Zang,大唐西域记 Da tang xi yu ji,11/21 a:西女国。

奴米第亚,*Nu mi di ya*,Numidia,坤舆万国全图:奴米德,四音节,音译词,现已不用。

女直,*Nü zhi*,Nuzhi,坤舆万国全图:女直,双音节,本土词。

诺而勿惹亚,*Nuo er wu re ya*,Norvegia,坤舆万国全图:诺而勿入亚,五音节,音译词,曾在某一段时期使用:清朝文献通考,卷298,7467上。

诺勿惹亚,*Nuo wu re ya*,Norvegia,坤舆万国全图:诺而勿入亚,音译词,现已不用。

欧逻巴,*Ou luo ba*,Europa,坤舆万国全图:欧逻巴,三音节,音译词,曾在某一段时期使用:清朝文献通考,卷298,7467上:欧罗巴;瀛环志略,卷3:欧罗巴,今欧(罗巴)洲。

欧逻巴海,*Ou luo ba hai*,Mare d'Europa,no 坤舆万国全图,四音节,混合式,现已不用。

波多理亚,*Po duo li ya*,Podolia,坤舆万国全图:波多理亚,四音节,音译词,现已不用。

波尔杜瓦尔,*Po er du wa er*,Portogallo,坤舆万国全图:波尔杜瓦尔,五音节,音译词,曾在某一段时期使用:清朝文献通考,卷298,7470上:博尔都噶尔亚;瀛环志略,卷4,pag. 3R:波耳都欺,博尔都噶亚。

波罗尼亚,*Po lo ni ya*,Polonia,坤舆万国全图:波罗泥亚,四音节,音译词,现已不用。

波罗尼,*Po luo ni*,Polonia,坤舆万国全图:波罗泥亚,现已不用。

蒲加剌得,*Pu jia la de*,Bukhara,no 坤舆万国全图,四音

节,音译词,本土词,现已不用。

琼州,*Qiong zhou*,Hainan,坤舆万国全图:琼州,双音节,本土词。

热孥亚,*Re nu ya*,Genova,坤舆万国全图:惹怒袜,三音节,音译词,艾儒略的创造,曾在某一段时期使用:清朝文献通考,卷298,7467上。

热奴亚,*Re nu ya*,Genova,坤舆万国全图:惹怒袜,三音节,音译词,艾儒略的创造,现已不用。

日本,*Ri ben*,Giappone,坤舆万国全图:日本,双音节,本土词,现在仍在使用。

如德亚,*Ru de ya*,Giudea,坤舆万国全图:如德亚,三音节,音译词,现已不用。

如尔马泥海,*Ru er ma ni hai*,未知,no 坤舆万国全图,五音节,混合式,现已不用。

入匿,*Ru ni*,Guinea,no 坤舆万国全图,双音节,不确定的出处,现已不用。

撒而地泥亚,*Sa er di ni ya*,Sardegna,坤舆万国全图:黄鱼岛,五音节,音译词,艾儒略的创造,曾在某一段时期使用:清朝文献通考,卷298,7467上。

撒辣蔓加,*Sa la man jia*,Salamanca,no 坤舆万国全图,四音节,音译词,艾儒略的创造,现已不用。

撒马儿罕,*Sa ma er han*,Samarcanda,坤舆万国全图:撒马儿罕,四音节,音译词,曾在某一段时期使用。

塞恶未亚,*Sai e wai ya*,Segovia,no 坤舆万国全图,四音节,音译词,艾儒略的创造,现已不用。

珊瑚岛,Shan hu dao,lsola?,no 坤舆万国全图,三音节,不确定的出处。

圣多默岛,Sheng duo mo dao,lsola di Sao Tomé,no 坤舆万国全图,四音节,混合式,艾儒略的创造,现在仍在使用:圣多美岛 sheng duo mei dao。

圣老楞佐岛,Sheng lao leng zuo dao,lsola di San Lorenzo,坤舆万国全图:仙劳冷祖岛 xian lao leng zu dao,五音节,音译词—混合式,艾儒略的创造,现在仍在使用:圣老仑岛 sheng lao lun dao。

狮山,Shi shan,Monti dei Leoni(Monti Loma),no 坤舆万国全图,双音节,仿译词,艾儒略的创造,现已不用。

死海,Si hai,Mar Morto,坤舆万国全图:死海,双音节,意译词(词源,909),现在仍在使用。

苏门答剌,Su men da la,Sumatra,坤舆万国全图:苏门答剌,四音节,本土词。

苏门答蜡,Su men da la,Sumatra,坤舆万国全图:苏门答剌,四音节,本土的新词。

琐夺马,Suo duo ma,Sodoma,坤舆万国全图:琐夺马,三音节,音译词,现已不用。

太海,Tai hai,no 坤舆万国全图,双音节,本土词。

太平大海,Tai ping da hai,Oceano Pacifico,no 坤舆万国全图,四音节,音译词,艾儒略的创造,现已不用。

太平海,Tai ping hai,Mare Pacifico,no 坤舆万国全图,三音节,音译词,艾儒略的创造,今太平洋 Tai ping yang.

天竺,Tian zhu,India,坤舆万国全图:天竺,双音节,本土词,现已不用。

铁岛,*Tie dao*,Isola del Ferro,no 坤舆万国全图,双音节,仿译词,艾儒略的创造,现已不用。

土鲁番,*Tu lu fan*,Turfan,坤舆万国全图:土鲁番,三音节,本土词,现已不用。

为匿,*Wei ni*,Guinea,坤舆万国全图:入匿,双音节,音译词,艾儒略的创造,现已不用。

为匿亚,*Wei ni ya*,Guinea,坤舆万国全图:入匿,三音节,音译词,艾儒略的创造,现已不用。

翁加里亚,*Weng jia li ya*,Ungheria,坤舆万国全图:翁阿利亚 Weng a li ya,四音节,音译词,艾儒略的创造,曾在某一段时期使用:清朝文献通考,卷 298,7467 上:翁加里亚,谢方指做 Ucraina,参阅《职方外纪》,1996,96 页。

窝儿加河,*Wo er jia he*,Fiume Volga,坤舆万国全图:勿尔瓦河 wu er wa he,四音节,音译词—混合式,艾儒略的创造,现已不用。

卧亚,*Wo ya*,Goa,坤舆万国全图:卧亚,双音节,不确定的出处,现已不用。

无福岛,*Wu fu dao*,Isole Sfortunate,坤舆万国全图:无福岛,三音节,仿译词,现已不用。

勿里诺湖,*Wu li nuo hu*,Lago di Velino,no 坤舆万国全图,四音节,音译词—混合式,艾儒略的创造,曾在某一段时期使用:清朝文献通考,卷 298,7467 上。

勿搦祭亚,*Wu nuo ji ya*,Venezia,坤舆万国全图:勿搦茶,四音节,音译词,艾儒略的创造,曾在某一段时期使用:清朝文献通考,卷 298,7467 上。

西尔得,*Xi er de*,Mauritania,no 坤舆万国全图,三音节,不确定的出处。

西番,*Xi fan*,Gansu e Qinghai,坤舆万国全图:西番,双音节,本土词。

西海,*Xi hai*,Mare Occidentale,no 坤舆万国全图,双音节,本土词。

西红海,*Xi hong hai*,Mar Rosso Occidentale,坤舆万国全图:西红海,三音节,仿译词,曾在某一段时期使用:清朝文献通考,卷 298,7468 上。

西齐里亚,*Xi ji li ya*,Sicilia,坤舆万国全图:西齐里亚,四音节,音译词,曾在某一段时期使用:清朝文献通考,卷 298,7467 上。

西乃,*Xi nai*,Sinai,no 坤舆万国全图,双音节,音译词,艾儒略的创造,现已不用。

喜望峰,*Xi wang feng*,Capo di Buona,Speranza,no 坤舆万国全图,三音节,仿译词,艾儒略的创造,现已不用。

西未利亚,*Xi wei li ya*,Siviglia,no 坤舆万国全图,四音节,音译词,艾儒略的创造,现已不用。

西印度,*Xi yin du*,India Occidentale,no 坤舆万国全图,三音节,本土词,音译词—混合式,现在仍在使用。

暹逻,*Xian luo*,Siam,坤舆万国全图:暹罗,双音节,本土词,现已不用。

小东洋,*Xiao dong yang*,Piccolo Oceano Orientale,坤舆万国全图:小东洋,三音节,混合式,本土词。

小利未亚,*Xiao li wei ya*,Libia Minor,坤舆万国全图:小利未亚,四音节,音译词,现已不用。

小西洋,*Xiao xi yang*,Piccolo Oceano Occidentale,坤舆万国全图:小西洋,本土词,三音节,混合式,曾在某一段时期使用:清朝文献通考,卷298,7469下。

小以西把尼亚,*Xiao yi xi ba ni ya*,Piccola Spagna,坤舆万国全图:小以西把尼亚,六音节,混合式,现已不用。

新拂郎察,*Xin fu lang cha*,Nuova Francia,坤舆万国全图:新拂郎察,四音节,混合式,现已不用。

新加步,*Xin jia bu*,Singapore,no 坤舆万国全图,三音节,音译词,今新加坡 xin jia bo.此词以前有《淡马锡 dan ma xi》,从本土词 Tumasik 的音译词。

新为匿岛,*Xin wei ni dao*,Lsola della Nuova Guinea,坤舆万国全图:新入匿 xin ru ni,四音节,混合式,艾儒略的创造,现已不用。

新为匿亚,*Xin wei ni ya*,Nuova Guinea,坤舆万国全图:新入匿 xin ru ni,四音节,混合式,艾儒略的创造,现已不用。

新亚比俺,*Xin ya bi an*,?,四音节,未知。

新以西把尼亚,*Xin yi xi ba ni ya*;Nuova Spagna,坤舆万国全图:新以西把你亚,六音节,混合式,艾儒略的创造,现已不用。

新以西把尼亚海,*Xin yi xi ba ni ya hai*,Mare della Nuova Spagna,坤舆万国全图:新以西把你海,混合式,艾儒略的创造,现已不用。

新曾蜡,*Xin zeng la*,未知,no 坤舆万国全图,三音节,现已不用。

新增蜡海，*Xin zeng la hai*，未知，no 坤舆万国全图，四音节。

雪际亚，*Xue ji ya*，Svezia，坤舆万国全图：苏亦齐，三音节，音译词，艾儒略的创造，曾在某一段时期使用：清朝文献通考，卷298,7467 上。

亚伯尼诺姗，*Ya bai ni nuo shan*，Monti Appennini，no 坤舆万国全图，五音节，音译词，混合式，艾儒略的创造，现已不用。

亚大蜡，*Ya da la*，Atlante，坤舆万国全图：亚大蜡，三音节，音译词，现已不用。

亚大蜡海，*Ya da la hai*，Mare dell'Atlante，坤舆万国全图：亚大蜡海，四音节，音译词，现已不用。

牙而白山，*ya er bai shan*，Alpi，no 坤舆万国全图，四音节，音译词，艾儒略的创造，现已不用。

亚而加辣，*Ya er jia la*，Alcala' de Henares，no 坤舆万国全图，四音节，音译词，艾儒略的创造，现已不用。

亚非利加，*Ya fei li jia*，Africa，坤舆万国全图：亚非利加，四音节，音译词，曾在某一段时期使用：瀛环志略，卷8：阿非利加。

亚费利加，*Ya fu li jia*，Africa，坤舆万国全图：亚非利加，四音节，音译词，现已不用。

亚既诺，*Ya ji nuo*，Aquino，no 坤舆万国全图，三音节，音译词，艾儒略的创造，现已不用。

亚剌比海，*Ya la bi hai*，Mare d'Arabia，坤舆万国全图：曷剌比海，四音节，音译词，现已不用。

亚剌比亚，*Ya la bi ya*，Arabia，坤舆万国全图：曷剌比亚，四音节，音译词，现已不用。

亚老歌，*Ya lao ge*，Argentina，no 坤舆万国全图，三音节，

音译词,艾儒略的创造,现已不用。

亚马诺,*Ya ma nuo*,Amazzonia,no 坤舆万国全图,三音节,音译词,艾儒略的创造,现已不用。

亚玛作搦,*Ya ma zuo nuo*,Amazzoni,坤舆万国全图:亚马钻国,四音节,音译词,艾儒略的创造,现已不用;今有亚马孙河。

牙卖加,*Ya mai jia*,Giamaica,坤舆万国全图:牙卖加,三音节,音译词,现在仍在使用。

亚墨利加,*Ya mo li jia*,America,坤舆万国全图:亚墨利加,四音节,音译词,曾在某一段时期使用:清朝文献通考,卷 298,7468 上;瀛环志略,卷 9。

亚毘心域,*Ya pi xin yu*,Abissinia,no 坤舆万国全图,四音节,音译词,艾儒略的创造,现已不用。

亚勒马尼亚,*Ya le ma ni ya*,Germania,坤舆万国全图:入尔马泥亚,五音节,音译词,艾儒略的创造,曾在某一段时期使用:清朝文献通考,卷 298,7470 上:热尔玛尼亚;瀛环志略,卷 4,2 页:亚勒墨尼亚。

亚细亚,*Ya xi ya*,Asia,坤舆万国全图:亚细亚,三音节,音译词,现在仍在使用:亚洲(亚细亚洲);清朝文献通考,卷 298;瀛环志略,卷 1;毛泽东,"矛盾",1937。

亚细亚海,*Ya xi ya hai*,Mare dell'Asia,no 坤舆万国全图,三音节,音译词,艾儒略的创造,现已不用。

意大里亚,*Yi da li ya*,Italia,坤舆万国全图:意大里亚,四音节,音译词,今有意大利;清朝文献通考:意达里亚;瀛环志略,卷 6:意大利亚。

意而兰大,*Yi er lan da*,Irlanda,no 坤舆万国全图,四音节,

音译词,艾儒略的创造,现已不用。

意貌,Yi mao,Monte Imao,坤舆万国全图:意貌,双音节,本土词。

意勒纳,Yi le na,Isola di S. Elena,坤舆万国全图:仙衣力拿,三音节,音译词,艾儒略的创造,现已不用。

以西把尼亚,Yi xi ba ni ya,Spagna,坤舆万国全图:以西把你亚,五音节,音译词,艾儒略的创造,曾在某一段时期使用:清朝文献通考,卷298,7468中:伊西巴泥亚;瀛环志略,卷7:西班牙—以西把尼亚。

以西把尼亚海,Yi xi ba ni ya hai,Mare di Spagna,坤舆万国全图:以西把你亚海,六音节,音译词,艾儒略的创造,现已不用。

印第亚,Yin di ya,India,坤舆万国全图:应帝亚,三音节,音译词,艾儒略的创造,现已不用。

印度,Yin du,India,坤舆万国全图:应帝亚,双音节,本土词,现在仍在使用。

印度河,Yin du he,Fiume Indo,坤舆万国全图:身毒河,三音节,本土词,现在仍在保用。

谙哥得,Yin ge de,Uganda,no 坤舆万国全图,三音节,音译词,艾儒略的创造,现已不用。

印弟亚,Yin ti ya,India,坤舆万国全图:应帝亚,三音节,音译词,艾儒略的创造,现已不用。

宇革单,Yu ge dan,Yucatan,坤舆万国全图:宇革当,三音节,音译词,现已不用。

月山:Yue shan,Monti della Luna,坤舆万国全图:月山,双音节,仿译词,现已不用。

云除亚,*Yun chu ya*,Svezia,no 坤舆万国全图,三音节,音译词,艾儒略的创造,现已不用。(雪际亚,*Xue ji ya*,Svezia.参阅:谢方校译《职方外纪》,中华书局,1996,p.74)。

则意兰,*Ze yi lan*,Ceylon,坤舆万国全图:锡狼岛,三音节,音译词,现已不用。

占城,*Zhan cheng*,未知,no 坤舆万国全图,双音节。

真腊,*Zhen la*,Cambogia,no 坤舆万国全图,双音节,本土词,现已不用。

智加,*Zhi jia*,Cile,坤舆万国全图:智里,双音节,音译词,艾儒略的创造,现已不用。

中国,*Zhong guo*,Regno di Mezzo(Cina),双音节,本土词,现在仍在使用。

中华,*Zhong hua*,Fiore di Mezzo(Cina),no 坤舆万国全图,双音节,本土词,现在仍在使用。

爪哇,*Zhua wa*,Giava,坤舆万国全图:爪哇,双音节,本土词,音译词,现在仍在使用。

左里,*Zuo li*,Pozzuoll,no 坤舆万国全图,双音节,音译词,艾儒略的创造,曾在某一段时期使用:清朝文献通考,卷298,7467上。

西方新概念的容受与造新字为译词[①]

——以日本兰学家与来华传教士为例

[日]沈国威[②]

一 引言

随着近代民族国家的形成,方言变成了"国语"。刘进才在诠释安德森(B. Anderson)关于近代民族主义兴起与国语形成关系的论述时说:"在欧洲各民族语言发展的现代谱系中,各个现代民族国家语言的诞生是以挣脱古老的神圣语言——拉丁文、希腊文或希伯来文逐渐向地域方言靠拢,通过现代印刷语言从而建立起各方言区域的书面语言。"刘进才还指出:"对于晚清以降的中国而言,民族主义的兴起与印刷语言的产生和欧洲并不相同。"[③]

中国与欧洲各国的情况不同,尤其是在印刷语言方面不可等同而视的意见是正确的。[④] 但是有一点则与欧洲完全相同,即东亚各国所面临的也不仅仅是各自的语言问题,而是地域性的俗语方言如

[①] 原刊《浙江大学学报(人文社会科学版)》2010年第1期,第121—134页。
[②] 沈国威,日本关西大学外国语学部教授,主要从事中日近代词汇交流史、现代汉语词汇体系形成方面的研究。
[③] 刘进才《语言运动与中国现代文学》,中华书局,2007年,第13—14页。
[④] 所谓的"印刷语言"其实是印刷术带来的文本传播和书面语言这两个相辅相成的问题。

何演进为各自的"国语"这一共同性的课题。就是说,我们需要把问题意识扩大到语言近代化的层面。① 语言处在不断变化的过程之中,任何一个时代都是如此。语言的变化不仅是词语的增加、表达形式(常常被说成语法)的变化,更重要的是被赋予了前所未有的社会意义,即作为国家、民族、自我三个层面认同的核心装置;语言使用者获得了"国语"这一意识形态。因此,我们可以说近代以降东亚各语言的变化,其重要性超过了历史上任何一个时期。在描述东亚语言的近代演化过程时,东西方以及东亚域内的语言接触及其互动是一个重要的视角。

作为表意(或称为音节、语素)文字的汉字没有欧亚其他古典语言(拉丁语、希腊语、希伯来语、阿拉伯语等)所具有的那种宗教神圣性,但这并不妨碍它成为跨语言系统的书写符号体系。汉字为东亚各国提供了古典文本和语言的记录手段,形成了被称为汉字文化圈的文化共同体。对于汉字文化圈而言,汉字使书面表达成为可能的同时,汉字记录的古典文本所体现的规范性又严重束缚了表达的自由。因此,域内各"国语"的形成必须经过一个去"汉文"的过程。尽管议论百出,甚至多项改革被付诸实施,汉字的地位却并没有被撼动。② 非但如此,汉字文化圈正是依靠古老的汉字才完成了西方近代新知识体系的容受。现在,即使在那些不再使用汉字国家的"国语"里,大量的汉音词也依然占据着书面语言的主要部分。

---

① 以欧洲为例,俗语开始获得文字与语法,并由此具备记录文学作品的可能性,随着国民文学的形成,最终取得了"国语"的地位,这一过程以及其伴随诸现象均被称之为"语言的近代化"进程。参见山本真弓《言語的近代を超えて》,日本东京明石书店,2004年,第10页。

② 汉字与其所记录的典籍之间不存在共荣共损的不可分离关系。

在进入 20 世纪之前,汉文发挥了汉字文化圈书面共同语(Lingua franca)的作用。与之相比,日语在商业活动、古典的传承、新知识的容受等所有方面都不能说是重要的语言。然而,明治维新以后,日语率先完成了向近代国语的转变,开始与西方文明连在一起,成为传递近代新知识的载体。汉字文化圈的其他国家、地区发现通过日语可以短时间内接受西方的新知识,日语历史上首次成为非母语使用者的学习对象,与汉文对换了角色,从"方言"演进成东亚的强势语言。日语的变化可以说是江户时期以来接受西方新知识的结果,而在这一过程中汉字新词起了决定性的作用。

语言接受外来新概念,大凡有两种方法,即"译"与"借"。[①] "译者迻也",即使用自语言的有意义的语言成分将源语言中的概念移入到自语言中来。其译法可分为二:用既有的语词"移译";新造译词对译。如果新造的译词是复合词还可以分为直译、意译和混合译;[②]如果是单纯词则有造字为新词的方法。[③] 直译法,或称语素翻译法(亦称"摹借法""仿译法"),即先将源词分解成意义单位——语素,然后在目的语言中找出与之对应的语素,再将这些语素结合成一个复合词。源语言和目的语言的可分解性及造词者的分解能力等都将对新词创制产生影响。意译则要求译者对源词的意义用法融会贯通,以

[①] "译"与"借"的最大区别在于:由"译"得到的词存在着积极的对译、造词过程,词的成立和概念的转移可以同步完成(当然这是经过理想化的状态);而由"借"得到的词只借音不传义,词形的成立和概念的导入无法同时实现。

[②] 音译意译结合的混合词,如"卡车""扑克牌""白兰地酒"之类的大量存在可以说是汉语外来词的一个特点。

[③] 音译词与音节的多少无关,一般是单纯词,但在本文中音译词做借词处理,不属于本文讨论的对象。在现代语言生活中单纯词的创造,即完全创造新的语言形式,或称词根创造,已极少见。

便在目的语中造出一个具有最大近似值的新成分。造新字为译词，即利用汉字的构成部件（偏旁部首）创造新字，这是非汉字语言所不存在的方法。汉字被认为是一个可以不断孳乳繁衍的开放的系统，历史上，创制新的汉字一直是应对概念增长的最重要的手段之一。这是造字为译词的语言、心理及文字学上的基础。近代以降，日本的兰学家和来华传教士都使用汉字翻译西方的新概念，这时必须经过由"字"到"词"的过程。同样是非母语使用者，两者在方法论上有何不同之处？兰学家们认为用中国的古典词移译外语才是正途，必须字字（包括复合词）有出处；在寻求古典词而不得的情况下则多用摹借法造复合词，造字是惊天地动鬼神的事，断不可随意为之。相反，来华传教士则热衷于创造新汉字作译词。本文通过分析两者的不同实践及结果，考察汉字在容受西方新概念时的可能性与局限性。[①]

二 从"机里尔"到"腺"

日本兰学家杉田玄白在《解体新书》的凡例中写道："又如呼曰机里尔者。无语可当。无义可解。则译曰机里尔直译是也。"[②]引文中的"直译"即音译。杉田采用音译词"机里尔"的理由是"无语可当，无义可解"。"无语可当"是因为中国的传统医学里无此概念，故没有表达这一概念的词语。而"无义可解"的"义"似可做两种理解：一是理据义，即原词成立之理由；二是概念义，即该词所指称的器官及其功

[①] 关于复合词的创制请参见拙文：《日本的兰学译词与近代汉字新词的创制》，《中国学术》第 23 辑（2007 年），第 152—186 页；《一名之立旬月踟蹰——严译与新国语的呼唤》，《东亚文化交涉研究》创刊号（2008 年），第 311—335 页。

[②] 杉田玄白《解体新書》，1874 年，第 5 页上。

能等词典上的意义。一个词不能没有概念义,但并不是所有的词都有理据义(根据语言形式与内容关系任意性的原则,单纯词都被认为没有理据)。由于外语或解剖学方面知识的限制,《解体新书》的译者对"机里尔"的两种"义"似都有不解之处。译者在没有把握的情况下不去生造译词,而是采用了音译词。这一方面体现了译者的科学态度,同时也表明"直译(即音译)"乃是不得已而为之的方法。但是在《重订解体新书》(1798年成,1826年刊,以下略为《重订》)的"旧刻凡例"中,尽管举例仍是表示"腺"的音译词,但是音译的原因改为"无名可充。义可取"。这里的"义"只能理解为概念义。就是说,随着时间的推移,兰学家已经对"腺"有了全面的认识,只是一时还没有找到适当的译词。① 然而在《重订》的正文中,大槻玄泽首次使用了新造的意译词"滤胞",并做了如下的说明:

> 吉离卢之名。特命此物。别无它义。汉固所未说。以故宜音译以存原称。然有嫌此物独存原名。异于他物。因以其官能作用。宛如用筛罗滤过水浆者。义译曰滤胞耳。窃顾未必切当。姑期他日之再考云。②

就是说"吉离卢"这种音译形式是用来指称"腺"的,其本身并没有字面的意义("别无它义"即理据义)。由于中医里没有这种概念,所以应该使用音译形式来保存"原称",这样可以避免其他概念的混入,但是译者认为音译词与全书的体例不合,故只好根据其生理上的作用等新造译词。从"窃顾未必切当。姑期他日之再考云"可知大槻

---

① 经验告诉我们,当一个外来概念为目的语所不存在,又没有理据义时,译词的创造将遭遇极大的困难。
② 大槻玄泽《重訂解体新書》,1826年,第24页下。

对自己的译词似乎并不满意。① 这不仅仅是自谦之词,因为大槻在该书中还尝试用一个冷僻字即"腒",来译"腺"的概念。这个字的本义是肉块的意思,即"谓肘膝后肉如块者",而大槻之所以选择这个字是因为这个字的左半边有肉体的意思,右半边是"菌"异体字,有聚集的意思。会意为"细胞组织汇聚的器官"。但出于同形冲突的原因,大槻终于放弃了"腒"。大槻的犹豫不定促使周围的人继续对这一名称进行探索。1805 年刊行的《医范提纲》第一次使用了"腺",并有"腺新制字,音泉"的说明。这也是一个会意因素极强的字,取义腺液像泉水般地涌出。②《医范提纲》之后"腺",逐渐被接受。

　　大槻玄泽在谈到译词创制时说:"今所传译。务欲名义之妥当于原称。不能以不私造语新制字以译定。③ 所谓'肬''腔''摄护',或'解体''神经''滤胞'之类皆是也。"④值得引起注意的是,对于大槻来说,"私造语"和"新制字"为同一层次的事件。就所举的词例而论,"肬、腔"是新制字,此外都可以看作私造语。⑤ 所谓的"造语"应该理解成创造新的复合词,但在当时,字和复合词的区别意识并不强烈,字即是词的观点占统治地位。在《解体新书》《重订解体新书》以及其他兰学译籍中,一些字串之间多用连字符连接以显示一个意义单位,这一方法在方便读者的同时也增强了复合词的观念。兰学翻译中最

---

① 大槻玄泽《重訂解体新書》,1826 年,第 24 页下。
② 用汉语文字学的术语来讨论兰学家或传教士的造字只是权宜之计。六书的"形声、会意",尽管有分化、重组意义体系的机能,但基本上是为已经存在的语音形式提供书写符号。兰学家或传教士的造字则必须同时为外域的新概念寻找语音形式和书写符号。两者有着本质上的不同之处。
③ "不能以不私造语"似应为"不能不以私造语"。一个"私"字凸显兰学家对于创制中国古典中不存在的新词时的诚惶诚恐的心态。
④ 大槻玄泽《重訂解体新書》,182b。
⑤ "肬"虽然见于中国典籍,但大槻仍把它当作新制字来看待。

为正统的方法是"翻译",即利用中国典籍中已有的词语表达西方的新概念。"义译"即创造新的复合词,乃是不得已而为之。已有的词语有多音节词,也有单音节词,即"字"。在翻译的过程中,对于单音节的"字",兰学家们主要采取了三种方法:使用汉字直接对译荷兰语中的词语,如"胃""腹""肠"等;利用冷僻废弃的字来翻译西方医学的新概念,此种情况下这些字被赋予了新的意义,如"腒"等;创造新字表示中国医学中所没有的西医新概念,如"腺"等。

兰学家的"新造字"现在仍在使用的只有"膵""腺""腔",其中"腺"最为重要。这种日本人根据汉字的造字法独自创造的字在日语研究中称为"国字",又称"倭字"或"俗字""和制汉字"。在古文献如《古事记》《万叶集》中已经有一些例子,但是大多数"国字"是12世纪(即日本的"中世")以后新造的。造字的方法主要是会意,如"峠""辻""躾""鱛"等,这些字大多没有中国式的发音。进入明治以后又出现了"瓩""粴""粁"等合体字。这些字不是单音节,应该当作符号看。和字的主要特征是低俗,受过正统汉学教育的人不屑为之。例如,关于"腺"的概念,稻田三伯的《八谱》、野吕天然的《生象止观》等都造奇字表示,但终未成功。石坂宗珪批评造字乃翻古圣成案,是欺人之举。①

三 造字为译词的创始者——罗存德

在中国最早进行造新字为译词尝试的是德国来华传教士罗存德

---

① 笹原宏之《日本の漢字》,日本东京岩波书店,2006年,第177—184页。

(W. Lobscheid,1822—1893)。①罗存德可以说是一个对19世纪以后中日汉字新词的形成最具影响且疑点最多的人物。罗氏以《英华字典》(1866—1869)著名于世,其对于汉语本体的研究在当时也属一流。②19世纪在中国出版的为数众多的汉外辞典中,《英华字典》是一本值得大书特书的辞典。这本辞典代表了19世纪西人汉外辞典编纂的最高成就,但由于罗存德与教会的纷争,《英华字典》在中国国内的发行受阻,③现在中国国内几乎很难找到罗的字典(含著作)。《英华字典》出版后大部分为日本购入,④对日本近代英日辞典的编纂、译词形成所产生的影响远大于汉语。

该字典卷首有一篇汉文序,署名"张玉堂"。张在序中对罗的字典大加赞扬:

> 其中俚语文言无不悉载,前人所略者译之不厌其烦,所赘者删之不嫌其简。访咨至于迩言,搜罗不遗俗字,重抽旧绪,别出新诠,博采傍稽,合参互证。

在罗的字典之前,中国已出版过马礼逊的《字典》(1815—1823,主要为外国人学中文用);卫三畏的《英华韵府历阶》(1842)和麦都思的《英汉字典》(1842—1843)、《汉英字典》(1847—1848)。序中的"前

---

① 用加口字旁的方法翻译外国的人名、地名等固有名词的事例古已有之,不在本文讨论之列。

② 沈国威《近代日中語彙交流史》,日本东京笠间书院,1994年,第136—139页。

③ 《Lobscheidの「英華字典」について——書誌学的研究(1)》,《文学論叢》第114辑(1998年),左1—26页;《Lobscheidの「英華字典」について——書誌学的研究(2)》,《文学論叢》第116辑(1998年),左1—25页。

④ 据宫田和子的调查,仅以公共图书馆计日本就有30家以上收藏《英华字典》,达70余套之多。参宫田和子《十九世紀の英華・華英辞典目録——翻訳語研究の資料として》,《国語論究6 近代語の研究》,日本明治书院,1997年,第1—101页。20世纪90年代以后又出版了CD版和复印本(日本东京美华书院,1996)。

人所略者译之……"云云,是否意识到上述辞典不得而知。但关于俚语、俗字的评价是符合《英华字典》的实际情况的;而"重抽旧绪、别出新诠"则是对罗存德译词创造最好的概括和总结。① 由此可见,罗存德更多的是将汉语已有的词语加以改造作为译词,全新的创制似乎还不是主要部分。也就是说,罗在编纂字典时除了新造以外,采用原有的旧词("重抽旧绪"),或对旧词赋予新义("别出新诠")是该辞典译词创造的主要方法。这也说明《英华字典》的新概念移入还可以在旧词新义的范围之内加以解决。但是,罗存德显然已经开始面对新的问题了。例如,罗存德在《英华字典》(1869)第四部分的序言中专门讨论了化学元素的命名问题。罗认为汉语中表示构成世界的基本元素的字是"行",因此绝大部分的元素名称都可以通过将某一汉字查插入"行"中而轻易得到。即把"行"分成左右两部分,在中间夹上与化学元素有关的汉字。② 罗存德列举了以下例子:

衙(Shwui)＝hydrogen(氢)　　衙(Tan)＝carbon(炭)

衙(Kwang)＝phosphorus(磷)　衙(Luh)＝chlor(氯)

罗存德希望通过简单的命名法使化学知识能够在中国普及开来。罗存德在序言中写道,他相信与当时常见的化学书中使用的说明式的方法相比,他的方法更简便易行;通过专家的是使用和推广,可以使中国学习化学的人更快、更好地理解西方的科学。

《英华字典》共收录化学元素名49种,其中采用造字法命名的为

---

① 沈国威《大阪外大図書館蔵〈英華辞典〉について》,《国語学》第170号(1993年),第69—72页。

② 参阅沈国威《近代日中語彙交流史》,日本东京笠間书院,1994年,第144页。关于这一问题还可参阅苏小楠《近代日本語の成立が近代中国語に与えた影響》,载《日本語論究7》,日本大阪和泉书院,2003年,第383—411页。

21种,除去上文所示的4种外,其余17种如下表所示:

英文名	造字法命名	英文名	造字法命名
Bromine	衖 Chau(溴)	Strontium	衏 Peh(锶)
Fluorine	衡 Hwang(氟)	Tellurium	衡 ti(碲)
Iodine	衖 Lan(碘)	Thorium	衡 Hwui(钍)
Nitrogen	衕 Siau(氮)	Titanium	衕 hung(钛)
Oxygen	衖 Yang(氧)	Uranium	衕 Tien(铀)
Potassium(Kalium)	衕 Kien(钾)	Vanadium	衕 Hau(钒)
Selenium	衡 Hung(硒)	Yttrium	衡 Kin(钇)
Silicon	衖 Shih(硅)	Zirconium	衕 Heh(锆)
Sodium(Natrium)	衖 so(钠)		

注:罗存德对"衕 Siau(氮)"同时给出了译词"淡气"。

  罗存德造的新字按照夹在"行"中间的字发音,①他本人并没有对夹在中间的字的选择原则做出说明,但根据实例大致可以归纳为以下两种情况:根据原词的词根选择的字,如"衖"的"水"、"衕"的"天";根据该元素的形态、性质或颜色等选择的字,如"衖"的"养"、"衕"的"绿"等。应该指出,前者的新字所占比例极小。罗的尝试没有获得成功,对后来者的启迪也不得而知。②

四 傅兰雅的翻译实践与译词创制

  19世纪来华的西方人士中在翻译西书方面贡献最大的是英国

---

  ① 罗同时给出了广东方言的发音和官话的发音,前者用小写字母表示,后者用大写字母表示。"钠""碲"未标注官话的发音。
  ② 傅兰雅在后述1890年的文章中批评过罗存德字典的译词,可知至少在那之前他使用过罗的字典。

人傅兰雅(John Fryer,1839—1928)。1871年傅兰雅出版了自己的第一批译著:《运规约指》《化学鉴原》《化学分原》《防海新论》等,至1880年,傅兰雅译完的著作近70种,还有十几种正在翻译。[①] 傅兰雅还于1876年在上海开设"格致书院"(科学普及兼图书销售),出版《格致汇编》(1876—1892年之间断续刊行),积极从事西方科学知识的引介、普及工作。1880年傅兰雅在 North China Herald(1880年1月29日《北华捷报》)上撰文向西方读者介绍江南制造局翻译馆及其译书的情况,同时根据自己的翻译实践对西文中译及译词创制等问题进行了讨论。文章刊出后,傅兰雅又感到"书为西文,华友不便披览,若仅裨益西人而不公诸华友,殊属憾事,故不惮劳悴,灯下译成"汉语,连载在《格致汇编》1880年春季至秋季的四期上。[②] 可以说在19世纪80年代,傅是对这一问题最有发言权的人。

这篇题为《江南制造总局翻译西书事略》的文章分为:序、第一章论源流、第二章论译书之法、第三章论译书之益、第四章论译书各数目与目录。关于译词创制问题的讨论主要是在第二章进行的。在这一章中,傅兰雅首先指出:当时西方人认为"中国语言文字最难为西人所通,即通之,亦难将西书之精奥译至中国"。这是因为"中国文字最古最生而最硬","中国自古以来最讲求教门与国政,若译泰西教门或泰西国政则不甚难",但是如果是翻译西方的科学技术则"几成笑谈"。尤其是西方当时科学技术发展迅速,"门类甚多,名目尤繁,而

---

① 王扬宗《傅兰雅与近代中国的科学启蒙》,科学出版社,2000年。
② 参傅兰雅《江南制造总局翻译西书事略》,以下引文均据《格致汇编》,南京古旧书店,1991年复刻版,第二册,第349—354页、第381—386页;第三册,第19—24页、第51—54页。亦可参张静庐编《中国近代出版史料初编》,上海群联出版社,1953年,第9—28页。

中国并无其学与其名,焉能译妥,诚属不能越之难也"。① 针对这种观点,傅反驳说,"实有不然。盖明时利玛窦诸人及今各译书之人,并未遇有甚大之难以致中止。傅兰雅同意"无其学与其名"是翻译的最大障碍,指出"译西书第一要事为名目",但同时认为"中国语言文字与他国略同",也是在不断地发展变化的,具有接受外来新事物的潜在可能性。"近来中西交涉事年多一年,则新名目亦必每年增广"。对于"贸易或交涉事内有新意新物,必设华字新名"始能表达,若拘泥于语词的旧义,"所用名目必为华字典内之字义,不可另有解释,则译书事永不能成"。所以,翻译者在译名创制上的任务是艰巨的。傅兰雅回顾明末清初耶稣会士以来的译词创制说:"所设新名,间有文雅者,间有粗拙者,如前西人与华人所定各名,常有蠢而不能久行者。"但这种情况在欧美也发生过,"二三百年前,英国多藉希腊与罗马等国文字,以作格致与制造内之新名,后则渐除不用或更换以更妥者"。"各国所设名目若甚不当,自不久必更以当者","西国久用之名,后知不合,则更新者虽多有不便,亦不得已也"。中国也不例外,来自外国的译名"不能一时定准,必历年用之始能妥协"。

关于译词的创造方法,傅说"此馆译书之先,中西诸士皆知名目为难,欲设法以定之,议多时后,则略定要事有三"。傅兰雅等总结的三要事如下:

> 一、华文已有之名。设疑(拟)一名目为华文已有者,而字典内无处可察,则有二法:(一)可察中国已有之格致或工艺等

---

① 江南制造局翻译馆几乎没有西方人文科学内容的翻译,对这方面的翻译,包括傅兰雅在内的西方人士似乎存在着误解。后来的翻译实践证明,在人文科学领域,中西之间的差异更大。同时还需要注意的是,傅兰雅在这里讨论的是西人译西书,中国还没有外语人才,翻译工作只能以西人主导的方式进行。

书,并前在中国之天主教师,及近来耶稣教师诸人所著格致工艺等书;(二)可访问中国的客商或制造或工艺等应知此名目之人。

二、设立新名。若华文果无此名,必须另设新者,则有三法:(一)以平常字外加偏旁而为新名,仍读其本音,如镁、钠、砷、矽等;或以字典内不常用之字释以新义而为新名,如铂、钾、钴、锌等是也。(二)用数字解释其物,即以此解释为新名,而字数以少为妙,如养气、轻气、火轮船、风雨表等是也。(三)用华字写其西名,以官音为主,而西字各音亦代以常用相同之华字。凡前译书人已用惯者则袭之,华人可一见而知为西名;所已设之新名,不过暂为试用,若后能察得中国已有古名,或见所设者不妥,则可更易。

三、作中西名目字汇。凡译书时所设新名,无论为事物人地等名,皆宜随时录于华英小簿,后刊书时可附书末,以便阅者核查西书或问诸西人。而各书内所有之名,宜汇成总书,制成大部,则以后译书者有所核查,可免混名之弊。

"要事"之一即利用已经存在的译名。傅兰雅提到了两种可以利用的资源,即耶稣会士们的著述和以墨海书馆为中心的新教传教士的翻译活动。尤其是对耶稣会士文化遗产的关注和利用,较之鸦片战争前的广州时期是一个进步。另一方面,贸易的自由化、江南制造局的实际生产活动使从"客商或制造或工艺等应知此名目等人"处了解术语成为可能。但是,这种情况常常不能说是"译词创新",因为只是即物命名,没有外语中介其间。广州时期以这种方式产生的名目也不在少数,其作为译名的特点是俗语性,有"粗拙""蠢而不能久行"的危险。

"要事"之二是讨论译词创制的部分。在这里傅兰雅实际涉及了三个问题：

1. 以造新字的方式创造术语，具体地说是化学元素的命名问题。傅兰雅提出了两个方法：一是利用常用汉字做声符，加上表意的偏旁构成新汉字。声符选择与外语的第一或第二个音节相近似的字，义符的选择根据物质的性质来决定。傅兰雅所示的例字是"镁""钟""砷""矽"。二是利用"不常用之字释以新义而为新名"，即赋予已经废弃的古僻字以新的意义，作为译名。傅兰雅的例字是"铂""钾""钴""锌"，均见于中国的字书。如"钾"义为铠甲；"锌"义为刚硬。本条目所涉及的可以说是造字和用字层次的问题。造字主要利用的是形声的方法：声符模仿外语的发音，义符对指称对象进行某种科学上的分类，即"金"表示金属，"石"表示非金属。① 如上节所述，用造新字的方法译化学元素名的首倡者是罗存德。但是罗的"五行法"只能区分表示新字是化学元素名，并不添加积极的分类学上的意义（因为所有新字都有"行"）。傅兰雅的方法则可以表示物质的形态，显然进了一步。更重要的是字形较容易为中国人所接受。傅兰雅的造字原则形成于1869年着手翻译的《化学鉴原》，是否受到了罗存德的影响不得而知，但合作者徐寿起了重要的作用是不容置疑的。② 两人拟定的命名方法是：

> 西国质名字多音繁、翻译华文不能尽叶、今唯以一字为原质之名，原质连书即为杂质之名……原质之名中华古昔已有者仍

---

① 傅兰雅的术语表中没有使用"气"字旁的新字，"氧""氢""氮"等表气体的字是益智书会1899年公布的《协定化学名目》中首次出现的。亦参见王扬宗《关于化学鉴原和化学初阶》，《中国科技史料》1990年第1期，第84—88页。

② 沈国威《近代日中语汇交流史》，日本东京笠间书院，1994年，第84—88页。

之,如金、银、铜、铁、铅、锡、汞、硫、磷、碳是也……昔人所译而合宜者亦仍之,如养气、淡气、轻气是也……此外尚有数十品,皆为从古所未知,或虽有其物而名阙如。而西书赅备无遗,译其义殊难简括,全译其音苦于繁冗。今取罗马文之首音译一华字、首音不合则用次音,并加偏旁以别其类,而读仍本音。[1]

其中关键是"以一字为原质之名"的一字原则。一字原则解决了汉语语词形态上的特点与化学元素名之间的矛盾。[2] 汉语的词长一般不超过 4 个音节,而化学元素即需要单独使用,又需要以化合的形式出现。如果元素名为双音节,在复合使用时将极为不便。采用一字原则的傅兰雅的译名正是在这一点上大大优于丁韪良的《格物入门》(1868)、嘉约翰(J. G. Kerr,1824—1901)的《化学初阶》(1871)的译名。新造字是一字原则的必然结果,因为尽管废弃古僻的汉字可供征用,既有的汉字仍然无法完全满足为那些"从古所未知,或虽有其物而名阙如"的新发现的元素命名的需要。

2. 复合词的创造。汉语中可以区别意义的音节不超过 1500 个,新词的创造不得不更多地依赖多音节的复合词。如上文所述,作为译词的复合词的创造,按照其理据实现的方式可分为直译和意译。从傅兰雅所举的例词"养气""轻气""火轮船""风雨表"等来看,主要是意译。这是因为当时采用的翻译方法是外国人口述,中

---

[1] 参见《化学鉴原》第 1 卷第 29 节《华字命名》。《化学材料中西名目表·小序》:"所有原质多无华名,自必设立新者,而以一字为主,或按其形性大意而命之,或照西字要声而译之。"参江南制造局《化学材料中西名目》,1885 年。

[2] 《化学鉴原》的一字原则并不彻底,气体还保留双音节的形态。参苏小楠《近代日本語の成立が近代中国語に与えた影響》,《日本語論究 7》,日本大阪和泉书院,2003 年,第 383—411 页。

国人笔录。① 中国人不懂外语,外国人的口述常常不得不是具体的、描写性的。例如,对于 Oxygen 和 Hydrogen,日语的译词"酸素""水素"是严格对应原词语素结构的直译,而汉语的"养气""轻气"只是现场性极强的、通俗易懂的意译。"用数字解释其物,即以此解释为新名",表明译词也正是在这种解释的过程中诞生的。但傅兰雅指出新的译名"以字数少为妙"(as few characters as possible),双音节是最少字数的复合词,现代汉语中三音节的复合词也有了极大的增加。但是,超过这个数值就变成了短语或词组,在实际使用上极不方便。上文所述的马礼逊的辞典、合信的医学术语集等都存在着这样的问题。

3. 音译。傅兰雅的主张可以归纳为:使用官话而不是方言的发音,对于外语中较常见的发音使用相同的汉字加以表示,即表音汉字的统一性问题。这里傅兰雅显示出了某种踌躇,一方面为了"一见而知为西名",最好有一套音译专用的汉字,这种字没有明显的字义,只表示发音,所以他对"北京有数教师共拟成华字一副,以译西国人地各名"的尝试寄予期望;但同时又说"所设者用以译新名则可,若不仍前人所用者,亦不能有甚大益"。拟议中的音译专用字不能用于已有的译词,新旧译名统一仍无法实现。

"要事"之三是术语集编纂的问题。这不仅是一个方便后来译者的问题,同时也是术语的统一与体系建构的必要工作。该文发表以后,傅兰雅陆续出版了《金石中西名目表》(1883)、《化学材料中西名目表》(1885)、《西药大成药品中西名目表》(1887)、《汽机中西名目

---

① 傅兰雅指出:"至于馆内译书之法,必将所欲译者西人先熟览胸中,而书理已明,则与华士同译。乃以西书之义,逐句读成华语,华士以笔述之。若有难言处,则与华士斟酌何法可明,若华士有不明处,则讲明之。译后华士将初稿改正润色,令合于中国文法。"

表》(1890)。其中《化学材料中西名目表》如卷头小序所说,"于同治九年,在江南制造总局,翻译化学鉴原、续编、补编时所作",是经过了长时期精心准备的。傅兰雅编纂的一系列术语集是对江南制造局翻译馆工作的总结,为进一步的术语创制打下了基础。

进入19世纪80年代以后,随着教会学校的大量增加,西方自然科学知识教育的必要性逐步显现,科技术语的创制、审定成为传教士组织的一项重要工作。1890年,第二届新教传教士全国大会在上海召开,傅兰雅在会上宣读了关于科技术语问题的长篇论文。① 这篇文章分为四部分:(1)科技术语与汉语之关系;(2)汉语科技术语体系的某些特点;(3)译名混乱的现状及其原因;(4)解消译名混乱之方法。傅兰雅在第二部分中从七个方面对科技术语的创制原则和方法做了详尽的讨论。主要论点如下:

第一,尽可能译义,而不是译音。傅认为汉语的术语少、对外来语言成分的适应性差。世界上许多语言用音译的方法增加新词,丰富自己的词汇,而汉语很难用相同的方法从外部世界吸收重要的概念。这是因为一种语言吸收其他语言的能力与两者之间的相似程度成正比,汉语与西方语言差异较大,只能以自己独特的方式缓慢地吸收。汉语中大量方言的存在也增加了音译的困难。傅兰雅指出实际使用情况显示汉语更适合译义。但在翻译方法上,傅兰雅以罗存德的《英华字典》中的"demi-god=半个上帝",②和其他人的"brother-

---

① Scientific Terminology: Present Discrepancies and Means of Securing Uniformity, *Records of the General Conference of the Protestant Missionaries of China*. American Presbyterian Mission Press, 1890, pp. 531—549. 关于本文的基本情况参王扬宗《清末益智会统一科技术语工作述评》,《中国科技史料》1991年第2期,第1—19页。

② 罗存德字典中实际的译词为"半上帝、半神",似并无不妥。

in-law＝兄弟在律法"的错误为例,强调应该避免逐字直译。翻译的关键是译词,傅兰雅认为译词应该在中国的古典中寻找。这是一件艰难的工作,以至于最优秀的翻译家也因为贪图省事,在应该译义的地方使用了译音的方法,如把石膏(gypsum)音译为"绝不斯恩",把花岗岩(granite)音译成"合拉尼脱"等,傅兰雅认为均不可取。

第二,如果无法译义,则要尽量用适当的汉字音译。某些术语,特别是固有名词不能译义,只能用汉字表示最相近的发音。这时汉字的选择是关键。应该建立一个音译用字的系统,用相同的汉字表示常用的、相同的音节,而且要使用官话的发音。

第三,新术语应尽可能同语言的基本结构保持一致。傅兰雅在文章中这样写道:偏旁构成了汉语最显著的特征之一,新的术语不应忽视这种重要的特征。成千上万的汉字按照偏旁部首被精心地排列在字典里等待着实际使用。《康熙字典》里收录的汉字超过八万(实际收字49 030余),但除非是极特殊的情况,被使用过的字不到八千。很多正统的汉字已经成为化石,只有很模糊的意义。我们为什么不去发掘这样的字并赋予新义用它们做译词呢?这种努力在制定化学术语时已被尝试过,如"锌""钾"等。中国的学者总的说来对此是可以接受的。这些字的长处在于字形和发音已经存在,并具有正统性。但已存在的汉字都有或曾经有过意义。例如,我们使用"加非"音译coffee时,这两个常用字的字义是无法消除的。有时我们用加口字旁的方法告诉人们某些字只表示发音,没有意义,如"咖啡"。为何不选择早已被遗忘的另外两个字"槚""櫔",而且这两个字还有表意的木字旁。这样做唯一的危险是,某些未来的汉语文献学家可能会在古籍中找出这两个字的最初意义,然后批评我们用错了字;或者某些保守的爱国者有一天写文章详尽地论证这种植物原来生于古代的中国,后来被带到西方去了,就像蒸汽机和电报一样。在那些有发生误解之虞的场合,最好的方法也许是使用适当的偏旁和声符完全重新造一个在任何一本现有的字典里都找不到的字。翻译化学元素名时,就使用了造字一法,并逐渐为中国社会所接受。造字的一个重大的缺点就是,挑剔的中国文人反对这些非正统的汉字。由此可知,所谓的"尽可能同语言的基本结构保持一致",主要是指汉字的可分解性和偏旁的表意功能。傅兰雅甚至认为这是汉语的基本结构特征,并由此得出了结论:应该尽量利用古僻字或新造字做译词。

傅兰雅的两篇文章相隔十年,但主张是有一惯性的,即尽量译义,利用古僻字或新造字做译词。我们不得不指出:傅兰雅及江南制造局翻译馆的译词创造有很大的局限性。傅兰雅一方面主张意译,反对音译,但对复合词却很少关注,尤其是"摹借法"(直译)的译词绝无仅有。这些都与日本兰学家的译词创制形成鲜明的对照。

以造字为主要方法的化学元素命名法后来成为中国化学物质的标准命名法。傅兰雅取得了成功。但是这种成功同时也传递了一个错误的信息:新词的创造即是新字的创造。造字法尤为博医会所推重,认为是建构医学术语体系的最好方法,并将其发挥到了极致,终于使医学尤其是解剖学的术语制定走上了死胡同。

五 博医会的医学术语制定

西方医学知识是西学的一个重要方面,传教士等最初就是利用医学传道的方法在中国打开局面的。1886年博医会(China Medical Missionary Association)成立,宗旨是推进中国的西方医学教育和传播医学相关的知识。医学术语的创制、审定被提上了日程。该会主

要成员高似兰(Philip B. Cousland)是这样回顾这段历史的：[①]

1850—1858年：在创制汉语医学术语方面最初做出认真尝试的是广州的传教医生合信(B. Hobson, 1816—1873)，在此期间合信出版了数种关于西方医学的入门书和教科书，及一本英汉对译的术语集。[②]

1871—1890年：合信之后，广州的嘉约翰(J. G. Kerr)医生为中国的医学事业奉献了30余年。1871—1898年期间，嘉约翰翻译出版了多种医学著作，在医学术语的创制方面也多有建树。[③] 与此同时，福州的柯为良(D. W. Osgood)、惠亨特(H. T. Whitney)医生，北京的德贞(J. H. Dudgeon, 1837—1901)医生在解剖学、生理学领域，汉口的Porter Smith医生在药物学领域，山东的S. A. Hunter医生在诊断学、制药学领域都做出了自己的贡献；上海的傅兰雅、广州的J. C. Thomson也完成了医学某些领域的术语集。

1890年：医学术语因译者而异且缺乏统一的状况，严重地影响了中国的西方医学教育。为此，博医会在上海召开第一次大会，成立了术语委员会，着手制定标准医学术语。

1901年：术语委员会召开第一次会议，审定解剖学、组织学、生

[①] *English-Chinese Lexicon of Medical Terms* (1908) 卷头的 Historical Note。关于医学术语的制定问题请参王扬宗《清末益智会统一科技术语工作述评》，《中国科技史料》1991年第2期，第1—19页，张大庆《早期医学名词统一工作：博医会的努力和影响》，《中华医史杂志》1994年第1期，第15—19页；《高似兰：医学名词翻译标准化的推动者》，《中国科技史料》2001年第4期，第324—330页。

[②] 即所谓合信医书5种：《全体新论》(1851)、《博物新编》(1855)、《西医略论》(1857)、《妇婴新说》(1858)、《内科新说》(1858)及《医学英华字释》(1858)。

[③] 嘉约翰自1859年起就开始刊刻医学宣传材料，1871年出版《化学初阶》《西药略释》《割症全书》《眼科撮要》《炎症(论略)》，其后也陆续有医学著述出版。

理学、药剂学术语,出版了术语集:*First Report of the Committee on Medical Terminology Appointed by the China Medical Missionary Association. Terms in Anatomy, Histology, Physiology, Pharmacology, Pharmacy*。

1904 年:术语委员会召开第二次会议,审定病理学、内科学、外科学、产科学、妇科学术语,出版了术语集:*Second Report of the Committee on Medical Terminology Appointed by the China Medical Missionary Association: Terms in Pathology, Medicine, Surgery, Obstetrics, Gynecology*。

1905 年:术语委员会召开第三次会议,审定、修改已出版的各科术语;同年博医会召开第二次大会,决定出版使用标准译词的医学教科书系列。

1908 年:术语委员会审定的术语由高似兰编辑出版,即 *An English-Chinese lexicon of medical terms*。

博医会术语委员会在 1901 年出版的术语集的导论中对术语创制原则做了如下的说明:

> 对于博医会的成员,阐明造词的原则也许是有益的。首先需要注意的第一个问题是骨的名称,从术语体系的建构上考虑,最理想的是尽可能为每一骨头准备一个单音节汉字的名称,动脉、静脉、神经、肌肉的名称也应该如此。
>
> 为了寻找合适的汉字,委员会对卫三畏(S. W. Williams, 1812—1884)、翟理斯(H. A. Giles, 1845—1935)的辞典,以及《康熙字典》做了长时间、全面彻底的调查,最终决定了下述原则:每一个长的,或重要的骨头,应该在字旁边加骨字旁;手部的骨头加手字旁,腿、脚的骨头加足字旁。但是,头骨不需要特别

加偏旁,因为事实上,颅骨等已经有表示头部的偏旁了。

具体的方法是采用废弃的旧汉字,或给常用的字加上偏旁,并赋与《康熙字典》所没有的新意义。这种命名体系将极大地帮助学生和教师记忆骨在身体中的位置。

为血液循环系统的各部分命名的原则是,添加血字旁,每一部分都用一个汉字表示。如:

原词	汉字	发音	理据	今译
Auricle	衁	*Hsüeh*	a blood cave	心房
Ventricle	衯	*Pèn*	blood spurter	心室
Artery	衇	*Mo*		动脉
Vein	衁	*Huang*	blood going to the heart	静脉
Capillary	衊	*Wei*	minute blood vessels	毛细管

上表中"衯""衊"是新造字,其余为《康熙字典》的收录字,但是赋予了新的解剖学意义。其他还有:Canal 和 Duct 等管状器官用"脂"表示;Cell 用"朱" *Chu* 表示;① Gland 的译名,术语委员会认为来自日语的"腺"音 *Chüuan*,会意 flesh spring,是准确的。但同时又建议对于无管的 gland 使用"棚" *Hu* =核。

前言中还对以下术语的理据做了说明:

pancreas 脼 *I*(胰[腺])　　albumin 胉(白蛋白)

Lymph 盡 *Chin*(淋巴)　　proteids 脭 *Cheng*(蛋白质)

globulin 腈 *Ching*(球蛋白)　Serum 盟 *Ming*(血清)

---

① 术语集编纂者拒绝使用李善兰创制的"细胞",并认为"朱"比"珠"更能发挥汉字的表意功能。

Tissue 腸 Wang（组织）　　Uterus 䚡 Kung（子宫）

1901年出版的术语集的造字原则为博医会其后的术语审定工作所遵循。在 An English-Chinese Lexicon of Medical Terms (1908) 的前言中，高似兰对术语委员会的译词创制原则做了整理，列于卷首。具体内容如下：

一、使用中国的译名。当然在很多情况下，这样的译名是不存在的，或作为医学术语词义模糊，过于粗俗。为此，我们的查询范围不应该局限于中国的书籍，日本的辞典、教科书也应该仔细调查。

二、意译外语的术语。这时译词应该尽可能地简洁、清晰、与原文在意义上保持一致。

三、利用《康熙字典》中废弃不用或罕用的字。很多字在构形上、字义上可以有效地利用来做术语准确地表示医学上的意义。这些单音节的表意文字在术语体系的建构，特别是表示血管、神经、骨等概念时极为有利。

四、音译外语的术语。用这种方法创造的术语不能移译原词的意义，也不能提供任何意义上的线索。所以，迄今为止尽可能地受到了回避，只在药用植物或化学等领域有一些例子。音译是解决难题的不得已而为之的方法。同时，能用于音译的汉字也很少，如果用拼音记录汉语的方法得到了普及，音译词的创造可能会方便一些。

五、造新的汉字。这是一个非常有魅力的方法。像很多汉字那样新字可以用适当的偏旁和声符构成，一看偏旁就可以知道新字的意义和科学上的分类。①

---

① 但是高似兰承认他们自己并没有利用这一方法的资格。

1937年,《高氏医学辞汇》(增订第8版)出版,采用新造字形式的术语基本被摈除,取而代之的是日本的医学术语,博医会术语委员会的努力基本上可以说失败了。博医会的新造字为何得到了与傅兰雅的化学元素名不同的结果？第一,傅兰雅的新造字主要是"形声",即"取罗马文之首音译一华字,首音不合则用次音,并加偏旁以别其类,而读仍本音",而博医会的新字有了更多的"会意"的成分,更加追求新字的理据。第二,也是最重要的,博医会的一字原则无视汉语的发展方向,是不必要的。① 如子宫、血清等改用一个新字后分别与"宫""明"发生同形冲突,反而无法上口了。

六 结语

1904年,益智书会主席狄考文(C. W. Mateer, 1836—1908)出版了术语词典 *Technical Terms*,这本词典可以说是对传教士百年术语创制工作的集大成。狄考文在序言中说:适宜的科技术语对于科学的思维和研究都是不可或缺的。为了在中国成功地进行西方的科学教育,充足的、适宜的术语是绝对必需的。但是,一些最早著书立论向中国读者介绍物理科学的人却试图尽可能地绕开新术语的问题。其结果是科学表述的准确性受到了损害,科学的正确发展也受到了影响。狄考文认为:

> 一般来说,常有一个问题被提起,即,科技术语应该意译还是音译。当能找到一个简洁、适当的词语时,答案似乎显而易

---

① 复合词的理据是由每一个构词成分的语音形式支撑的,而作为汉字构件的偏旁部首则没有语音形式。因此理据即使被认知也只是视觉的,与语言的本质——声音无关。

见。中国学者通常喜欢这种译词。但是,对于那些冗长的、俗气的译词,或意义不清的词语,直接采用西方语言的音译可能更好。这一方法在商人中较流行。这本术语集中有很多音译词,尽管在总体上只占很小的一部分。

……

读者会发现一个事实,这本术语集里包含了大量的中国的字典中找不到的新汉字。这些汉字都是由一个偏旁和一个声符组成的,按照声符发音。所有的基本元素以及一些常见的物质名称都是用这种方法命名的。这一方法还被用于那些急需单音节汉字译名的术语。造字的方法能在丰富语言词汇的同时,避免陷入混乱。我们大胆地预言:这一方法与过去相比,今后将会被更多地采用。

这本术语集中的造字词主要集中在医学、化学的领域。回过头去看,狄考文的"大胆预见"并没有成为现实。在序言中,狄考文说,*Technical Terms* 的编纂工作大部分是由其夫人完成的,但是事过十年,狄考文夫人在 *New Terms for New Ideas*(1913)的序言中写道:"有人创造新汉字来表达新概念,但是这种方法的缺点是发音不易确定。本书只采用了一个,即 microbe 的译词'穉'。新造字的方法很难普及,中国人自己创造的新词有更明显的东方特色。"

对于新造字或利用废弃的古僻字作译词的方法,中国的知识分子和翻译家们也各有主张。最早对传教士的造字法做出回应的是梁启超,他说:

古人造一字以名之者,今其物既已无存,则其字亦为无用;其今有之物,既无其字,则不得不借古有之字而强名之,此假借之例所以孳乳益多也……新出之事物日多,岂能悉假古字?故为今之计必以造新字为第一义,近译诸名,如汽字之类,假借字也;如六十四原质锌、铂、钾等之类,造新字也。傅兰雅译化学书,取各原质之本名,择其第一音译成华文,而附益以偏旁,属金类者加金旁,属石类者加石旁,此法最善。他日所译名物,宜通用其例,乃至属鱼类者加鱼旁,属鸟类者加鸟旁,属木类者加木旁,属器类者加匚旁,自余一切,罔不如是。既无称名繁重之苦,又得察类辨物之益。①

对傅兰雅大加赞赏之余,梁还要把造字的方法扩大到所有译词创制上。黄遵宪对此也具有相同的意见,他在 1902 年就译名的创制、文章形式的改革给严复的信中说:4000 年前产生的汉字,"即以之书写中国中古以来之物之事之学,已不能敷用,况泰西各科学乎"?古文字的意义与现在的事物意义范围"已绝不相侔",就不要说与西方文字相比较了。黄遵宪指出:"今日已为二十世纪之世界矣,东西文明两相接合。而译书一事以通彼我之怀,阐新旧之学,实为要务。"②关于译名创制,黄具体地提出了以下几个方法:造新字、假借、附会、哗语、还音、两合。

造新字即造字为词,黄将其列为第一项,似乎认为是最可行的方法。黄说"中国学士视此为古圣古贤专断独行之事",其实《仓颉》只有 3000 多字,至《集韵》《广韵》增加到四五万字,这些都是后来"因事而制造"的。如"僧""塔"等字,词章家当作十三经内的文字用,其实是为翻译佛经而造的字,"晋魏以前无此事也"。黄甚至说:如同荀子

---

① 梁启超《译书》,1897 年 6 月 10 日《时务报》。
② 王栻主编《严复集》第 5 册,中华书局,1986 年,第 1571—1573 页。

所言，新词被社会所接受需要时间，对那些社会不理解的词要说明词义，并对词义加以辨析。我认为只有造字方法产生的新词才能迅速地为社会所接受（"荀子又言，'命不喻而后期，期不喻然后说，说不喻然后辨'。吾以为欲命之而喻，诚莫如造新字。"）。但是黄没有提如何造字。

张之洞也对"化学家制造家及一切专门之学，考有新物新法，因创为新字"的做法表示了赞同。[①]

而严复对传教士们的方法是有保留的，尽管他在早期的译著中大量使用了古僻字，但1909—1910年在清学部审定名词馆主持科学技术词汇的审定工作时，古僻字的使用受到了一定的限制，例如，审定词中取自《康熙字典》的古僻字译词只有Lymph的译词"蠢"等少数几个例子。[②] 至于新造字，严复以及其他本土的翻译家们似乎不愿意冒"坐之非圣无法之罪"（黄遵宪语）的风险去尝试。对于使用古僻字，胡以鲁说："故有之名国人误用为译者，亦宜削去更定。误用者虽必废弃语。第文物修明之后复见用，则又殽惑矣，是宜改作者。例如'鐥锑'本火齐珠也。今借'锑'以译金类元素之名。'汽'本水涸也。今借'汽'以译蒸气之名则不可。"就是说，"锑"本来指火珠，"汽"本来指水涸，用来翻译金属元素或水蒸气不当，因为虽然现在是废弃的字，但是当"文物修明之后复见用"时会发生误解。可见，胡氏是不赞成傅兰雅利用废弃字做化学译名的做法的。不仅如此，胡以鲁在其著作《国语学草创》中为新国语的建构提议说："新事物之名称及表

[①] 参见张百熙、荣庆、张之洞《学务纲要》，1903年9月，转引自舒新城编《近代中国教育史料》，中华书局，1928，第8—30页。

[②] 沈国威《〈官话〉（1916）的译词——以新词、部定词为中心》，《アジア文化交流研究》2008年第3号，第113—129页。

彰新思想之语词,免用复合词为之,不须作新字。"①

如前所述,汉字的历史就是滋生繁衍的历史,"六书"的原理对西方人似乎更有魅力。但是,正如黄遵宪所说,对中国的读书人而言,造字是"古圣古贤专断独行之事";而从词汇学的角度看,近代以降汉语的新词增加只能采用复合词的方式,新的语音形式的创造已经成为不可重复的历史了。对有限的语音形式,仅靠增加记录语言的符号是不可能完成科技语体系的建构的。这就是传教士留给我们的教训。

---

① 参胡以鲁《论译名》,《庸言》1914年第25—26期,第1—20页。亦可参沈国威《译词与借词——重读胡以鲁〈论译名〉》,《或问》2005年第9期,第103—112页。

17、18 世纪西方传教士编撰的汉语词典[①]

［意］马西尼 著　钱志农 译

一　引论

当我们谈到东方世界和西方世界的"相遇与对话",传教士们汉语知识的作用往往被人们忽略。而事实上,当这些来自奥古斯丁会、耶稣会或者多明我会等不同教派的传教士们,一踏上那些满是华人的土地,诸如澳门、华南或者菲律宾群岛,他们对这些地方的语言状况只有极其粗略的认识。众所周知,在以前的几个世纪里,即使是在像马可·波罗和许多旅行家那样的远东探险家们的旅行日志里,对于汉语的记载只有寥寥数语,更不用说词典一类的语言工具书了。所以,尽管我们有可能在语言不通的情况下发生"相遇",但是却不可能真正地进行"对话"。

近年来,西方和中国的学者们更加关注自16世纪末期西方传教士们在中国的活动,尤其是他们对于科学在中国的传播和有关中华

[①] 原刊卓新平主编《相遇与对话——明末清初中西文化交流国际学术研讨会文集》,宗教文化出版社,2003年,第334—347页。收入本论文集时,编者参考了英文原作,对译文进行了修订。英文原作被收入吴小新主编的《华裔学志丛书 LI》,2005年出版。

帝国的历史地理概况在西方的传播中所做的贡献。然而,那些早期的传教士们为掌握汉语编写学习这门难度极大的语言的工具书所付出的努力,仍然有待学者们的深入研究。

有关中国的信息能够到达西方,应该归功于传教士,是他们唤起了那些寻找"原语"(lingua universalis)的西方学者们的巨大兴趣,他们相信最初的人类共同使用的语言在通天塔建成之后便消失了。《创世记》(Genesis 11,1)中就记载道"世上只有一种语言"在通天塔出现之前。随着地理大发现以及对越来越多以前未知语言的发现,欧洲的学者们试图追寻那种因为人类的骄傲而消失的共同语言。

在这种探寻的过程中,早期的汉学家把注意力投向了汉语,他们认为象形文字是对于物质和概念最有自然色彩和反传统意义的理想的表达方式;而西方学者对于埃及纸草文字的兴趣也是基于同样的原因。学者们认为这种文字描述了一些自然和非传统的东西,比如声音;而这种想法使得这些文字在当时无法被很好地破译。

所有这些,吸引了众多的"汉学创始者",比如培根(Francis Bacon)、约翰·韦伯(John Webb),基歇尔(Athanasius Kircher),穆勒(Andreas Muller),门采尔(Christian Mentzel),和莱布尼茨(Gottfried W. Leibniz)。这些学者无一例外地试图用各种方法揭示中文的书写方式(全部或者部分的)和失落的原始语言之间的联系。由于汉语复杂的书写方式,一些学者开始寻找《中文之钥》(Clavis sinica),就是揭示那种语言奥秘进而揭示"原语"奥秘的一种方式。所谓的象征主义派学者(白晋、马若瑟、傅圣泽)甚至在汉字字符里面找到了圣经描述的一些事物。以韦伯为代表的一些人认为汉语就是所谓的"原语",而基歇尔和另一些人试图证明汉语只是"原语"的一个模型而已。

所以一些观点认为，原语发掘的关键就在《中文之钥》的发现，穆勒和门采尔认为那就是迅速了解原语秘密的方法。如果汉字真的能表述所有的物质和理念，那么掌握汉语的内在规则就是发现了通往原语的钥匙。

不过穆勒关于《中文之钥》的理论理所当然地受到路德会神学家们的攻击，并且导致最终未能发表。神学家们认为发表关于汉字是上帝的语言这种说法违背《旧约全书》。

18世纪末和19世纪初，汉语学习工具的准备牵涉到了很多利益问题，其中也包括经济利益。许多学者都想成为第一本汉语词典或者语法规则书的出版者。极端的例子甚至有人控告他人剽窃，以保证自己成为第一个汉语工具书的作者，因为他们相信这是了解人类文明的关键。

对于原语和《中文之钥》的追寻过程，人们已经写入了历史，并具有相当的历史价值。[①] 但是对于那些起初只是传教士们用来学习语言、后来却被学者们用来印证一些他们的惊人理论的语言学资料，大部分还需要进一步的研究。这一历史背景向人们解释了为什么16、17、18世纪期间会有那么多的语言学资料出现，甚至有一些双语的汉字外语的词汇表，它们要么按照汉语的发音来排序，要么按照偏旁来排序。那些汉学创始者们意识到了是偏旁部首体系使得汉语有了如此丰富的情形，所以用它来为词典中的汉字排序。因为偏旁是汉字的基础，并且每一个偏旁都有其特定的含义，那些汉学创始者们很可能把它们当成产生人类知识的物质和意识系统的最

---

① 孟德卫《奇异的土地：耶稣会的适应策略及汉学的起源》，英文原作出版于1985年，2010年大象出版社出版了中译本。

小单位。

　　汉字书写规则的奇特之处使得人们往往忽视其发音规律的价值。因为与在中国的欧洲传教士的直接接触,基歇尔成了为数不多的几个对于汉字声调和发音有清楚了解的西方人之一。还有一个有趣的现象,西方知识界被汉字绘画般的书写方式所吸引的同时,中国的知识分子则被拉丁文所吸引,并为如此少的字母可以代表如此多的发音而惊叹;而事实上,直到中国知识界自己开始把汉字拼音化时,他们才开始对西方传教士拼音化汉语的工作感兴趣。

　　从16世纪后半叶在菲律宾的早期奥古斯丁会的传教士开始,几乎所有的著名西方传教士都试图编写汉语词典,甚至汉语语法书,其中包括耶稣会的利玛窦和多明我会的黎玉范以及1807年到中国的新教奠基人马礼逊。显然,他们需要能和当地人交流的实用有效的语言工具书。让人叹服的是,从16世纪初到19世纪,不到千人的在中国的西方传教士写出了超过200本汉语词典和汉语手册。①

　　19世纪初叶开始了所谓的"词典之争",一方是在中国的传教士,一方则是欧洲的汉学家们。这场竞争的终结则是著名的六卷本汉语词典的出版。②

　　下文中,我将追溯这场竞争的第一阶段,从数量、功能以及中国语言历史发展几方面阐述我认为重要的出现在那些词汇资料手稿中

---

　　① 大约有500名来华耶稣会士和250名多明我会士。稿本汉语词典主要参考了《考狄书目》第3卷 coll. 1588—1641;第5卷 coll. 3906—3911;B. Theunissen, Lexicographia Missionaria Linguae Sinensis 1550—1800, in *Collectanea Commissionis Synodalis*, Vol. 16 (1943), pp. 220—242; Robert Streit O. F. M & Johannes Dinginger O. F. M. eds, *Bibliotheca Missionum*, Vol. 1ff. 1951, Freiburg.

　　② 马礼逊《汉英英汉词典》,1815—1823,澳门。

的词汇方面的一些内容。

二 菲律宾的第一份闽南语词汇资料

在中国的西方传教士需要使用基本而实用的工具书来学习当地的语言。在准备基本词汇表时,他们发现要解决的第一个问题就是如何记录中国语言的语音。利玛窦在其他传教士和中国教徒帮助下,以送气符号和语调标记,创制了一套可靠的汉语官话的拼读系统。在此基础上,金尼阁的修订版《西儒耳目资》最终成为汉语官话的通用标准版本。

然而,在利氏从澳门到中国大陆之前,菲律宾的传教士们就已经在试图掌握汉语语音和书写的奥秘。大多数的奥古斯丁会、多明我会、耶稣会的传教士,从1565年到17世纪初投身于传教活动,在那时就宣称他们已经准备了一部汉语词典。

第一本被记载的是《汉语词汇艺术》(Arte y Vocabulario de la lengua China),据称作者是西班牙奥古斯丁会的传教士拉达(Martin de Rada, 1533—1578)。他是 Miguel Lopez de Legazpi 带领的首批从墨西哥来菲律宾的西班牙传教士中的一员,1565年到菲律宾,并在1575—1576年游历了福建。令人遗憾的是这本词典似乎已经失落,和其他一些手稿一样,只留下了标题。

随奥古斯丁会教士而来的是西班牙的多明我会教士,他们1578年到达菲律宾,一直待到了1626年,然后到了台湾岛。1642年当荷兰人围攻台湾时,多明我会传教士转移到了大陆。因为这些教士接触的都是来自福建的中国人,所以他们创造了一些闽南话的拼音系统。这些拼音符号在16世纪末至17世纪初的西班牙多明我会宗教文件中随处可见,并且在当时的汉西、西汉词典中也可以见到。

我们了解到多明我会教士在菲律宾和后来在大陆编写的汉语词典的题目大约 16 条。迄今却只研究了两本闽南方言词典。一本是现在保存于大英博物馆的《字母排序闽南语词汇》,这是博物馆 1863 年从克拉普罗斯(Heinrich Julius Klaproth, 1783—1835)手里买来的。龙彼得曾研究过这本词典,他这样描述该词典:这是一本闽南话-古西班牙语词典,几乎没有汉字,共有 300 多种音节,大多没有声调,但是有送气符号和鼻音符号。龙彼得也详细研究了 1605 年在马尼拉出版的汉语版的《基督教教义》中所使用的拼音系统。他最后确认了梵蒂冈图书馆收藏的一份原稿(Riserva, V, 73, ff.33,只有中文文本),和另两份收藏于大英博物馆的手稿,其中也包括前文已提到过的《词汇》(*Bocabulario*),一份是《基督教教义》(*Doctrina*),有拼音标识并有西班牙语的翻译(Add 25.317, ff.239a—279a),另一种则只有拼音标识(Add 25.317, ff.281a—313a)。

龙彼得认为在《基督教教义》中出现的是福建南部的潮州话。他还认为《基督教教义》和《词汇》的作者可能是 Domingo de Nieva(1563—1606),他也被认为曾编写过汉外词典。

龙彼得觉得这些词典中之所以没有出现汉字,原因在于那些多明我会教士。他们创造的汉字拼音相当系统化。他们的系统里一共有 13 个语音标示符号,包括 7 个用来指示不用的声调的变音符号,以及上标 h 的送气音符号,而短斜线则表示鼻音。

第二部词典是收藏于罗马安吉利克图书馆(Biblioteca Angelica, Ms Ital-lat. n. 60)的《汉语-西班牙语词典》(*Dictionarium Sino-Hispanicum*),西班牙耶稣会教士 Pedro Chirino 于 1595—1602 年完成于菲律宾。据我所知,这是耶稣会 16 世纪后编写的唯一一部非官话词典。而且如果不是十年前有利玛窦和罗明坚编写的著名的汉葡词典，会是历史上第一本非官话词典。

手稿共有 88 页,但只有 83 页及首页上写了字,右上角按照西方的习惯用铅笔编了页码,而且都是从左向右写的。除了第 71 页是双面书写以外,其余都是单面书写。绝大多数的汉字在左边都写了古西班牙语的解释,在右边写了汉语的发音。有时这里的标识遵循的不是汉字的正规发音而是口语习惯。整本词典一共有 1920 个汉字,966 个词语。

详尽了解这本词典以后,我们发现它有着特殊的方法可以使得读者慢慢掌握汉语的概况。词典的开始是许多最常用的词语,然后是一些热带常见的事物、动物、植物、鱼和昆虫等,并且看起来是按汉字的笔画来排序的,那些有共同部首的字总是被排在一起。而在第五页以后更多地是以语义为线索来安排内容,这也说明了这部词典更多地是以口头语为学习对象,而不是书面语。值得注意的是,这部词典自始至终没有出现过关于外国的词或者例句,更不用说提到 Chirino 的国家和宗教了。很显然,其中的汉字部分是出自于未受教育的中国人之手。许多简写形式直到很久以后才成为汉字的通用形式。

Chirino 的拼法主要有以下几个特点:第一,送气音系统化,辅音 h 跟在闭塞音/p/、/t/、/c/、/ç/、/q/后面,写成/ph/、/th/、/ch/、/çh/、/qh/。在龙彼得研究的《基督教教义》和 1607 年的《词汇》里面,送气音也是用 h 来表示的。而在后来由耶稣会的传教士编写的词典里,送气音则是用希腊方法标注的。第二,虽然没有系统的音调符号,但是使用了一些读音符号,这也可能就是音调标示的雏形了。

没有证据可以表明在当时的中国知识界,人们开始注意这种或者那种闽南话的拼读系统。它们只是被用来实现一些实际目的,比如像1605年的《基督教教义》那样用来翻译宗教著作,或者像Chirino的拼读体系和1607年的《词汇》那样,为了成为向当地人传教的工具。这些体系很快被人们抛弃,甚至它们的发明者、多明我会和耶稣会的传教士们也不再使用它们。当传教士们到达中国大陆,他们立刻开始研究官话的拼读和语法,因为他们发现这才是他们真正需要与之交流的中国人所用的语言。

三　早期耶稣会在中国编写的词典

证据显示,第一批到达中国的耶稣会教士对奥古斯丁会、多明我会、耶稣会教士们在菲律宾创造的汉语拼写法没有任何的了解。

一到中国大陆,耶稣会的教士们最先表现出对汉语的兴趣,如1579年7月到澳门的罗明坚和1582年8月加入的利玛窦。根据利玛窦的记录,他们一起学习了汉语。由于我们只掌握了他们寄给罗马教廷的一些材料,我们无法知道当他们进入中国大陆时确切的汉语水平。但是我们可以知道在1583年,他们的汉语水平已经可以让他们在靠近广州的肇庆正常生活。几年之后,利玛窦已经可以将中文材料翻译成拉丁文。在中国教徒的帮助下,他也可以将各种内容的西方文献翻译成中文并且出版,甚至可以出版他用中文写作的部分材料。同时,他也着手准备第一部专门用来学习中文的词典。1583—1588年居住在肇庆期间,他编撰了他的第一本汉西词典,用他没有音调也没有送气音的拼读体系。这就是我们所知道的利氏早期体系。

也许是罗明坚在1588年11月把这本手稿带到了罗马,并在

1934年被德礼贤重新发现,并命名为《葡汉辞典》。① 这本词典一共有125页,正反面书写。每一页都由三栏组成。第一栏是6000个按照字母顺序编排的葡萄牙语单词,第二部分是它们的拼读提示,第三部分则是此语的中文近义词。尽管许多学者研究了这部手稿,但是绝大多数都是从语音学角度出发,所以这本词典还有待于更深一步的研究。根据到目前为止我们所掌握的材料,这是现存的第一本官话汉外词典。它只比Chirino在菲律宾编的闽南语分类词典早了几年而已。

如上所述,Chirino的拼读体系没有声调,但是用跟在阻音后面的h表示送气音。而早期的利玛窦体系,既没有声调,也没有送气音。至1605年,利玛窦在以《西字奇迹》为题的五篇宗教故事里面,在汉字旁边用了一种新的拼读方法,有了声调和送气音符号,这也就是利玛窦晚期体系。

这个新的拼读体系是利玛窦和中国教徒钟巴相(Sebastiano Fernandes)以及意大利传教士郭居静一同完成的。1598年11月,三个人在从北京去南京的旅途中的一次意外停留时,终于完成了那本新词典,其中运用了一种新的拼读方法,运用了五种音调符号和一种送气音。由于这部词典至今没有被发现,德礼贤很怀疑它到底是一本新词典,还是在1605年的《西字奇迹》中就已经提到的那本。

在伯希和率先提出的假设的基础上,我试图证明这本词典或者它的复件流落到了耶稣会高产作家基歇尔手中,这个人创作了可能是第一本关于中国的畅销书《中国图说》。这本书被翻译成了许多种欧洲国家的语言,1668年的荷兰语版,1669年的英语简写版,而

---

① 手稿现存罗马耶稣会档案馆 Jap-Sin. I, 198, ff. 32—156。见2001年出版的魏若望编、杨福绵序的《葡汉辞典》。

1670年的法语版还附上了一本44页的汉法词典。

在《中国图说》一书中,基歇尔说他手边就有一本汉语词典,并且打算将其印刷成书。这本词典很可能就是利玛窦说的那一本。无论如何,这里的拼读体系比任何现存的词典都要更像利氏晚期体系。

这本词典的一个特点是整本书没有一个汉字,只有法文注释旁边的汉语拼音;当然,这也可能是因为印刷技术的原因。由于按照中文发音来排序,所以这本词典可以被定义为"中法词典";就像利玛窦、罗明坚编的葡汉词典一样,里面更多的是多音节词而不是单个的字。比如说:C'ai p'u[开铺] ouvrir boutique (p. 324)。

在比较这些拼读体系的异同之前,我应该提到1626年在杭州出版的最后一本早期耶稣会传教士所著的《西儒耳目资》,书名就是"西方知识界的听读辅助"的意思。作者是佛兰芒的耶稣会士金尼阁,以及他的两位中国朋友韩云和王徵。这本词典无疑是西方汉学界一项具有重要意义的早期成就。

这本词典一共有三卷,435页,正反面书写。第一卷叫"译引首谱",是整本书的理论部分。解释了世界上每种语言的发音都是由5个元音(自鸣),24个辅音(同鸣)组合而成的(万国音韵),而中国人所说的"字母"就是字的母亲的意思。第二卷叫"列引韵谱",是按照汉字的发音排序的词典。第三卷叫"列边正谱",则是按照汉字的写法排序的词典,并在旁边注音。这本书也许是那些在中国长期研究汉语音韵分析的外国传教士所写的作品中被研究得最多的一本。金氏的后继者们对他能够用29个欧洲字母加上1个送气音和5个音调符号完成汉语的音韵分析研究非常钦佩。直到20世纪,这本书还被那些研究明末官话的学者作为最可靠的参考书反复研究。

除了利玛窦的第一本词典《葡汉辞典》以外,利氏晚期体系的拼读方法、金尼阁的《西儒耳目资》和基歇尔的汉法词典有着很多的相同之处。它们都有五种音调，如下图所示：

平		上	去	入
清	浊			
—	∧	\	/	V

它们也都使用了送气音符号，就像希腊语一样，在需要发气的音上加一个 c。而加在字母后面而不是上方的单引号，很可能是早期新教徒的词典中最早出现的。所有这些用来转录汉语的符号的运用都得归功于郭居静。此外，几乎所有的结尾辅音都以-n 或-m 表示。

"词典之争"第二阶段的主要成果是系统地学习了南方官话，最有代表性使用最广泛的汉语。最近证实，南方官话是从明末到清末的标准普通话。对汉语发音的分析引出了不同体系的拼读方法，从在《西儒耳目资》中运用的最科学、最精确的那种到没那么精确但更实用的利氏晚期体系中的，以及基歇尔的汉法词典中的那种。

真正意义上的词典，我们必须等到"词典之争"的下一阶段，当其他的传教士们，其中以多明我会和圣方济各会的为主，热情地投入编撰汉语词典的工作中来。他们所编撰的词典则包括了以下几个特点：有汉字，有拼音，有解释及复合词。

四 多明我会和圣方济各会的词典

一旦解决了拼读方法的问题，传教士们沿着耶稣会先驱们的道路，开始了编撰完整意义上的词典。

最早的代表作之一是西班牙多明我会传教士施方济（Francisco Diaz，1606—1646）在1640年编写的《汉语西班牙语词汇》，共有

7169个汉字的发音和解释。接下来是他的同事瓦罗（又名万济国）的词典，其成名作是1703年在广州出版的汉语语法书《华语官话语法》，这也是最早的汉语语法手册之一，最近还出版了这本书的英语版和白珊（Sandra Breitenbach）对此的详细介绍。

施方济一共写了两本词典，1670年完成的葡萄牙语的普通话词汇和1692年完成的西班牙文的普通话词汇。虽然我不曾亲阅过瓦罗的词典，却可以对施方济词典的特色做一些简要的归纳。施方济的词典共598页，西式装订。所收录的7169个字条按其读音顺序排列，从Ca到Xun（7个多余项不能用此种方法分类，添附于末尾）。每页12个汉字，每字之前标明其读音，字的下面给出西班牙文解释。有时，在释义后还会给出一些由此字所组成的复合词，但这些词只有拼音。在278页上有这样的例子：

  Kai 丐

  1. Cu. Pobre mendigo（丐子）

在所有的字条中，基本上没有例句，只有例词，并且这些例词也只有拼音，没有汉字。故施方济词典实际上和金尼阁的词典一样，都是"字"典，而非如基歇尔所编纂的包含很多复合词，即多音节词组的"词"典。

施方济词典的拼读方法就是一个稍做改良的金尼阁体系的版本，所以它充分显示出和耶稣会传教士在前一阶段的"词典之争"中所获成果的直接联系。它们都有着相同的送气音体系，即在音节的最后一个字母上方标上希腊送气符号，音调和以前一样，且一般均以辅音-m或-n结尾。

意大利圣方济各会修士叶尊孝（Basilio Brollo），循多明我会的足迹继续前进。1684年,叶尊孝到达广州,在游历了许多不同的省份后,于1692年抵达南京。他花了8年时间致力于两部中意词典的编纂。1700年,叶尊孝赴山西,1704年客死山西。叶尊孝的第一部词典完成于1694年,以部首为序,收录了7000多个汉字。第二部完成于1699年左右,以读音为序,收录9000余汉字。

到目前为止,这两部词典的16部手稿已被确认:第一部词典7本和第二部词典9本。最古老的一部是第一部词典的抄本,极有可能是他的亲笔原稿,现存于佛罗伦萨市Mediceo Laurenziana图书馆(Rinucci 22):标明为《汉字西译》,汉拉词典,由圣方济各会传教士叶尊孝公元1694年为在中国传教的传教士们编写。第二部词典的原稿迄今尚未发现。现存最早的手抄本完成于17世纪,现存于梵蒂冈图书馆(Estr. Or. 3):题为第二本汉拉词典由圣方济各会传教士叶尊孝在山西编写,1732年赠与Abbatis Mezzafalce。

我本人只有机会曾研究过现存于佛罗伦萨市Mediceo Laurenziana图书馆的第二部词典的抄本——《汉语-拉丁语词典》,按字母排序,最后附录中有索引,由圣方济各会传教士叶尊孝和Baptista a Serravalle在山西省编写。

就像标题所说的那样,此抄本出自圣方济各会修士Battista Maoletti之手。Battista Maoletti出生于意大利的Serravalle,1705年到1725年间在中国传教。这部手抄词典共576页,所录汉字以读音为序排列,从Cha到Zuon。每一页读音都标在页面顶部。每页包含十个汉字,每个汉字旁边都注明了此字的其他写法和拉丁文的解释,并用拼音给出了一些例词。叶尊孝在其两部词典中使用的拼音方案和施方济所用的稍稍改良的金尼阁体系基本一致,但末尾的鼻音不是-n和-m,而是-n和-ng。

因为这本词典诞生于先前两本词典之后,故结合了两部词典精华,在以读音为序排列的同时也添加了部首索引。如此即可从汉字的读音和字形两种途径进行查找。

下有一例:

Ciu

| 竹 | Arundo. Canna. Ciu kan [竹竿] arundineum hasta |

除了正文和索引,词典中还包含以下附录:反义词表;九代以内的亲属名称表;汉字计时词语表;1648年至1751年的年份中式传统称谓表;一份很有意思的现在我们称作名词分类表;名阶称谓表;姓氏表;28个星座名称。

通过这部词典和先前抄本的比较,我们可以看出,通过首次尝试后百余年的努力,叶尊孝词典标志着"词典之争"进入了一个崭新的阶段。此部词典无疑是天主教传教士在此领域内最杰出的贡献。叶尊孝的手抄本和其他早期版本相比,与现代的中西文词典更为接近。但也存在两个缺陷,即缺少汉字形式的例词和例句。

五 "词典之争"的终结

就词典的编纂来说,18世纪只是对先前的重复和模仿,没有新的成果。不幸的是叶尊孝的心血结晶从未以他的名字出版发行。100多年以后,当拿破仑授权法国前驻广州领事德金出版一本汉语词典时,他的两部词典中的一部才首次发行。《汉字西译》于1813年作为德金的作品出现在巴黎,而书中对其原作者只字未提。此骗局很快就被识破,并在当时最顶尖的汉学家们之间引起了一场持久的争论,如意大利的 Antonio Montucci(1764—1829)、Giuseppe Gaetano Calleri(1810—1862),Giusepe Hager、法国学院派汉学的奠基人 Jean Pierre 和普鲁士的克拉普罗斯,都加入了这场争论。

德金对叶尊孝词典的出版是"词典之争"中最后也是最艰苦的战斗。1815年,马礼逊在澳门出版了第一部汉英词典,其中包括了用汉字的例词和例句,"词典之争"结束。马礼逊出版的词典分三个部分:以汉字排序的汉英部分、以字母排序的汉英部分和英汉部分。马礼逊明确将其功绩归于先前出现的各种天主教传教士手抄本词典,因而结束了"词典之争"。

时至今日,这些浩如烟海的语言学资料已被专门使用,尽管尚未被完全利用,以重现明末清初的中国官话语音体系。它们也说明了当时的中国官话是建立在以南京方言的语音而非北京方言的语音基础上的。很明显,传教士们编纂的词典也为研究当时不同地区的汉语的特征提供了很多词汇和语法方面的信息,比如对初始发展阶段的中国白话的研究。大部分传教士编纂的词典都不同程度地包含了大量的字词。最早的一批传教士已经很明显地认识到汉语口语中包含了大量多音节词汇,并将其中很多的复合词组收入了他们的词典中。

总的来说,学者们手头有数量可观的词汇学方面的资料。有了这些资料,就可以对明末清初的中国官话语音标准做深入研究。而对于除此之外没有其他史料可供研究的领域,如一些白话表达方式和复合词汇的起源,学者们在这些材料的帮助下也可以进行研究。早期在中国的传教士们关于汉语语言学如此丰富的著述,对于增进对中国及其文字的了解至今仍是一个未尽开发的信息宝藏。

SANGLEY 语研究的一种资料[①]
——彼得·齐瑞诺的《汉西辞典》

[日]高田时雄[②]

16世纪末到17世纪初叶,在西班牙人统治菲律宾的初期,在对当地中国人传教的过程中,天主教各派的传教士编纂了记录他们语言的几种辞典与语法书。这些以写本形式保存至今的资料,多数是以拉丁字母标记的,为了解约400年前闽南语的活生生的面貌提供了珍贵的资讯。其中,耶稣会会士彼得·齐瑞诺(Petrus Chirino,1557—1635)著有《汉西辞典》,拙文拟对其成书的背景与内容进行简单的介绍。

一 菲律宾的中国人

以西班牙人来到菲律宾[③]为分界线,此前中国商人在菲律宾各

---

① 原刊陈益源主编《2009闽南文化国际学术研讨会论文集》,成功大学中国文学系、金门县文化局共同出版,2000年,第663—671页。
② 高田时雄,日本京都大学人文科学研究所教授,新敦煌学派创始人,在中古汉语史、西域语言接触、中西文化交通史等方面治学。
③ 洛佩斯·德·黎牙实比(Miguel López de Legazpi)于1565年初抵达宿雾岛,以此为开端,1571年7月终于进入马尼拉,以此为据点的西班牙属菲律宾宣告成立。

地（包括南方的棉兰老岛）同当地居民进行交易，不久就转而以西班牙人为交易的主要对象。作为殖民地经营者的西班牙人需要消费品，而当地居民未能充分供给，西班牙人依赖中国商人的倾向日趋明显。中国商人发现这种交易利润丰厚，开始让交易船的航行集中到马尼拉来，不久马尼拉就形成了福建商人的居留地。尽管如此，多数商人常在交易结束后，就乘船离开马尼拉回到故乡，西班牙人称这种福建商人为 Sangley（复数形式为 Sangleyes）[①]。但另一方面出现了由于各种各样的缘故不回故乡而定居马尼拉的人，这也是理所当然的，改信天主教的人也逐渐增加。万历四十五年（1617）成书的张燮《东西洋考》卷五"吕宋"条中，指出"今华人之贩吕宋者，乃贩佛郎机者也。华人既多诣吕宋，往往久住不归，名为压冬，聚居涧内为生活，渐至数万，间有削发长子孙者"，很好地反映了中国人居住在马尼拉的大体倾向。"涧内"就是西班牙语的 parián，1582 年以后马尼拉的西班牙官厅特意将其指定为中国人居留区。[②] 而"削发"是指接受洗

[①] 关于 Sangley 的语源有各种说法，至今仍未有明确的结论。旧说中有劳佛与伯希和等的说明，认为其起源于汉语的"生理""商旅"。关于这一点，博克塞（C. R. Boxer）在 *South China in the Sixteenth Century* (London, 1953；中译本见何济译《十六世纪南部中国行纪》)，第 260 页，注 2 中有简洁明了的说明。至于更详细的说明，请参看：Y. Z. Chang, Sangley the Merchant-Travellor, *Modern Language Notes*, Vol. 52, No. 3. (1937), pp. 189—190；渊胁英雄《支那比律賓通商上のサソゲしぃに就いて》，《歷史と地理》第 33 卷第 4 号（1934 年）。所谓的"博克塞写本"将 Sangley 译为"常来"，不过是音译而已。词源暂且不论，Sangley 一词原是当地的他加禄人称呼每年为了交易而前来的中国人的词语，后为西班牙人所沿用，逐渐用以指居住在菲律宾的中国人，这一点可以确认。

[②] 关于涧内的创建，详见箭内健次《馬尼拉の所謂パリアンに就いて》（《台大文政学部史学科研究年报》第 5 辑，第 191—346 页）的第二章"パリアンの創設と變遷"（211 页以后）。至于 parián 的语源，有墨西哥语起源、当地语言起源等各说，均缺乏说服力，只能说词源不明。不过早期作为生丝市场（arcaiseria）的同义词使用，这一点耐人寻味（第 195 页）。

礼改信天主教者。①

由于1574年林凤(Limahong)袭击马尼拉等原因而使中国商人暂时停止前往马尼拉,但1580年以后呈现空前频繁的局面。当时住在马尼拉的中国人,大致可划分为住在被称为涧内(Parián)的地区的商业移民与集中在帕西格河北侧的通都(Tondo)地区的天主教教徒的农民两类。②

万历二十一年(1593),在前往摩鹿加的途中,突然发生了总督戈麦斯·佩雷斯·达斯马林纳斯(Gómez Pérez Dasmariñas)被中国人船员杀害、船只被夺取的事件。③ 结果是马尼拉的西班牙官厅,为了表达抗议之意,将居留区涧内的中国人移到帕西格河北岸的比农德克(Binondoc),并将中国人居民的一半驱逐出境。而万历三十一年(1603)年末,中国人与西班牙人之间摩擦发展到极点,发生了西班牙人大量屠杀中国人的惨案。关于其牺牲者的人数,有说多达二万人的,也有说达三万人的,④毕竟是受到这个事件影响,一时之间马尼拉的中国人不见影踪,但几年后逐渐出现了恢复的迹象,而且1610年以后西班牙官厅向中国人征收入境许可税,这笔收入颇丰,反而导致了依赖这种收入的倾向,进一步促使中国人人口的增加。以上很

---

① 过去中国人一般都蓄发,但1582年马尼拉主教萨拉查(Domingo Salazar)规定于施行洗礼时,必须剪发。从那以来,在菲律宾中国人接受洗礼时剪发就成为惯例。

② 箭内健次《馬尼拉トンド區の支那人の發展》,《南亚细亚学报》第2辑,1943年。

③ 西班牙方面向明朝进行过正式抗议,该事件的始末在中国史料中也有详细记载。《明史》卷三二二《吕宋传》,《东西洋考》卷五《吕宋》。顺便谈谈达斯马林纳斯之名,在《明史·吕宋传》中被译为"郎雷敵里系勝",在《东西洋考》中被译为"郎雷氏敵里系勝",都是相当歪曲的译法。

④ 关于这个事件,《明实录》卷四百四、万历三十二条中,以引用刑部侍等衙门右侍郎董裕的题本及皇帝对此的批示的形式简单提到。据此记录,被屠杀的商人平民多达二万余人,或说是三万人。

简单地描绘了西班牙人到菲律宾以后的中国人人口的发展。

二 耶稣会的菲律宾传教

对于住在菲律宾的中国人,天主教的传教活动是如何展开的呢?天主教在亚洲传教的四大据点——果阿、马六甲、澳门、马尼拉之中,只有马尼拉不属于葡萄牙,而是受西班牙的影响。最初在马尼拉传教的是奥斯丁会,他们与最早征服菲律宾的黎牙实比一起到达从事传教活动,因此当然拥有许多既得利益。方济各会会士亦于1578年来到岛上,准备以马尼拉为中国传教的据点。耶稣会会士出现在菲律宾时已是更晚的1581年。作为亚洲的传教基地,马尼拉可以说是耶稣会发展最晚的地方。到了1587年多明我会也派去了传教士。各个宣教会之间,虽谈不上是敌对关系,处于一种的竞争关系之中却是事实,后来的会派在确保传教地等问题上不得不面对各种困难。

如上所述,马尼拉的中国人教徒住在通都地区。从传教活动开始以来的整个过程来看,委托奥斯丁会对他们进行宗教上的管理也是理所当然的。但据马尼拉大主教萨拉查所言,奥斯丁会会士们并不热心学习中文,对中国人教徒不用中文布道,而以当地语言(即他家禄语)对付过去。因此中国人教徒对基督教的理解几乎毫无进展,基本上停留在名义上成为教徒的状态。[①] 然而多明我会于1587年

---

① 马尼拉大主教 Dimngo de Salazar 于1590年致西班牙国王腓力二世的书信。Carta de la China y de los Chinos del Parián de Manila enviada al Rey Felipe II, por Fr. Domingo de Salazar, O. P., desde Manila, á 24 de junio, de l590. In Retana, *Archivo del bibliófilo filipino*, Tomo 3, 1897; Blair and Robertson, *The Philippine Islands*, 1493—1898, Volume VII, p. 168.

到达马尼拉后,不知是幸运还是不幸,马尼拉已经没有适当的传教地也是一个原因,他们在邻近涧内的地区设立据点,开始向那里的 Sangley 人们传教。翌年建成圣加布里尔(San Gabriel)教会,再次年又建成了同名的医院。最先学好中文的是贝纳比德斯(Miguel de Benavides),他在相当程度上可以理解 Sangley 的语言。而高母羡(Juan Cobo)不仅通晓口语也精通文言,以将《明心宝鉴》翻译成中文而知名。他们也参与了菲律宾的早期出版事业,留下重要的业绩。① 多明我会会士在涧内被移到比农德克后,还继续从事对中国人的传教。然而在菲律宾的各个传道团体本来就将马尼拉定位为中国传教的桥头堡,这种想法非常明确,因此一旦实际开始了对中国人的传教,传教士的学习对象也就从闽南语迅速转变为官话,出现了很大的倾斜。在这个意义上,他们关注闽南语而致力于对其语言进行研究的时期可以说是比较有限的。

虽然比多明我会先到,1581 年耶稣会的桑切斯(Alonso Sanchez,?—1593)与塞德尼奥(Antonio Sedeño,1535—1595)抵达马尼拉,在马尼拉市以南 1 英里的郊外的拉基奥(Lagyo)建立住院时,对马尼拉周围的主要居民的他加禄语使用者传教之路仍然尚未向他们开启。以马尼拉为中心的他加禄地区的南北部,还有使用其他语言的许多居民是传教的对象,但是不仅他们的居住地远离马尼拉,其语言也很不一样。因此他们当然要向中国人寻求传教的对象。问题在于语言,在于如何克服以难懂而有名的那种文字的困难。1583 年派来增援的传教士们,苏亚雷斯(Hernán Suárez,?—1586)、普拉特(Ramón

---

① P. van der Loon, The Manila Incunabula and Early Hokkien Studies, Pt. 1, *Asia Major*, XII, 1966, pp. 1—43.

Prat,1557—1605)、阿尔梅里奇(Francesco Almerici,1557—1601)勇敢地专心研究这个课题。苏亚雷斯的进步很快,可以在每个礼拜日与节假日用闽南语教中国人教理问答。大主教萨拉查、新总督维拉(Santiago de Vera)①都对此非常满意。萨拉查提议将定居中国人社会作为一个教区进行整编,可委托耶稣会予以照顾,维拉也说如果耶稣会接受这一建议的话,可以为他们在市中建住院与教会。但塞德尼奥拒绝了这个提案,因为耶稣会有不干预教区行政的惯例。不过苏亚雷斯和阿尔梅里奇没有禁止照顾中国人,他们非正式地持续帮助中国人。在他们的学生中出现了热心的教徒。苏亚雷斯还在1585年提出的五个项目的提案中,主张在马尼拉的耶稣会会士都应该学习中文。其目的不仅在于可以在马尼拉的Sangley社会中展开活动,还在于将来中国传教之路一旦开启,可以面对这一局面立即做好准备。耶稣会会士们讨论了苏亚雷斯的提案,至少在学习中文的问题上没有反对意见。这样菲律宾的耶稣会也出现了在当地进行中文研究的传统。

三 齐瑞诺的经历

接下来我们简单地看看本资料的作者、耶稣会会士齐瑞诺的经历。②

---

① Vera 于 1584 年就任马尼拉总督。
② 此处主要根据 H. de la Costa, S. J., *The Jesuits in the Philippines, 1581—1768*. Harvard University Press,1967。并参考了 *The Philippine Islands*, Vol. XII, pp. 244—245,注 31 所见的帕斯特尔斯(Pablo Pastells)所写的齐瑞诺小传。据后者所述,作为同时代或时代相近的齐瑞诺传,有布俄拉斯(Juan de Bueras)于 1636 年 5 月 26 日执笔、辑录于菲律宾管区的 1634—1635 年的《年报者》,尚有维拉德(Pedro Murillo Velarde)发表于 *Historia de la Provincia de Philipinas de la Compañia de Jesus* (Manila,1749),Part II, Book II, Chap. 1 者,遗憾的是这两者此次均未能利用。布俄拉斯的上述著作收藏于耶稣会的罗马档案馆(ARSI Phil 7 I)。

齐瑞诺于1557年生于安达卢西亚(Andalucía)的奥苏纳(Osuna),塞维利亚(Sevilla)学习教会法与世俗法。23岁时加入耶稣会,与阿朗索·桑切斯(Alonso Sanchez)以交替的形式被派到菲律宾。1590年,与新上任的总督戈麦斯·佩雷斯·达斯马林纳斯同船到达马尼拉,开始传教活动。先学他加禄语,在位于马尼拉以南14里格(72.8公里)的巴打雁(Batangas)州的巴拉扬(Balayan)担任临时的见习传教士后,奉派管理菲律宾的耶稣会最初的传教基地太台(Taytay)与安提波罗(Antipolo)。这两个地方分别位于马尼拉以东24公里及32公里的他加禄人的城镇,方济各会在此进行过传教活动,因人员不足而被放弃。齐瑞诺平时住在太台,定期前往安提波罗。齐瑞诺看来用过多明我会于1593年以雕版印刷出版的著名的他加禄语的教义问答(Doctrina Christiana)。这个册子是所谓的马尼拉摇篮本之一,现在作为海内孤本收藏于华盛顿的国会图书馆,当时被广泛使用于对中国人的传教工作。齐瑞诺还被请到班乃(Panay)岛的提格巴万(Tigbauan)传教。该地居民使用哈拉亚(Haraya)语,是维萨亚(Visaya)方言的一种,与他加禄语大不相同,齐瑞诺需要从头学习这种语言。齐瑞诺建设教会,管理学校,贡献很大,由于新上任的年轻传教士因患疟疾而丧生,在人员配备方面的不得已的情况下,1595年4月离开此地。这时候菲律宾只剩下四名神父,严重的人员不足令人担心。然而令人惊奇的是,6月进港的西班牙大型帆船上,不但有八名耶稣会会士作为新的战斗力乘船而来,而且从罗马还送来了将菲律宾指定为副教区的文件。塞德尼奥被任命为该副教区的负责人,普拉特成为马尼拉学院的院长。来自马德里的殖民地管辖厅的新的方针也送到了。根据这一方针,菲律宾被划分为若干地区,各个宣教会分别负责传教。对耶稣会来说这些都是理想的进展。他们立即要求获得莱特(Leyte)岛与萨马(Samar)岛作为新的传教基地,这得到了批准。以齐瑞诺为主任,由另外两位传教士及一位在俗信徒组成的这一团体,6月中从马尼拉出发,7月16日早晨到达莱特岛的北岸、邻近卡里加拉(Carigara)城的海岸。他们从那里徒步前往卡里加拉城。齐瑞诺决定以此作为一个据点,而后进一步向东、又向南航行,到达东海岸的一个贸易中心杜拉格(Dulag),在研讨了各方面的条件后,决定以此为莱特的第二个据点。莱特的居民说维萨亚方言,不过与班乃的语言略有不同。但在社会组织和信仰方面似乎并无不同。

莱特离马尼拉实在太远了,联系与来往都很不方便,因此副教区长塞德尼奥考虑将传教总部移到宿雾,为立即付诸实施,乃于7月21日到达宿雾。但是塞德尼奥因在恶劣天气中航海而得病,病情时好时坏,终于回天乏术于9月2日去世。齐瑞诺应塞德尼奥的要求,从莱特赶到为他送终。塞德尼奥持有来自罗马的指令,即记述其身后人事的未启封的书信,普拉特据此成为其后任。其后菲律宾的耶稣会事业继续顺利发展,传教士的人数也进一步增加了。其间,齐瑞诺作为负责人一直居住在宿雾。在那里他们不仅指导西班牙人,而且承担了当地中国人的教育与教化的任务。1595年,齐瑞诺在该地站稳脚跟之时,中国人地区涧内的人口仅200人左右,规模很小。齐瑞诺在那里决定开始学习他们说的中国方言。正在此时,继承父业担任总督代理的路易斯·佩雷斯·达斯马林纳斯[①](Luís Péres Dasmariñas)从马尼拉送来年轻的中国

[①] 《明史·吕宋传》及《东西洋考》均译为"郎雷猫吝",与其父的译名都是相当歪曲的译法。

人教徒，齐瑞诺以此人为师开始学习，不久就进步到在一定的辅助之下可以给改信天主教者上课的程度。1596年的五旬节，为他们施行洗礼，其中包括了当地中国人社会的两个有权势的人。其他传教士中也有效法齐瑞诺学习中文的，他们可以帮助齐瑞诺。1599年在宿雾建设中国人自身的教堂，当地的主教将其委托给耶稣会管理。就在1599年6月，加西亚（Diego García）以视察员身份到达马尼拉。他带来了耶稣会总长阿夸维瓦（Claudio Acquaviva，1543—1615）任命齐瑞诺为马尼拉的学院长的文件，于是齐瑞诺就离开宿雾移居马尼拉。1602年7月7日，齐瑞诺从甲米地（Cavite）的港口出发前往阿卡普尔科，这是为了作为副教区的代理前往罗马。其使命是，在罗马对耶稣会总长就菲律宾副教区的情况做详细的口头说明，请求得到更多的援助，与此同时，迫切希望将菲律宾副教区从墨西哥独立出来升格为教区。齐瑞诺于1604年到达罗马。他热心地说明，菲律宾的传教进行得很成功，在资金方面也已自立，基本上不需要来自墨西哥的援助，而且可望有进一步的发展，马尼拉已经具备足以进行充分的教育的知识基础。阿夸维瓦对齐瑞诺的报告很满意，态度极为友善，但终究未能立刻承认将菲律宾升格为教区。尽管如此，其实在齐瑞诺从马尼拉出发那年（1602）的12月16日已经公布命令，将教区具备的几乎所有的权限都授予菲律宾副教区。阿夸维瓦还鼓励齐瑞诺将菲律宾的耶稣会的活动编写成书并出版，同年出版于罗马的《菲律宾诸岛志》(*Relación de las Islas Filipinas*)就是此书。齐瑞诺在1606年7月17日回到马尼拉，1635年9月16日于当地去世。

　　关于拙文所探讨的《汉西辞典》，如下文所述，它于1604年在罗马被献给安吉洛·洛卡（Angelo Rocca，1545—1620），考虑到齐瑞诺从离开宿雾就任马尼拉的学院长到出发前往罗马时没有太多的时间等情况,应可断定这是从 1595 年至 1599 年间齐瑞诺在宿雾承担当地中国人的教化任务时的产物。

四 齐瑞诺的《汉西辞典》

这部《汉西辞典》作为 Mss. Fondo Antico 60 收藏于罗马的安吉利卡图书馆。这是带羊皮纸封面的八开写本,共 83 张,正文只写在每张纸的正面上。以汉字分 4 行写满汉语的词汇,第 44 页以后改为 3 行。汉字词汇的左右两侧,有时在上下方,以拉丁字母标出发音与西班牙语的对译。在接近最后的部分,不仅有词语还可看到简短的例句,许多时候同样附有发音与西班牙语的对译,不过有时也缺少对译。词语、短句加在一起,集录项目共有 1021 条。

词汇的部分似乎根据意义进行了分类,乍一看来给人的印象是与明清时期蒙学课本的"杂字"类相近,不过未发现与本书排列相同的"杂字"。或许该辞典的分类也出于齐瑞诺的中文教师之手,不知不觉中受到"杂字"的影响。需要进一步指出的是,完全看不到有关天主教的任何词语,这一点也使人容易想象此书并非齐瑞诺本人选择的,而是出于中国人之手。

汉字是明显出于中国人之手的楷书,相当熟练。如上所述,有一位年轻教徒担任齐瑞诺的中文教师,想来这大概也是此人所写的。另一方面,拉丁字母则是欧洲人的手迹,从下文叙述的献辞的书体来判断,可以视为齐瑞诺本人添上的。

翻开这一写本,开头缀有致奥斯丁会总长的一封信。发信人是尼古拉斯·梅露(Nicolas Melo),1599 年 5 月 24 日写于波斯的吉兰（Guilan）。梅露是奥斯丁会的神父，作为在莫斯科公国殉教者为人所知。梅露原来出生于葡萄牙的名门，1578年于墨西哥加入奥斯丁会后前往菲律宾，16年间从事传教工作，1597年，带着特别的任务，被选派到罗马去。生于日本、幼年时期跟随父母前来菲律宾的在俗司祭，尼古拉·德·圣阿古斯丁（Nicolas de San Agustin）与他同行。原因是梅露自己施行洗礼。菲律宾的传教士前往欧洲时，通常都经由墨西哥的阿卡普尔科，他们却从马六甲前往印度的果阿。在那里没有找到合适的船，就决定走陆路，与准备在波斯进行传教的奥斯丁会会士一起去波斯。其后两人进入莫斯科公国的领域，在那里安慰受到迫害的天主教教徒们，又试图让加尔文主义者们改变信仰。因此多次入狱，受到的处罚不计其数。到达接近里海的尼斯纳城（Nisna）①时，拒绝改变信仰的圣阿古斯丁终于被斩首，时为1611年11月。梅露自己也在1616年11月于阿斯特拉罕被活埋（也有传闻说是活着被焚身）。俄国王妃巴巴拉·诺斯基（Barbara Noski）也同样殉教。梅露一行为何从波斯进入莫斯科公国，其行动本来是否重要的使命不得而知。但寄出这封信的吉兰是波斯面对里海南岸的地区，从寄信的日期来看，也可知道这是在即将启程前往莫斯科公国的时候。信的内容只是关于波斯传教状况的报告，未发现特别值得注意之处，因此可以认为这封信被订入该写本并无任何特别的理由。可以认为，也许由于某种缘故这封信到了安吉洛·洛卡的手中，因为同是有关东方的资料，齐瑞诺与梅露都是在菲律宾的传教士，就将这些都订在一起而已，彼此没

---

① 地点不明，可以推测大概在里海北岸的某个地方。

有任何关系。①

因此搁下梅露的信来看正文,首先在第一页可以看到以下的题名与齐瑞诺的献辞:

汉西辞典。这是耶稣会会士彼得·齐瑞诺神父通过与在菲律宾有超过四万人居民的中国人的会话学到的语言,谨将本书献给彼得·齐瑞诺本人所尊敬的祭衣室司事猊下。1604年4月30日。②   P. 齐瑞诺

祭衣室司事(Sacrista)指的是安吉洛·洛卡。他于1577年毕业于帕多瓦大学成为神学博士,1579年任奥斯丁会总长秘书,1585年任梵蒂冈印刷局长,1595年被任命为教皇礼拜堂的祭衣室司事(Sacristan,收纳举行宗教仪式时所需器具等的房间的主管),因此被称为"祭衣室司事猊下"。洛卡以奥斯丁会的收藏为基础,于1604年开设了图书馆。该馆作为意大利最早向普通读者开放的图书馆而闻名,1609年为纪念创建人而冠以洛卡的名字,被称为安吉利卡图书馆(Biblioteca Angelica)。

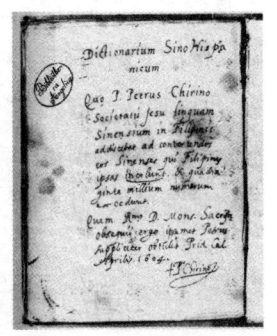

图1 齐瑞诺献辞③

齐瑞诺于1604年到达罗马,估计此后不久他就将自己所编的这

---

① 以上关于梅露的叙述主要根据 Pierre de Charlevoix, *Histoire du Japon*, nouvelle édition, Tome quatrième, Paris, 1754, p. 269ff.

② 原文如下:Dictionarium Sino-Hispanicum. / Quo P. Petrus Chirino Societatis Jesu linguam Sinensium in Filipinis addiscebat ad convertendos eos Sinenses qui Filipinas ipsas incolunt et quadraginta millium numerum excedunt / Quem Rmo. Mons. Sacristae obsequii ergo ipse met Petrus suppliciter obtulit. Prid. Cal. Aprilis 1604. / P. Chirino.

③ Biblioteca Angelica Mss. Fondo Antico 60.

部辞典进献给洛卡。可以认为在该写本之外,齐瑞诺还另外保存了自己使用的本子,遗憾的是尚未发现。不过法国的国立图书馆收藏了明显抄自安吉利卡本的一个写本。[1] 这是从安吉利卡本删去汉字而忠实地抄写了剩下的拉丁字母部分的抄本。抄写者大概完全不懂汉字,从这个意义上来看该抄本完全没有单独存在的价值,只是偶尔对辨认难懂的文字略有帮助而已。

齐瑞诺的辞典在龙彼得(Piet van der Loon)的精心著作中也被提及,[2]虽然谈到了安吉利卡本的存在,实际上只不过是根据不完整的法国国立图书馆本对其概要进行解说。因此所谈的内容有些含糊,也许他认为安吉利卡本与巴黎本都是没有汉字的写本。无论如何,龙彼得对齐瑞诺的辞典所做的论述,[3]需要通过对安吉利卡本进行精细的调查加以补充。

五 "汉西辞典"的语言与书写

正如龙彼得所指出的,这部辞典的重要性不如过去雷慕沙收藏的 Chincheo 语辞典(*Diccionario de la lengua Chincheo*)[4]当属事

---

[1] BN, Chinois 9276. 与安吉利卡本相同,全书都是83张,只是最后一页的下方画了线,其下尚有两行,记有"(G.)FINIS/DICTIONARII SINO-HISPANICI+",这是与安吉利卡本的唯一不同之处,其他各页则完全没有出入。

[2] Piet van der Loon: The Manila Incumabula and Early Hokkien Studies, Part 2, *Asia Major* XIII, 1967, p. 98.

[3] Chincheo 的地名早已被使用,有 Chincheu、Chanceo、Chucheo、Chiochiu 等各种拼法。它指的是"漳州"抑或"泉州",对此有过许多讨论。

[4] 雷慕沙在 Plan d'un dictionnaire chinois(1814)对该辞典进行了介绍、解说。该文载 *Mélanges Asiatiques*, Tome 2 (Pairs, 1825), pp. 62—131.

实。据说该辞典是四折本(Quarto),共 436 页,每页分为 2 栏,每栏 24 行,因此无疑是有相当分量的辞典。按拉丁字母排列,区别 5 种声调加以标记。该辞典在雷慕沙身后传给儒莲、德理文(D'Hervey de Saint Denys),遗憾的是现在下落不明。

关于现在可以看到的 Sangley 语的语言资料,大英图书馆所藏的写本广为人知。② 有一种观点认为该书本出于拉达之手,③但考虑到拉达的时代与写本的内容会发现有些勉强。该写本为双面书写,共有 337 张:(1)写有 Sangley 语的辞典(*Bocabulario de lengua sangleya por los letra de El A. B. C.*)(2a—224b);(2)"举行圣礼时须知之事"(Lo que deve saver el ministro para administrar los sacramentos)(225a—238a);(3)"Sangley 语的教义原则"(Principio de la doctrina en sangley)(239a—279a);(4)缺少标题,但类似上记第二点的文本(281a—313a);(5)chiochiu 语文法(Arte de la lengua chiochiu)

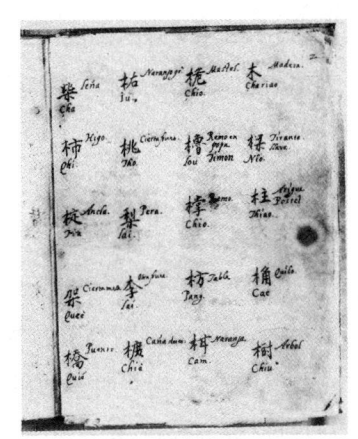

图 2 辞典本文首页①

---

① Biblioteca Angelica Mss. Fondo Antico 60.
② 据 BL. Ms. Add. 25317, Van der Loon 前揭论文 Part 2,99ff. Van der Loon,推测大英图书馆的这个写本原藏于柏林的皇家图书馆,后为克拉普罗特(Julius Klaproth)带走,这是很有可能的。克拉普罗特的藏书,在他身后被拍卖,有不少归于(当时的)大英博物馆。
③ 据 Pascale Girard: *Les Religieux occidentaux en Chine à l'Époque modern* (Lisbonne-Paris,2000), p. 575 所述,见于 Gregorio Santiago Vela: *Ensayo de una Bibliotheca Ibero-americana de la orden de San Agustin*,1913—1925, vol. 6, p. 451.

(313—336b),如此连贯而下。龙彼得下的结论是 Add. 25317 是由不同的文本汇集而成的,笔者也认为大致如此。① 关于其中的(2)、(4),龙彼得将其与马尼拉摇篮本的一种、汉字本"天主教义"(Doctrina Christiana)进行对比,做了详细的分析。至于(5)的 chiochiu 语,即 Sangley 语的文法,巴塞罗那大学图书馆所藏写本似为原本,而最近出现了该写本的翻刻。②

无论 Sangley(Sangley),还是 Chincheo,都是指在菲律宾的福建系中国人,这一点是相同的;而齐瑞诺的《汉西辞典》以同一种语言为对象,这也是不言自明的。这种语言是约 400 年前的闽南语。

作为其研究资料,以拉丁字母书写的已在上文举出,至于以汉字书写的,上文提到的马尼拉摇篮本之一的汉字本 *Doctrina Christiana* 是其代表,尚有明末的闽南语戏曲《荔镜记》《荔枝记》等书。齐瑞诺的《汉西辞典》给汉字加上拉丁字母的音标与西班牙语的译词,这种形式在研究方面显然有许多便利之处。

关于该辞典所显示的语言上的特征,拙文篇幅已满,无法具体讨论。至于整个文本的转写与语言研究,拟另文讨论,在此之前想先谈

---

① Van der Loon,Pt. 2,103.
② 石崎博志《翻刻资料 Barcelona 大學藏 *Arte de la lengua chin cheu*》,《日本東洋文化論集》,琉球大学法文学部,No. 12,2006,pp. 151—206. 石崎氏又将格拉斯哥大学的亨特文库所藏的拉丁语写本 Collectio Liturgiae aliorumque merorum opusculorum lingua Chin cheo seu una cum Grammatica & Lexico eius linguae 与巴耶(Gottlieb Siegfried Bayer)的 *Museum Sinicum*(Petropoli,1730)作为比较材料加以利用,不知为何没有提及 BL. Ms. Add. 25317. 亨特文库的中国关系旧集品基本上是来自巴耶的,因此可以认为上述拉丁语写本原藏于巴耶之处。高田时雄《バィエル舊藏書のこと》,《人文》(京都大学人文科学研究所所报)38 号(1992 年)pp. 7—11. 而龙彼得又根据 *Museum Sinicum* 的 Praefatio,p. 90 指出,为巴耶将 Chincheo 文法自西班牙语翻译为拉丁语的是当时派驻于俄国的西班牙大使馆的神职人员 Bernardo Ribera. Van der Loon,Pt. II,p. 107.

谈其书写上引人注目的几个问题。

首先,关于《汉西辞典》的汉字标记,可以看出以汉字书写闽南语口语的传统在当时已经确立,"值处"(哪里)、"值时"(何时)、"值人"(谁)、"乜是"(什么)、"阮"(我们)、"伊"(他)、"只个"(这)、"许个"(那)、"袂"(不会)等都是这种用法。可以认为这显示了齐瑞诺的中文教师喜好这种标记方式。

另一方面,拉丁字母标记呈现不同于其他资料的面貌。例如该辞典关于[k]完全不用 k-,全部写成 c-或 qu-,这一点很显眼,但最有特色的是"乳"tzu、"熟"tziet、"日"tzit、"仁"tzin 等,对于[dz]、[dź]使用 tz-的问题,这种写法他书未见。并且不用 ng-,"五"gou、"顾"goan 等均标记为 g-。又如"相"xio 与"相"sio 两者所显示的,在这个环境中 x-与 s-不加区别。当然与其他资料相同之处也很多,其中无声音的出气与无气的区别对欧洲人来说看来很困难,该辞典也不加区别。关于韵母,对鼻化母音比较认真地标上了 v 的记号,这一点引人注目。

不过,要充分理解这部辞典,看来需要考虑到这种材料直接反映了教师与学生的学习的现状。这不是一部用充裕的时间认真整理而成的辞典,因此颇有各种误解原封不动未予订正的情形。给词语注音时也未必标出忠实于汉字的读音。例如给"萤"标上 hue quim chee 的读音,这显然是表示"火金星",乃是给西班牙语译 luciernega(luciernaga)填上 Sangley 语。"蝉"的 yampou chee(腌蜅蝉或蚱蜅蝉)也是如此。"雪"字标上 se 的音是不错的,却附上 piedra(石)的译词,这恐怕有误,可能因音近而误吧。而"霓"gei 后附有 granizo(雹)的译词也同样不可理解,这种例子不少。但根据这些例子就断定齐瑞诺的《汉西辞典》没有价值的话,恐怕有些轻率。作为直接反映外国人学习语言现状的材料,这部辞典是罕见的,如果我们将其作为语言接触的标本重新定义,再度发现它的价值不是不可能的。考虑到这是距今400年以上的写本,从各种意义上来说它都是弥足珍贵的,这一点无需赘言。

荷兰汉学研究的首座丰碑[①]

——赫尔尼俄斯的手稿荷-汉词典与汉-拉《基督教概要》

[荷兰]高 柏 著[②] 杨慧玲 译

引言

赫尔尼俄斯(Justus Heurnius,1587—1651/2)的荷-拉-汉词典可能是第一部荷-汉词典,他的《基督教概要》(*Compendium Doctrinae Christianae*, Batavia 1628)和其他基督教文本亦可能是在中国人中传播新教的最早尝试。虽然这些著作似乎并未对其后汉学产生大的影响,也未曾在华人传教事业中担任过重要角色,然而,它们值得做更加深入的研究。

在戴闻达(J. J. L. Duyvendak,1889—1954)的《荷兰早期汉学

---

① 原刊2005年荷兰莱顿学术刊物《寻而》(*Quærendo*,35/1—2),译文刊登在《国际汉学》第22期(2011年)。文章在描述手稿荷汉词典时,使用了国际通用符号:f.= folio(双页或叶),r.= recto(正面),v.= verso(反面)。

② 高柏(Koos Kuiper, P. N. Kuiper),荷兰莱顿大学图书馆特藏部中国与日本古籍善本馆员,主编《莱顿大学总图书馆藏中西文抄本与手稿目录》(*Catalogue of Chinese and Sino-Western manuscripts in the Central Library of Leiden University*, Leiden: Legatum Warnerianum in Leiden University Library 2005),从事荷兰汉学史研究。

研究》①一文中,他证实这些著作系赫尔尼俄斯所作,称这部词典是"荷兰汉学研究的首座丰碑",提到莱顿大学图书馆(Acad.224)和伦敦大英图书馆(Sloane 2746)都有这部词典的抄本,大英图书馆还收藏了一份赫尔尼俄斯的《基督教概要》和其他文本,与词典(Sloane 2746)合订在一起。然而,当时戴闻达没有机会研究伦敦的抄本,②令人吃惊的是,他竟然不知道莱顿大学图书馆就收藏着一份《基督教概要》(Acad.225),也未意识到牛津大学的博德莱安图书馆(Bodleian)还有一份词典和《基督教概要》(Marsh 678和456)。③

在本文中,笔者首先介绍赫尔尼俄斯的生平和这些著作的缘起,其后的历史;接着,笔者将详细地描述词典和《基督教概要》的三个版本的内容,最后做一总结。

一 赫尔尼俄斯的生平简介

赫尔尼俄斯是莱顿大学医学教授约翰·赫尔尼俄斯(Johannes Heurnius,1543—1601)11名子女中的一个。他自1602年在莱顿大学学习医学。他的母亲、两名姐妹和一名兄弟都殁于1604年的瘟疫。1611年,赫尔尼俄斯获得医学博士学位。在英、法游历五年后,他在荷兰格罗宁根(Groningen)研习了三年神学。1618年,赫尔尼

---

① Early Chinese studies in Holland, *T'oung Pao*, 32 (1936), pp.293—344, especially pp.317—321.

② 后来,他可能在1937年研究了伦敦的《基督教概要》,有关笔记和他对荷兰早期汉语研究的通信都保存在莱顿大学图书馆(Or.18.073)。莱顿的汉学系曾得到Sloane 2746的基督教材料部分(pp.1—126 [ff.434v—330r])(Sinol.25 H7)的负片复印件。

③ 非常感谢鲁汶大学的杜鼎克博士(Dr.Ad Dudink)向我指出这一点,并对本文初稿提出了宝贵建议。

俄斯出版了一部关于荷属东印度基督教事业的小册,[①]倡议在水手和士兵中间传扬基督教道德,为马来人创建学校,将圣经译成当地语言。他知道耶稣会在中国、日本开拓传教事业,认为耶稣会的失败归咎于缺乏神力,因为耶稣会的传教方式与圣徒保罗完全不同。赫尔尼俄斯声称,外语知识无需特别深入,因为对手将被上帝的话语征服,而非"矫情的哲理"。[②]

赫尔尼俄斯在荷兰任牧师数年后,1624年,他被派往荷属东印度,同行的还有以前曾到过该地的坎迪蒂斯(Georgius Candidius)、普雷特(Johan du Praet)、丹克茨(Sebastianus Danckaerts)。1624年10月,赫尔尼俄斯和丹克茨被任命为巴达维亚牧师。在向巴达维亚的荷兰人布道之余,赫尔尼俄斯很快就注意到了异教徒,并且在1625年1月29日写给东印度公司董事会的信中提到中国人:"这里有很多中国人,他们是勤劳的民族,整个巴达维亚经济所倚靠的民族。没有他们,这里就没有集市,没有房子,什么事都做不成。尊贵的阁下应当考虑,假如这个民族与阁下您的基督教领地结成纽带,并让他们放弃回祖国的所有想法,永远在您的领地定居,将会带来多大的益处。这有望取得一些成功,至少他们中有些人会这样做。"[③]

自1625年起,他每天做宗教教导,但是对荷兰传教士来说,存在

[①] *De legatione Evangelica ad Indos capessanda admonitio* (Leiden 1618). 内容纲要见 J. R. Callenbach 著 *Justus Heurnius, eene bijdrage tot de geschiedenis des Christendoms in Nederlandsch Oost-Indiën* (Nijkerk 1897), pp.51—88, 特别是52页的内容。

[②] Callenbach, *Justus Heurnius*, pp.59—60.

[③] J. Grothe, *Archief voor de geschiedenis van de oude Hollandsche zending*, 6 vols. (Utrecht 1890—1891), vol.5, pp.226—227. 这样为在华人中传教辩护一定颇讨董事会欢心。后来,为了吸引更多的中国人来巴达维亚,他们付出了极大的努力。(B. Hoetink, So Bing Kong, het eerste hoofd der Chineezen te Batavia (1619—1636), in *Bijdragen tot de taal-, land- en volkenkunde van Nederlandsch Indië*, 73(1917), pp.348—351.

着语言障碍。他们懂葡萄牙语和马来语,但是不懂汉语、日语、马拉巴尔语(泰米尔语)或古吉拉特语(Gujarati)。1626年,当第三位牧师卡瓦利尔(Joh. Cavalier)接受任命时,赫尔尼俄斯有更多的时间学习其他语言。他还尝试为当地有阅读能力的男童建立一所学校,训练他们将来向马来人、马拉巴尔人(泰米尔人)、中国人传教,但是未能成功。

赫尔尼俄斯传教的环境并不太平。1628年8月和1629年,巴达维亚数次被马塔兰(Mataram)的爪哇人围攻,1628年教堂发生了火灾。巴达维亚居住的中国人从1627年的约3500人,至1629年9月减少到约1200人,1629年12月又增加到了约2000人。[①] 与此同时,传教士与荷兰东印度公司之间存在内部斗争。赫尔尼俄斯极力宣扬教会从东印度公司独立,最后未能成功,1632年甚至被总督关押了数月。同年,应赫尔尼俄斯的请求,他被送往摩鹿加群岛,在那里传教,直至1638年年末返回荷兰。赫尔尼俄斯以虔诚和博学受人仰慕。1640年,他成为韦克拜迪尔斯泰德(Wijk bij Duurstede)的牧师,此后,他修订了马来文圣经译本和一部荷兰-马来文词典。[②] 1651年或1652年赫尔尼俄斯去世。

二 手稿缘起

赫尔尼俄斯第一次提到这部词典和其他文本是在给荷兰东印度公司阿姆斯特丹董事分会的一封信中,信件日期为1628年11月2

[①] Hoetink, *So Bing Kong*, p.350.

[②] 据19世纪语言学家称,这些著作的质量不高,因为赫尔尼俄斯使用的是简单、欧式的马来口语,充斥着错误,而非书面马来语。Callenbach, *Justus Heurnius*, pp. 253—254, 援引自《圣经》译者Leydekker和(在Delft的)C. Poensen教授。

日,内容如下:"在一名懂拉丁文的(词典)中国人的帮助下,我们已经编了一部词典,①荷兰文和拉丁文在前,汉字及其用法在后。② 以同样的方法,我们用汉语还编写了信经(Creed)、十诫(Ten Commandments)、主祷文(Lord's Prayer)、一份简明的《基督教概要》。我们不辞劳苦地做,是因为像这样的(词典)中国人不常见到,我们盼望,只要对华贸易一开放,这将是一个对后代极有价值的作品。"③

这些译著应该放置在许多其他人的翻译活动的背景之中看待。荷兰-马来语词典早已在1603年④和1623年⑤出版,同类的宗教文本已被译成马来语⑥和马拉巴尔语(泰米尔语)⑦,后来还被译成了台湾土著语言。学校儿童、希望在教堂受洗或者在教堂结婚的人,都要背诵这些译著。⑧

一年后,在一封1629年11月20日写给东印度公司董事的信中,⑨

---

① 从牛津抄本的题目可知,赫尔尼俄斯自1628年2月开始编写词典。(见下)
② Duyvendak, *Early Chinese studies*,319页注1解释"用法"就是"直译"的意思。
③ Duyvendak, *Early Chinese studies*, p. 318. 最后一句特别讨董事会欢心。*Early Chinese studies*, p. 320. 有影印文本,铅印本可见 Grothe: *Archief*, vol. 6, p. 79。
④ Frederik de Houtman, *Spraeck ende word-boeck, inde Maleysche ende Madagaskarsche talen, met vele Arabische ende Turcksche woorden* [etc.] (Amsterdam 1603).
⑤ Sebastiaen Danckaerts, *Vocabularium ofte Woort-Boeck near ordre vanden Alphabet in't Duytsch-Maleysch ende Maleysch-Duytsch* [etc.] ('s Gravenhage 1623).
⑥ 有些刊登在 *Catechismus attau Adjáran derri agamma Christáon, Bersalin darri bahassa Hollanda dalam bahassa Maleya derri pada Sebastianus Danckaerts* ('s Graven-Haghe 1623).
⑦ 参前文赫尔尼俄斯的信(Grothe: *Archief*, vol. 6, p. 87)和1633年1月31日给阿姆斯特丹董事会的信(Grothe, *Archief*, vol. 6, p. 209),不清楚此时这些宗教文本是否有抄本。
⑧ Grothe, *Archief*, vol. 6, pp. 23, 87, 151.
⑨ 戴闻达在 *Early Chinese studies* 文章中没有提到。这封信的铅印本在 Grothe, *Archief*, vol. 6, pp. 87—88。

赫尔尼俄斯自述让中国人改信基督教并不成功,①然而,他为将来预备了一些或许有用的工具。"一位在澳门接受教育、懂得拉丁文的中国教师帮助我们编写了一部有中国字的小词典。我称它小是因为要想让它完备,我们还得再增加三万个汉字。② 尽管如此,假如把翻译的短篇与增补的词典合订在一起,我们在这里编纂的词典则也可以将就。我把这一份寄给我的哥哥③作为礼物,同时,我希望在神的帮助下,若得知我的这部著作将会让阁下和莱顿的学者们感到喜悦,寄给莱顿图书馆一份经过修订和增补的同样著作,为的是让那些对东印度珍品有兴趣的人把它看作是阁下在本地卓越治理的成果。"显然,1629年至少已有两份词典:一份简短版,另一份赫尔尼俄斯计划修订和增补,之后在需要时寄给莱顿大学。

三　手稿的经历

戴闻达研究,不迟于1648年,当萨尔马修斯(Claudius Salmasius,1588—1653)出版一份中国十二生肖名称的对照表时,他采用的是赫尔尼俄斯词典两种汉字注音方案的混合体,所以莱顿此时至少有一份荷-汉词典。④

这两种手稿后来都出现在侯利俄斯(Jacobus Golius, 1596—1667)——莱顿大学阿拉伯语教授(自1625年)兼数学教授(自1629

---

① 他认为,中国人"是一个视财富和快乐的生活为唯一幸福的民族"。
② 可能中国教师这样告诉他。
③ 一定是他的大哥奥托(Ottho,1577—1652),莱顿的医学教授。参 Callenbach, *Justus Heurnius*, pp. 48,53.
④ Duyvendak,*Early Chinese studies*,p. 296, note I. 只有牛津和莱顿抄本有两套注音系统(见下)。

年)的个人东方手稿拍卖目录中。他的藏书在他去世近30年后,于1696年10月16日售出。中文手稿书单前三位的是:(1)《汉语词典》(*Dictionarium Chinense*),按荷兰文字母排序,汉字有拉丁文和官话释义,双页;(2)《基督教概要》(*Compendium doctrinae Christianae*)以及创世和人类救赎。信件、各类契约、大黄介绍;中国帝王名录,汉字和拉丁注音对照,双页;(3)另一份没有拉丁注音对照,双页。① 与侯利俄斯其他手稿藏书一起被牛津的伯纳德博士(Dr. Edward Bernard)替阿玛主教(Armagh)马士(Narcissus Marsh)收购的第(1)和第(2)部分,现藏于牛津的博德莱安图书馆。②《基督教概要》仍然在 f.1r 和 f.249r 页面上写着数字"No 2",很可能指的是目录编号。下面将会看到,第(1)和第(2)应该是赫尔尼俄斯1629年提到的修改增订本,是他本想寄给莱顿大学图书馆的抄本。

  侯利俄斯目录上的第(3)是另一份未完成的抄本,为菲利普·马松(Philippe Masson)所购。这位沃仑教会(Walloon Church)的牧师在1713年的一部书中写道,他曾拥有一份只有汉字的《基督教概要》,没有注音也没有译文,它曾经属于侯利俄斯。他还"通过一样的渠道"得到了一份词典,没有说是何渠道,也没有明确地说词典同样来自侯利俄斯。③ 侯利俄斯的书目上只提到一部词典(No.1),但是或许马松的那个抄本当时已经和《基督教概要》装订在一起了,所以

---

① Duyvendak, *Early Chinese studies*, pp.314—315. 高柏英译。
② J. J. Witkam, *Jacobus Golius*(1596—1667) *en zijn handschriften* (Oosters Genootschap in Nederland, 10, Leiden 1980), pp.68—71. Witkam 在71页宣称出版牛津大学博德莱安图书馆的侯利俄斯手稿书目尚未实现。
③ Duyvendak, *Early Chinese studies*, p.330. 戴闻达猜测两部手稿都是马松在1696年侯利俄斯藏书拍卖会上得到的。

目录的第(3)包含《基督教概要》和词典。马松在汉语研究中频繁地使用这些手稿。他的儿子,也叫菲利普·马松,在1725年移居英国,很可能随身带着这些手稿。① 史路连爵士(Sir Hans Sloane,1660—1753)购得了它们,现在藏于大英图书馆。

莱顿的抄本更简单(词典没有拉丁译文),也更短小(《基督教概要》里翻译的篇章较少)。这可能是赫尔尼俄斯1629年寄给他莱顿的哥哥奥托的那一份。据德·杨(P. de Jong)的目录记载,② 它们是1802年威密特(J. Willmet,1750—1835)在德·摩尔·范·宜么尔塞尔(B. de Moor van Immerzeel)的藏书中获得的。1837年,威密特的藏书被荷兰国王威廉一世(William I,1772—1843)收购后,赠给了荷兰皇家科学院(Koninklijk Nederlandsch Instituut van Wetenschappen),即皇家艺术和科学院的前身。1857年,它们以永久借出的形式移交莱顿大学图书馆,现藏于莱顿大学图书馆东方手稿部,是瓦尔内尔遗留藏书(Legatum Warnerianum)的一部分。③

四 三部词典抄本:描述与分析

所有的词典抄本都写在厚的欧洲纸上。每页先用工具打好格子,每条横线和竖线的两头都各有一个小孔。

---

① Duyvendak, *Early Chinese studies*, p. 329, note 2.
② P. de Jong, *Catalogus Codicum Orientalium Bibliothecae Academiae Regiae Scientiarum*, Leiden, 1862, pp. 274—277.
③ 作者注:2005年年底,莱顿大学图书馆将东方手稿部、西方手稿部、善本部合并为特藏部。

(一) 牛津词典抄本

牛津大学的抄本共139双页(包括2双页空白纸),精装订在一起(页面33cm×21cm)。每页有9竖栏(3—4双页是8竖栏),页面从左向右写着:字母排序的荷兰语词,通常有同义词、释义和例句,拉丁文翻译;汉字;每个汉字的注音和拉丁文翻译。每一竖栏约有5个词目(lemmata),一些荷兰语词目没有译词(参图1)。

第一双页上的词典名和侯利俄斯的书单相同,但是在第3双页上却写着"1628年2月在雅加达的巴达维亚开始[编写]的汉语词典"(*Dictionarium Sinense inchoatum Bataviae Jacatranae An. Dom 1628 februar*)。由于其他版本的词典抄本没有日期,这一部可能是原稿本。词典的正文从这一页开始。荷兰文和拉丁文一部分是赫尔尼俄斯的笔迹。汉字写得不太好,有许多非标准或错误的汉字,但注音和拉丁文直译写得很整齐。第一个词条是 Abel fraey(标致),最后一个是 Zeewonder(海怪)。词目总数约3900个。第6双页的第8栏词目 Gehouden dit te doen(f. 40v.)和 Hagel(f. 41r)之间有缺失(从 Geleden 到 Haet)。因此,所有与宗教相关的词例如 Godt(天主)、Godsdienst(奉敬、事奉[即宗教])等全部缺失。

手稿采用了两种注音系统,较常用的是金尼阁系统,[①]但赫尔尼俄斯笔迹的注音使用的是荷兰音的系统,[②]像(与汉语拼音相比)tsj=ch、ch=h、zj=r、ou 或 v=u、uu=ü,如"tsjeē(chē)车""chaâu

---

[①] 金尼阁注音系统在《西儒耳目资》(1626年)中出版。柯蔚南(W. South Coblin)在《华裔学志》45期(1997年)第261—307页的文章《晚明官话的注音系统符号》,尤其在第295—307页谈到金尼阁系统。然而,在赫尔尼俄斯的词典中,金尼阁的ç被写作 tc 或者 ts。

[②] 马来文使用的注音系统也是荷兰音的拼写法。

(hǎo)好""juû(yǔ)与"。两种注音系统的声调符号都以同样方式标注(如-1,`2,^3,´4,ˇ5),但常有错。金尼阁系统在元音上增加送气符号(‘)代表送气音,赫尔尼俄斯的系统用 h,但不是所有送气音都标示。有时两种注音系统并排出现,如"承 tsjyňg,ch'im^(f.6r)"。

对译语是官话口语,而非古汉语,如"Doen yt [iets] voorhebben;facere aliquid 作甚物事"(见 f.32r.),多数都是正确的。词目常常是短句,如"Hij is degene;Ille est 是他"(f.46v.),许多荷兰语词目都有一个同义词,如第一个词 Abel(标致)解释为 fraey(美)。因为那个时候荷兰语拼写还未统一,一些词出现了两次,拼写却不同,如 Entvogel (f.37v.)和 Eyntvogel (f.38r.)"鸭",一些词目也未严格按照字母排序。有些难译的荷兰词目没有对译词,如"kropachtig;strumorus (f.54v.)[类似甲状腺肿的]",或只有注音,没有汉字。宗教术语使用的是耶稣会的译名,如"Godt;deus 天主"(牛津抄本缺失,见图 1)。许多宗教术语事实上是葡萄牙语的音译,如"Den Doop;Baptismum 巴第斯磨"(f.35r.)(来自葡萄牙文 bautismo;参图 2 和 n.44)。

有一些是明显的错误,如"Oyevaer;Ciconia [鹳雀] 有时",因为它写在 Oyt;unquam(曾经)没有汉译字的同一格(f.87r.)。

另一个是有关鸡蛋的词混乱的例子:

ff.	荷兰语	拉丁语和汉语	汉语
98v.	Schaele van een ey	Putamen ovi(蛋壳)	蛋清
35r.	Den dop van een ey	Putamen ovi(蛋壳)	蛋黄(后面更正为蛋壳)(参图2)
35r.	Den doyer	Vitellum ovi(蛋黄)	蛋青
138r.	Het wet [wit] van een ey	Albumen ovi(蛋清)	蛋清

有些错误的汉语译词事实上是两次翻译之后的产物：首先从荷兰文译成拉丁文，然后从拉丁文译成汉语，由此显示一位编写者（赫尔尼俄斯）懂荷兰文和拉丁文，另一位编写者（澳门来的中国教师）懂拉丁文和汉语，但是没有人既懂荷兰文又懂拉丁文，如"Boeck（荷兰语：书）""liber（拉丁语：书或自主、自由）自主。无主人管"（参图2）。当对应的拉丁语是短句时，常常发生意义偏移，如"Nae（荷兰语：之后、根据）""secundum consuetudinem 依风俗，论风俗"。

词典中有许多增添和修订的痕迹，表明词典被使用过一段时间。这个抄本中一个有趣的特点是，从中可以看到一个汉语初学者是如何学习汉字的部件的，如"Mest；Fimus bovis 牛粪"后面有这样的解释"orissa 米 和 mutare 异"（f.62r.）。赫尔尼俄斯也尝试学习口语，如"Stellen oft zetten；ponere 放在桌上。你比得不好"，其中第二个句子很可能是学生（或老师）对于对方手势的评价（f.109r.）。

（二）伦敦词典抄本

伦敦词典抄本有198双页，与《基督教概要》和马松增补的材料精装订在一起，成为一大册（纸张32cm×20.2cm）。双页一侧粘到精装的纸条上。词典页码从1—396页是一个顺序，但是又被人连同马松的9页介绍重新标号为1—207双页。每一页8竖栏，上面从左到右写着：字母排序的荷兰语词，通常有同义词、释义和例句，拉丁文翻译；汉字文本；每个汉字的注音；每个汉字的直译（偶有缺失）。每一竖栏有5个词目，一些荷兰语词目没有翻译。

这个抄本显然是牛津原稿本的副本。原来牛津稿本夹在两个词目之间后来增添的部分，在伦敦抄本中现在都在自己的方格内，从这一事实可以判断，如"quaed daedt；maleficium 误。恶事"（参Oxford f.92r.）。词目Entvogel只出现了一次（f.53r.）。正文8竖栏，不是

9竖栏,这是另一个导致涨页的原因。在第一个词目 Abel,fraey 中,在词目和同义词中间增加了一个逗号。词典原注音与金尼阁方案一致。从赫尔尼俄斯更正的数量判断,这个抄本也同样在荷属东印度用过一段时间。还有很多是马松字迹即后来添加的内容,也有匿名汉学家的笔迹。马松在词典的第一页(f.10r.)加上了侯利俄斯书目上的名字——《字林》(*Dictionarium Chinense, h. e., Lingua Belgica juxta Alphabeti ordinem, & Latine & Mandarinica quoque explicati Chinensium characteres*),之后有小字写道"菲利普·马松在各处做了增补"。马松对词典的增补包括:有词目(重复词目也收入了)和页码的互参;在原来金尼阁注音后增加了赫尔尼俄斯的注音(主要集中在词典开始);① 参阅瑞兰德(Adriaan Reelant or Hadrianus Relandus,1676—1718)的《词汇》(*Glossarium*)② 所做的评论,还有个别马来语对应词,如 Boeck 有 kitap, Malice, liber, libri(马来语 kitab 是书)(正确地添加了书、册,然而,保留了原对应词;f.31r.;参图2)。马松增加的汉字很容易与原字体区别开来,他的字笔画更加笨拙。

马松还在 ff.1—9 双页上增加了一篇引言,有解释和汉学注释,在 ff.436r 至 60v 加了一个拉丁文索引。引言的内容有:[ff.1,2]书目,提到了《字汇》。[f.1v.]证明希伯来文和汉语之间关系的笔记。"我发现汉语里有一些词,无论发音还是意义,都和希伯来语里的词一样",菲利普·马松以试图证明汉语和希伯来语同源的

---

① 令人不禁好奇马松是从何处得来的。
② 不是戴闻达所说,参 *Early Chinese studies* 322 页,也不是赫尔尼俄斯的词典莱顿抄本。

理论而闻名。在他的汉语研究中,赫尔尼俄斯的抄本是重要的资料来源。① 本页还有带西班牙译文的漳州方言主祷词。② [f.3]汉语的所有语音。[f.4]汉光武帝统治期间(公元 25—58)记载的月晦日蚀现象,印刷本,加上注音并译成了法文。[f.7]首次提到侯利俄斯的词典名称《汉语词典》(Dictionarium Chinense…)。[f.7v.-9r.]马松按词典编排方式写的解释中国的度量衡单位及其他词汇。[f.10]据马松记录的侯利俄斯目录,赫尔尼俄斯的词典原稿本首页有标题《汉语词典》(Dictionarium Chinense…)。在这一页有竖行书写错误的汉字标题"林字"及对此的解释"字之森林,或又名字汇"。最早的页码计数从这一页开始[f.207v.],最后一页是前编号 396。

(三) 莱顿词典抄本

没有名字的莱顿词典抄本有 140 双页(页面 33.5cm×22.3cm;最后 7 双页空白),精装订。与牛津抄本一样,每页有 9 竖栏(图 1),多数页面上的词目内容甚至连同错误(如 Entvogel 与 Eyntvogel)都一样。拉丁文对译几乎全部被省略了,仅有个别例外,因此出现了一些无法理解的译文(如上述 Boeck 和 Nae 的例子)(图 2)。显然,这是牛津稿本的另一个抄本。没有伦敦抄本那么多后来添加的内容,但与牛津本相比,缺乏汉语对应字词的条目较多,这表明莱顿抄本可能早于伦敦抄本的成稿时间。另一个方面,莱顿抄本也有一些牛津

---

① 戴闻达有细致的分析,参 Early Chinese studies,pp. 330—340。
② 参戴闻达 Early Chinese studies, p. 338。Chio-chiu 指漳州,而非潮州(Henning Klöter, Written Taiwanese, Leiden 2003; thesis Leiden),转引龙彼得的 The Manila incunabula and early Hokkien studies, in Asia Major, 11(1967), p. 100。

和伦敦抄本所没有的词,如"Nieuwjaar 新年"后增添了"新岁,新正"。页码用铅笔标号。

据此推测,莱顿抄本很可能在刚完成之际便被送到荷兰,可能就是 1629 年 11 月赫尔尼俄斯寄给哥哥奥托做礼物的那一份。

五 三个抄本中的其他材料:《基督教概要》和其余文本的描述与分析

(一) 牛津的《基督教概要》和其余文本

牛津的《基督教概要》有 264 双页(包括 34 双页空白),精装订。纸张的大小是 33cm×21cm,但是一些更早的纸张比这个尺寸略小。《基督教概要》竖行书写汉字,按中国人习惯从后向前阅读。它也是 9 竖栏,每个字块从左到右包括:汉字注音;汉字;(几乎全部)拉丁译文(参图 3、图 4)。这部分与侯利俄斯书目的名字相同,还有另一些人笔迹的"基督教概要,创世和人类救赎(Compendium doctrinae Christianae, de creatione & salvatione generis humani)[行间增补:]耶稣会士编写[1][从略]",以及约翰·加尼尔(John Gagnier,ca. 1670—1740)对基督教和其他文本的描述。[2] 牛津材料自始至终使用的都是金尼阁注音方案,仅在引言(ff. 50v.-3r.)使用了赫尔尼俄斯的注音。

---

[1] 写这一条的人,和许多人一样,都被文本中的耶稣会宗教术语和"耶稣会"的拉丁文名字所误导。
[2] 加尼尔为牧师、东方学家和作家。巴黎出生,1703 年到牛津,后来被聘为希伯来语、阿拉伯语教师。

牛津材料包含：基督教文本；非基督教文本；部分材料的原始抄本。它是三个抄本中篇幅最多的抄本。然而，也有两篇仅见于伦敦本（汉字转写的马来文主祷文和信经，见 Sloane 2746 ff. 378v.-3r. 和 Sloane 2746 f. 209）。

前面提到，类似的基督教文本在这一时期被译成了马来语，如丹克茨翻译的①主祷文(the Lord's Prayer, 58)，信经(Creed, 10—11)，十诫(Ten Commendments, 44—45)，早晚祷文，饭前饭后及布道前后祷文(64—70,84—87)。1631年马太福音被译成了马来语。②汉语的《基督教概要》不是此前翻译成马来语的马尔尼克斯·范·圣阿尔德恭德(Marnix van Sint Aldegonde, 1540—1598)的小册。③由于圣阿尔德恭德的小册主要是攻击罗马天主教会的，只有在马来天主教徒中传教才适用。

多数非基督教材料，如书信范式和契约文书(no. 13-15)、大黄(no. 19)、纪年(no. 20)等，可能是从中国的某种万宝全书中得来的。④

---

① Danckaerts, *Catechismus*. 页码指在这个版本中的页码。
② Grothe, *Archief*, vol. 6, p. 114.
③ Marnix van Sint Aldegonde, *Kort begryp van de principaelste hooftstucken der Christelicke religie*. 豪特曼(Houtman)1611年将其译成了马来语(Grothe, *Archief*, vol. 5, p. 19)。另有丹克茨在1624年出版的译本(Grothe, *Archief*, vol. 5, p. 218)。
④ 如《新刻翰苑广记补订四民捷用学海群玉》(40卷)中可以发现相同的材料(武纬子补订，种德堂，1607，卷九)。莱顿大学图书馆有这部书的6册(缺2册)，包括1—9卷和15—36卷(Acad. 226. I)，它曾经属于 B. de Moor van Immerzeel 藏书。可能是赫尔尼俄斯同词典一起寄给他哥哥的。另一部 B. de Moor van Immerzeel 藏书中的中文书籍，是关于风水的书，可能也是同样来源：《重镌官板地理天机会元正篇体用括要、续篇杂录备览》(35卷)，(徐之镆重编删补，陈孙贤重绪梓行)(Acad. 226. 2)。

1. 基督教文本。

双页页码 ff.	编号 no.		拉丁名或英文描述	汉语题名或首句
24r.—50v.	1		'Compendium Doctrinae Christianae'	真学真义之道 天主所付与人以此能安 安然在世为生。死后亦得升天。
50v.—53r.	2		Prologues and basic texts	
		(a)	'Prologus gener. in capita Doctrinae Christianae'	此天经是真天主所付于人。
		(b)	'Prologus in symbolum Apostol.'	这经是千典万经之要略,奉教者所当信之矣。
			'Symbolum Apostolorum'(参图3)	我信全能者天主罢德肋造成天地,我信其惟一费略耶稣契利斯多我等主。
		(c)	'Prologus in Decalogum'	这是圣诫典。
			'Decalogus'	一钦崇一天主万物之上。
		(d)	'Oratio Dominica'	在天我等父者。
53v.—56r.	(3)		Elementary catechism 'Questiones discendae iis qui S. Baptismum petunt'	题名:愿人教者之问答。首句:天主有多还是一个。
56v.—68r.	(4)		Eight prayers and one hymn	
		(a)	'Precatio matutina'	早起祝文
		(b)	'Precatio vespertina'	晚睡祝文
		(c)	'Precatio ante prandium'	饭前祝文
		(d)	'Precatio post prandium'	饭后谢主经文
		(e)	'Cantilena pro operariis'	工匠人歌
		(f)	'Precatio pro morientibus'	为临死者祝文
			'Precatio in morbo'	拉丁文题目在错误的地方
		(g)	'Precatio in morbo brevior'	病时祝文
		(h)	'Alia precatio in morbo brevior'	病时祝文
		(i)	'Precatio in morte'	死时祝文

(续表)

双页页码 ff.	编号 no.	拉丁名或英文描述	汉语题名或首句
68v.—75v.	(5)	**Baptism and marriage**	
	(a)	'Quaerenda in Ecclesia per interpretem Sinensem ab iis qui S. Baptismum petunt'①	题名:在天主殿中通事问要入教的人这数端。首句:我问你或你们某某你愿入教而[从略]。
	(b)	'Quaerenda in Ecclesia a sponso et sponsa'	这数端当示知要取亲的人。(这一篇出现了两次,莱顿本无)
75v.—78r.	(6)	**Prayers before and after the sermon**	
	(a)	'precatio ante concionem'	此经念在讲道之先。
	(b)	'precatio post concionem'	别祝文
78v.—91r.	(7)	**Translations of Matthew**	Sermon on the Mount
	(a)	'S. Matthaei Evangel. cap. V'	
	(b)	'S. Matthaei Evangel. cap. VI'	
91r.—v.		**One model of a letter**	No.(14)(a),见下
		'Patris absentis epistola ad filium'	父外与子书
92r.—112r.	(8)	**Exercitium Religiosum Jesuitarum**②	圣教日课,圣号祝文
	(9)	(汉字书写的马来语文本)	缺,见伦敦本

---

① 赫尔尼俄斯在他 1629 年 11 月 20 日的信中(Grothe, *Archief*, vol.6, p.87)称,通过一名翻译,为马拉巴尔奴隶举行的洗礼和婚礼上使用相同系列的问题。

② 这是唯一明显的耶稣会文本。当然,耶稣会的中文术语通篇都是。这些是基于葡萄牙文发音,如斯彼利多三多(来自葡文 Spirito Santo)。借用的译词如费略(葡文 filho)和罢德肋(葡文 padre),据莱顿本 f.15v.(图 3)(牛津本 f.51r.)解释,是从葡萄牙文音译而来。这些术语同样用于马来文的天主教徒的译文中,参 Danckaerts, *Catechismus*, pp.10—11。

2. 非基督教文本。

双页页码 ff.	编号 no.	拉丁名或英文描述	汉语题名或首句
114r.—131r.	(10)	'Confutii Doctrinae Morales' [孔子道德理论]	论语,最后一句为:子曰参乎吾道一以贯之(4:15)。
131v.—137r.	(11)	'Colloquium Confutii cum puero' [孔子与儿童对话]	孔子曰汝居何乡何里何姓何名。①
137r.—148v.	(12)	'Stratagemata Sinica' [中国战略]	曹操问程昱取下丕之计。②
148v.—157r.	(13)	**Twelve models of legal texts**	契约、文书类
	(a)	'Sepulchri montani prohibitorium'	坟山禁约
	(b)	'agri orizae prohibitorium'	田禾禁约
	(c)	'fructuum prohibitorium'	瓜果禁约
	(d)	'scolastici offerentis libellum modulus'	童生执结式
	(e)	'Agricolarum libellus'	农民执结式
	(f)	'Libellus fidejussoris'	保状
	(g)	'Vectigalium libellus'	钱粮呈子
	(h)	'Adversus latronem libellus'	盗贼呈子
	(i)	'Contractum in Emptione bovis'	买牛契
	(j)	'Emptitium sepulchri'	买坟地
	(k)	'Contractus famuli laboratoris'	佣工议帖
	(l)	'Contractus in Emptione agri'	五买田契
157v.—162r.	(14)	**Seven model of letters**	家书类
	(a)	'prima epistola patris ad filium'	父外与子书
	(b)	'alia epistola patris ad filium'	又父寄子书
	(c)	'tertia epistola patris ad filium'	又父寄子书
	(d)	'filii absentis ad patrem epistola'	子外与父书
	(e)	'altera filii ad patrem epistola'	又子寄父书
	(f)	'filii domi residentis ad patrem epistola'	子家奉父书

---

① 《小儿论》的内容。孔子与7岁小儿项橐辩论,输给了小儿。
② 不是著名小说《三国志演义》中的文字。

(续表)

双页页码 ff.	编号 no.	拉丁名或英文描述	汉语题名或首句
	(g)	'fratris majoris ad fratrem minoris epistola'	兄外寄弟书
163r.—166v.	(15)	**Five models of legal texts**	
	(a)	'contractus agricolae'	佃批式
	(b)	'Alius contractus agricolae'	退佃批式
	(c)	'contractus de navi oneranda'	船揽载货物
	(d)	'acceptilatio'	收钱粮
	(e)	'Libellus capitis vici'	地方执结式
	(16)	《百家姓》	缺,见下,更早抄本
167r.—171v.	(17)	'Formulae emendi et vendendi' [买卖对话]	请。或者你卖了多与日本人。有白、红、黄生丝卖不。
172—175			空白
176r.—182v.	(18)	'Confutii Philosophi Sinici Lib 2. capita 6 Latine'	《论语》学而第一至雍也第六(仅见牛津本)
184r.—187v.	(19)	'Rha barbari descriptio et usus'	大黄
188r.	(20)	'Chronicum Sinense'	仅有题名
191r.—215r.		'Nomina Regum Sinensium'	历代帝王年纪(注:这位天启皇帝治理迄今 1629 年)①
218r.—221r.	(15)	**Three of five models of legal texts (a, b, e).** With Latin titles.	每页四栏汉语文本
221r.	(16)	**The hundred surnames**②	《百家姓》,只有书名,f. 221v.只有一个赵姓
223r.	(2)(d)	'Oratio Dominica'	主经
223v.	(2)(d)	**The Lord's Prayer**	只有两行字
225r.—230r.	(13)	**Twelve models of legal texts.** With Latin titles.	
231r.—253v.	(I)	'Compendium Doctrinae Christianae[...]'	见下面说明
255r.—261v.	(14)	**Seven models of letters.** With Latin titles.	每页四栏

---

① 事实上,崇祯从 1628 年即位,天启统治年份是 1621 年至 1627 年。
② 11 世纪以来的课本包含至少 500 个以上常用姓氏。

（续表）

双页页码 ff.	编号 no.	拉丁名或英文描述	汉语题名或首句
262r.—263r.	(14)(a—c)	Three of the **seven models of letters**. With Latin titles.	每页三栏①

早期版本的《基督教概要》五个组成部分按倒序分置于三大组中。加尼尔在他增补的拉丁文题名里说，许多页松散了，可能这些部分弄混了。第一部分从 f.249r. 开始，题名为 *Compendium Doctrinae Christianae de creatione et salvatione in Sinicam traditum Jacatr. A. Dom* 1628。这一页还有"No.2"，可能指的是侯利俄斯书目编号。第二、三部分在 ff.239r.—248v.，第四、五部分在 ff.232r.—238v.。每一部分的左上角都写着 correxi（我已订正），是赫尔尼俄斯的字迹。还有一些赫尔尼俄斯做的改动，如 f.241r. 把第十条诫命"十毋贪他人财物"改为"十毋愿他人妻毋贪他人财物"。② 汉字每十个字一标，总数至 2789 字。汉语文本每页四栏而非三栏。

（二）伦敦的《基督教概要》和其余文本

伦敦的《基督教概要》有 213 双页，马松为其增加了 16 双页的增补材料，③这些与词典装订在一起，成为一册。《基督教概要》的页码

---

① 注音开始写在汉字之间，后来写在汉字右边，这显然是一份更早的、最初只有汉语内容的版本。

② 改革派新教教会增加了一个第二诫命（不拜神的偶像）。因此，原来的第二条成为第三条等，第九条和第十条合并成为第十条。虽然使用了耶稣会士的术语，显然此为新教文本。另外，除了浸礼，没有提到其他的圣事，也没有提到教会，最后还建议只有《圣经》最重要（感谢杜鼎克博士向我指明这一点）。

③ 连同 9 双页的词典介绍，2 双页的笔记，25 双页的词典索引，1 页杂收目录，马松增加的部分达 53 双页。

曾经按中国人从后向前的阅读顺序单独编号(445pp.,有些地方缺页),但是,后来所有的页码又按西方方式,与词典页码相连接重新编号,致使《基督教概要》的页码顺序错误。词典连同《基督教概要》总数为 462 双页。正文也是三栏,但是与牛津和莱顿的抄本相比,空白处更多。原伦敦抄本只有汉语内容(带拉丁题目),马松增加了一部分的注音和拉丁文直译(见下文)。它包括:与牛津抄本一样的基督教和非基督教文本,但是顺序略为不同。另外收入了两份新文本:汉字音写的马来语主祷文(Lord's Prayer)和信经(Creed)(pp. 113—122)(9),另一新页(f. 209)。《论语》的"学而第一"至"雍也第六"拉丁译文(18)缺失。文本几乎没有重复的。

  注音和拉丁文直译是马松增加的,马松还增加了许多注释性的笔记。有些章节的注音和翻译几乎完全是马松增加的,其余只有个别汉字有注音,由此,我们可以知道哪些章节是马松最感兴趣的。在卷末,还有一些预先打好格子、然后马松根据其他汉学家的著作增补了注释的纸张(ff. 220r.—213r.)。一些以前散落的零张也同样被收入这一册装订(ff. 212—208)。

  在 f. 213r. 页末,出现了另一个人写的"菲利普·马松"和"马松"各一次。这一页包含许多汉学笔记。第一条有一个标题 Miscellanea quaedam Sinica, partim a P. Martinio, ejusque famulo Sinensi Dominico accepta, partim ex eorundem ore per me excerpta. Item Quaesita varia imprimis circa computum Sinarum astronomicum(中文著作杂收,部分来自卫匡国神父和他的中国仆人多米尼克斯,部分是我从卫匡国神父和仆人他们那里听来的。还有一些关于中国天文计算的内容)。这个题目原本是侯利俄斯写在一卷中文文本上的,后来被瑞兰德得到,马松借阅。① 菲利普·马松的名字可能是由一个不懂汉字的人增加的,因为它写在书末尾,而非前面。

道格拉斯(Robert K. Douglas,1838—1913)在他的《大英图书馆中文书籍、抄本和图画目录》(*Catalogue of Chinese Printed Books, Manuscripts and Drawings in the Library of the British Museum*)(1877)的 331 页正确地记录了词典的名称,与马松抄自侯利俄斯书目写在第一页的名字相同。然而,在 336 页,道格拉斯误把评注瑞兰德的笔记当作其余汉语材料的标题了。因为这一条出现在文本看似"首页"的位置,而且马松的名字也出现在这一页面上,所以道格拉斯很可能被误导了。他以为第一句的"我"指的是菲利普·马松,而事实上这是指侯利俄斯。最终,戴闻达也误以为这里有侯利俄斯或瑞兰德的手稿卷。②

下面对伦敦《基督教概要》内容的描述,双页页码指的是新编页码,但是内容部分按照旧编号的顺序、以中国人原方式来描述,更符合原逻辑。圆括号里的数字指的是牛津抄本的顺序。只有不同于牛津抄本的才标示出区别。

马松增加的内容有:① 462r.—1v. 马松的汉学笔记页。② 436r.—460v. 荷-拉-汉词典的拉丁文索引。汉语书名《字林》在这里书写正确。③ 435v. 内容目录:在此用的书名《中国抄本杂略》(*Miscellaneum Chinense Manuscriptum*)比道格拉斯目录中所用的名称更恰当。目录包括 10 个基督教材料和 12 个其他中文材料。

---

① Duyvendak, *Early Chinese Studies*, p. 322.
② Duyvendak, *Early Chinese Studies*, p. 318.

1. 基督教文本。

旧页码 pp.	新页码 ff.	编号	拉丁名或英文描述	汉语题名或首句
1—65	434v.—402v.	(1)	'Compendium Doctrinae Christianae de creatione et salvatione generis humani in Sinicam traductum Batav. Jacat. A. Dom. 1628'①	真学真义之道。（部分注音是金尼阁和前利玛窦方案②的混合,经常没有调号。连同拉丁文翻译,都是马松写的,数字指的是词典的页码。）
66—112	402v.—378v.	(8)	'Exercitium Religiosum quod Jesuitae in Sina et Cochin China suis Discipulis praescribunt'	圣教日课,圣号祝文。（后面仅有个别非常简单的汉字有注音,如我 ngò）
113—122	378v.—374r.	(9)	Malay texts written in Chinese characters	（牛津本未收）
113—116	378v.—377r.	(a)	'Precatio Dominica Malaica characteribus Sinensibus expressa'	见下面说明
116—122	377r.—374r.	(b)	The Creed in Malay in Chinese Characters	见下面说明
123—124				缺页
125—132	373v.—370v.	(2)	Prologues and basic texts	
		(a)	'Prologus general[is] in capita Doctrinae Christianae'	此天经是真天主所付于人。（全部注音和拉丁译文是马松所为）
		(b)	马松在页面上写'Credo in Deum &c'	这经是千典万经之要略,奉教者所当信之矣。

---

① 戴闻达复制了第一页,*Early Chinese Studies*,318 页。这个名称显示,伦敦抄本可能是据牛津早期稿本抄的。

② 参本书 329 页注①。

(续表)

旧页码 pp.	新页码 ff.	编号	拉丁名或英文描述	汉语题名或首句
		(c)	'Prologus in Decalogum'马松写'T'ien chù chěkiai[天主十诫] Dei decem praecepta'	这是圣诫典。一钦崇一天主万物之上。
		(d)	The Lord's Prayer	在天我等父者。
133—139	369v.—366v.	(3)	Elementary catechism	题名:愿入教者之问答。首句:天主有多还是一个。
140—162	366v.—355r.	(4)	Eight prayers and one hymn（部分有拉丁题名）	(g)(h)(i)没有拉丁题名。
162—171	355r.—350v.	(5)	Baptism and marriage（没有拉丁题名）	
162—167	355r.—352v.	(a)	见右栏中文	在天主殿中通事问要入教的人这数端。（第一问)我问你或你们某某愿入教而[从略]。
167—171	352v.—350v.	(b)	见右栏中文	这数端当示知要亲的人。
171—179	350v.—346v.	(6)	Prayers before and after the sermon（无拉丁题名）	
		(a)	见右栏中文	此经念在讲道之先。
175	348v.	(b)	见右栏中文	别祝文
180—214	346v.—341r.	(7)	Translations of Matthew 5 and 6	
180—195	346v.—348v.	(a)	马松写的名为'S. Matthai cap V.' Heurnius's title at the end only: 'finis Cap V S. Matth.'	这一部分许多注音和拉丁译文都是马松增加的。
196—200				空白页
201—214	337v.—331r.	(b)	'S. Matthaei Cap VI'	许多是马松添加的。
216	330r.			马松在 pp. 241—243 页的增补

(9)(a)是汉字转写的马来语主祷文,开头是这样的:咱咱甘绵人哑 踏嘿 曧 吃覽馬嘛嗒 里嚧靡。如果按照闽南话而不是官话发音,就与丹克茨在1623年出版的从荷兰文到马来文的译本相符。开头第一句 Bappa cami nang adda de langit. Namma-mou jadi pudji.① 是有些古怪的古马来语,②按现代马来语拼写,第一句话应该为 Bapak kami nang ada di langit, namamu jadi puji,③ 最后两个字"嚧靡"可能错了,因为它们表示马来语 bumi 而不是 puji,参下面(9)(b)。以下几个特征都证明应该按照闽南语发音,例如甘绵 ka-mi,人 lang (nang),哑踏 a-ta,曧吃 lang-k'ik,嘿、里的声母 l(i)发音近似 di,而"乾"在闽南语中也可以训读为 ta(见下面(9)(b))。④

　　(9)(b)是汉字书写的马来文信经,末尾有一个拉丁文名 finis symboli Malaici characteribus sinensibus(汉字书写的马来信经结束)。文本开篇"每乾嘧嚧也哈吧哪嚧是咱咱人哈囉 相弄绵哑 弄籠吃冷眼嚧囉"与丹克茨的第一行译文相符 Beta petsjaya capa Deos bappa nang cabesaran nang miara langit dengan boumi,⑤ 马松对这两篇马来文几乎没有增添注音。

---

① Danckaerts, *Catechismus*, p. 58.
② 丹克茨在序言中说,他把这些文本翻译成"通用日常马来语,这些地方(如安汶、班达、摩鹿加群岛)都使用且懂得的语言"。Danckaerts, *Catechismus*, voorwoord (前言).
③ 感谢国士德博士(G. L. Koster)(当时在雅加达)和莱顿的 Don van Minde 博士将其翻译成了当代印度尼西亚语。
④ 闽南话的注音摘自北京大学中国语言文学系语言学教研室编《汉语方言字汇》(第二版)北京,1989。
⑤ 全文见 Danckaerts, *Catechismus*, pp. 10—11。

2. 非基督教文本。

旧页码 pp.	新页码 ff.	编号	拉丁名或英文描述	汉语题名或首句
217—256	310—329v.	(10)	'Confutii Doctrinae Morales'	《论语》第一至第四,马松增加了注音和拉丁译文。
256—268	310r—304r.	(11)	'Colloquium Confutii cum puero'	孔子与小儿辩论
268—280	303v.—298r.	(19)	'Rhabari [sic] Descriptio'	大黄,有图示植物和根茎
280—295	298r.—290v.	(14)(a-g)	Seven models of letters.	七封书信范式
296—305	290r.—285v.	(15)(a-e)	Five models of legal texts.	五篇契约文书范式
305	285v.	(16)	The hundred surnames	《百家姓》的标题被划掉,没有内容
307—316				缺页
317—377	284v.—254v.	(20)	'Nomina Regum Sinicorum'（马松增加了一句话,从基督元年到公元1627年）	历代帝王年纪。马松增加了几位皇帝年号: 1627 çung chin[崇祯]/22a familia [22 代]; 1644 chun chi [顺治]/1666 cang hi [康熙]/Lim xun
377—403	254v.—241v.	(12)	'Stratagemata Sinica'	中国战略,几乎没有注音
404—422	241r.—232v.	(13)(a-l)	Twelve models of legal texts.	十二篇契约文书范式
425—433	230v.—228v.	(15)(a)	另一份 no.(15)(a)以及部分 no.(13)(1)	马松也注出了这是重复文本
434—445	228r.—222v.	(17)	'Formulae emendi et vendendi' [买卖对话]	请。或者你卖了多与日本人。
	222r.—213r.			马松增加的内容

　　本文没有详细地描述 f. 222r.—f. 213r.,它们都是由马松书写并摘自其他书的汉学知识。f. 222r.—221v. 是摘自穆勒(Andreas

Müller,1630—1694)书中的主祷文,其他祷告辞、汉语数量词都有拉丁文和法文解释。f.215r.页是一个收条,提到购买了两部中文书和一幅地图,《帝鉴图说不求人》《中国舆地全图》和"此书"由"台员王"(可能是驻台荷兰总督)付钱。原手稿的最后一页可能是 f.213。上面有中译《中国著作杂收》(*Miscellanea quaedam Sinica*)题目和菲利普·马松的名字,各种笔记等,词典名称是正确的顺序:《中国字林》(*Chum que tsu lin*)。

f.209 可能是赫尔尼俄斯写字的散页,上面有题目《观察者的中国词汇》(*Dictiones Sinicae observatoris*),包含了中国亲属称谓等,有赫尔尼俄斯的注音,荷兰文、拉丁文的译文。

f.208 是双面印刷文本,汉拉对照,源自基歇尔/卜弥格,题目为《表扬伊底帕斯/中文/格言 26》(*ELOGIUM XXVI/SINICUM/IN LAUDEM OEDIPI*)。接下来就是词典的正文结束页(p.396 [f.207v.])。

(三)莱顿的《基督教概要》和其他文本

莱顿的手稿不全,文本材料比牛津本和伦敦本少得多(55ff.;33.5cm×22.3cm)。莱顿抄本是由大纸折成 9 个部分,(非基督教文本)标号 1—2,(基督教文本)标号 1—7,原装订在两张封面内,其中一张封面仍然上覆棕色天鹅绒。页码用铅笔标号。

每页有 9 竖栏,与牛津本的内容几乎一样(参图 3、图 4)。有些拉丁文标题不同。非基督教文本置于基督教文本前,几乎所有的文本都是相反的顺序。莱顿本的非基督教文本只有三份,编号(17)、(11)和(10)(只有论语的学而第一的大部分内容)。基督教文本有编号(2)—(5)(a)和(1)(这个顺序)。除了第(2)章的引言,全部使用的是金尼阁注音方案。内容如下。

1. 非基督教文本。

双页页码 ff.	编号 no.	拉丁文题目	中文题目或首句
1r.—5v.	(17)	'Formulae loquendi ad emendum et vendendum' [买卖对话]	请。或者你卖了多与日本人。(图4)
6r.—11r.	(11)	'Colloquium Confucii cum peuro'	孔子曰汝居何乡何里姓何名。
11v.—14v.	(10)	'Confucii doctrina moralis'	《论语》学而第一 5/6 的内容,其余缺。最后一句是:子曰君子食无求饱居无求安 敏于事而慎于言[就]①

2. 基督教文本。

双页页码 ff.	编号 no.		拉丁文题目	中文题目或首句
15r.—17v.	(2)		序言和基本文本	
		(a)	'Prologus in capita doctrinae christianae'	此天经是真天主所付于人。标号从1至7。
		(b)	'Praefatio in symbolum'	这经是千典万经之要略,奉教者所当信之矣。
			'Symbolum apostol[orum]'	我信全能者天主罢德肋造成天地。(图3)
		(c)	'Praefatio in Decalogum'	这是圣诫典。
			'Decalogus'	一钦崇一天主万物之上。
		(d)	'Praefatio in orat[ionem] Domin[icam]'	这是祝文及天主子耶稣契利斯多训其弟子之经也。
			'Oratio Dominica'	在天我等父者。
18r.—20v.	(3)		'Elementary catechism'	愿入教者之问答。
20v.—8v.	(4)		'Eight prayers and one hymn'	(h) 病时经略(拉丁文题目误在(i)死时祝文下)。

---

① 将下一页的第一个字"就"写在页角表明,至少还有一页(或者计划了一页)现已遗失。

(续表)

双页页码 ff.	编号 no.	拉丁文题目	中文题目或首句
29r.—30v.	(5)	'Baptism' '(a)Quaerenda in Ecclesia ab iis qui S. Baptismum petunt'	婚嫁部分缺 在天主殿中通事问要入教的人这数端。第一句:我问你或你们某某你情愿入教[…]。
31r.—53v.	(I)	'Compendium Doctrinae Christianae'	真学真义之道。(包括未标号的两页)

这份简短的莱顿本可能是1629年与词典一起寄给赫尔尼俄斯哥哥的抄本。这也解释了与其他抄本顺序相反的原因:因为赫尔尼俄斯把这些材料与词典装订在一起,对他来说,同词典一样(西方人)的顺序似乎颇有道理。这样,最重要的文本《基督教概要》(*Compendium Doctrinae Christianae*)放在"前面",贸易对话放在"后面"。(2)至(5)章的基督教文本保持了原顺序。然而,赫尔尼俄斯在1628年的信中提到(2)(b—d)和(I)就是这个顺序,所以,这可能是他有意安排的顺序。由于现在各个部分都散落着,原来的前后两部分的序列无法确定。

六 结论

这些手稿抄本的主要价值在于,基督教文本很可能是最早的基督新教的汉译文本,比19世纪初马礼逊①和马士曼的译本要早得

---

① 1805年至1807年马礼逊研究并抄写了藏于大英图书馆的巴设(Jean Basset,1662—1707)的手稿新约圣经《四史攸编耶稣基利斯督福音之会编》。他还从皇家学会借了一部手稿拉汉词典。我没有找到他用过赫尔尼俄斯手稿的证据。(*Memoirs of the life and labour of Robert Morrison*, London 1839, pp. 77—78; Lindsay Ride, *Robert Morrison, the scholar and the man*, Hong Kong 1957, p. 3.)

多。这部词典也可能是第一部荷-汉词典。然而,这些手稿似乎被人遗忘了,因此没有对后来的传教或汉学研究产生大的影响。

戴闻达的文章将赫尔尼俄斯的名字与这些手稿联系在了一起,但大部分的工作都是由他的中国合作者——一位来自澳门的教师,他的名字不为人知——完成的。词典中经由两次翻译产生的错误显示,赫尔尼俄斯对书面汉语所知极少。

牛津手稿是原稿,包含着最早的内容。莱顿抄本是随后完成的,寄给了赫尔尼俄斯的哥哥奥托。之后又抄写了伦敦本,但是,伦敦抄本的基督教文本部分没有抄完(没有注音,也没有拉丁文译文)。牛津本和伦敦本可能都被送到了莱顿大学图书馆,由侯利俄斯照管。

赫尔尼俄斯本人已经提到,他在中国人中传教最终并未成功,因此他将词典和基督教译文留给后代使用。向巴达维亚的中国人传教不成功的原因之一,可能是赫尔尼俄斯事实上学错了语言。直到200年后,麦都思在巴达维亚开始传教时,他发现多数中国人不懂官话。① 可能是为了直达中国人的最后一次尝试,赫尔尼俄斯增加了用汉字标音的马来语的主祷辞和信经,以闽南话朗读,闽南话是巴达维亚多数中国人使用的方言。

后来一些欧洲学者使用了这些手稿。侯利俄斯可能用过,但据我所知,并没有相应的证据。萨尔马修斯在1648年的确用过赫尔尼俄斯的词典研究中国的十二生肖。牛津和伦敦的词典上有许多后来人做的添加和修正,由此可以得出结论,后来的汉学家利用过它们,但我并不知道这些人的名字。对手稿利用得最充分的人,当然是菲利普·马松,他试图证明汉语和希伯来语同源。

---

① W. H. Medhurst, *A dictionary of the Hok-këèn dialect of the Chinese language* (Batavia & Macau 1832), p. vi.

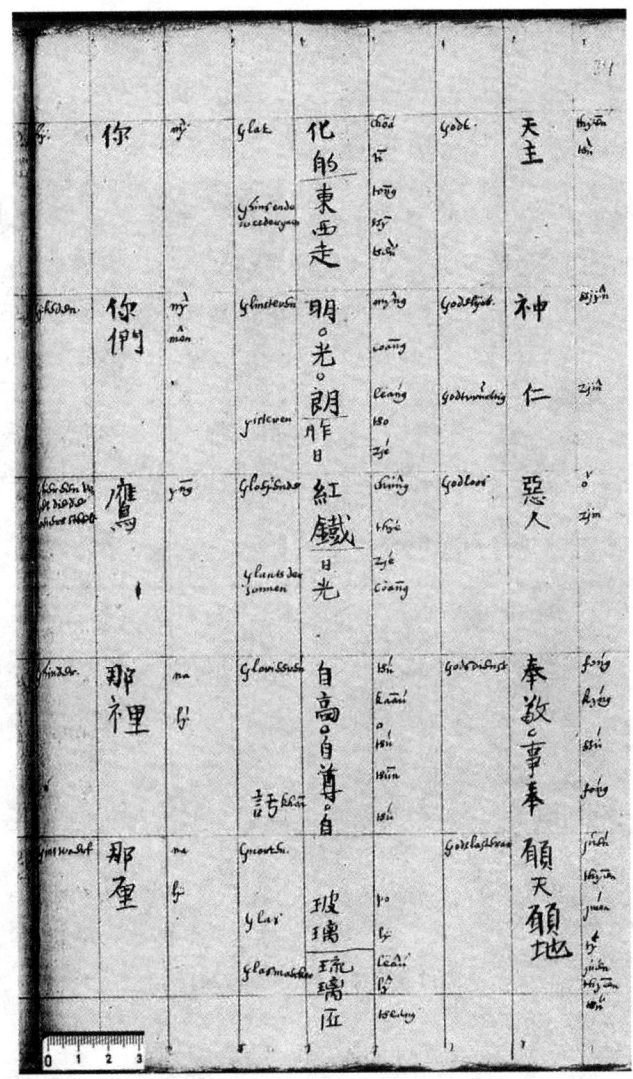

图 1 莱顿词典(Acad. 224), f. 34r.

（从"ghij 你""ghijlieden 你们""ghier 鹰"到"godslasteraar 愿天愿地"是赫尔尼俄斯的荷兰语注音）

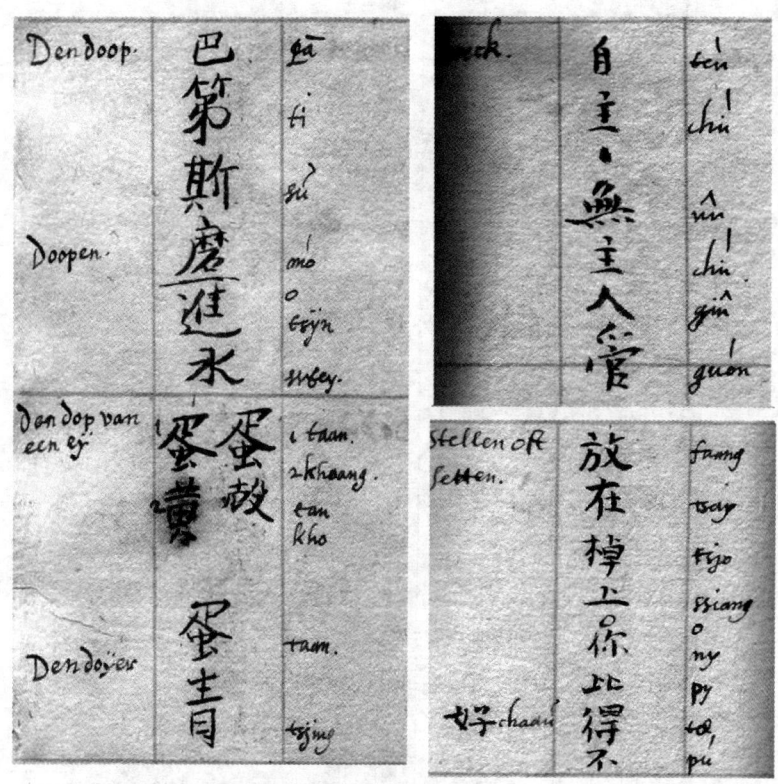

图 2　莱顿词典（Acad. 224）

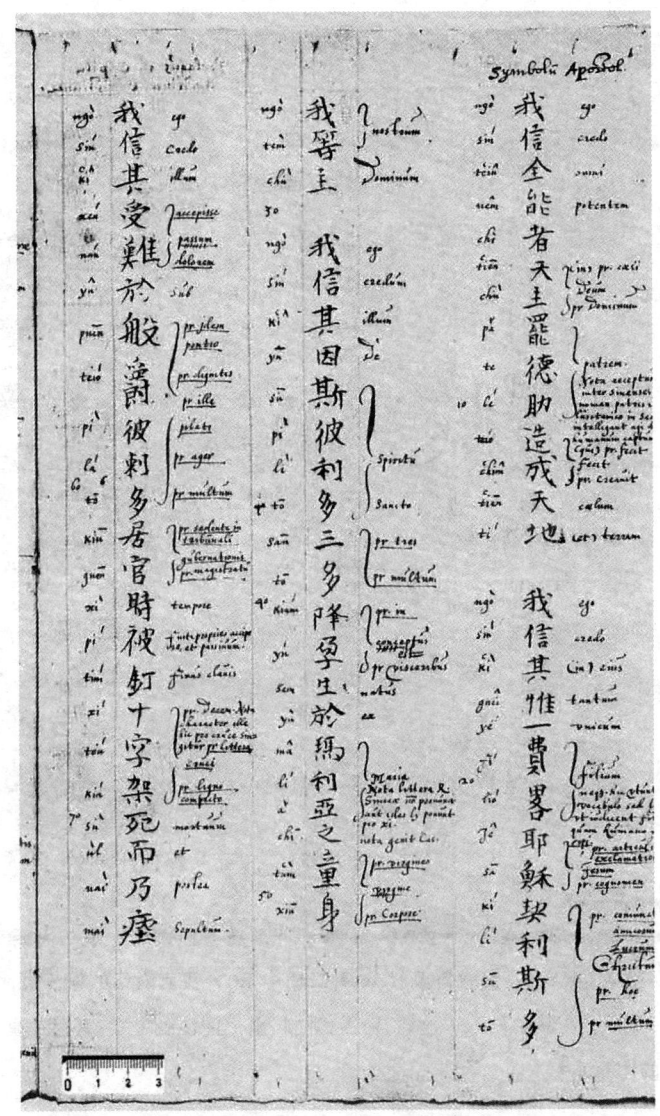

图 3 莱顿《基督教概要》(Acad. 225), f. 15v. 信经 (Creed)。
(拉丁文解释"罢德肋""玛利亚""十字架"等,金尼阁注音方案)

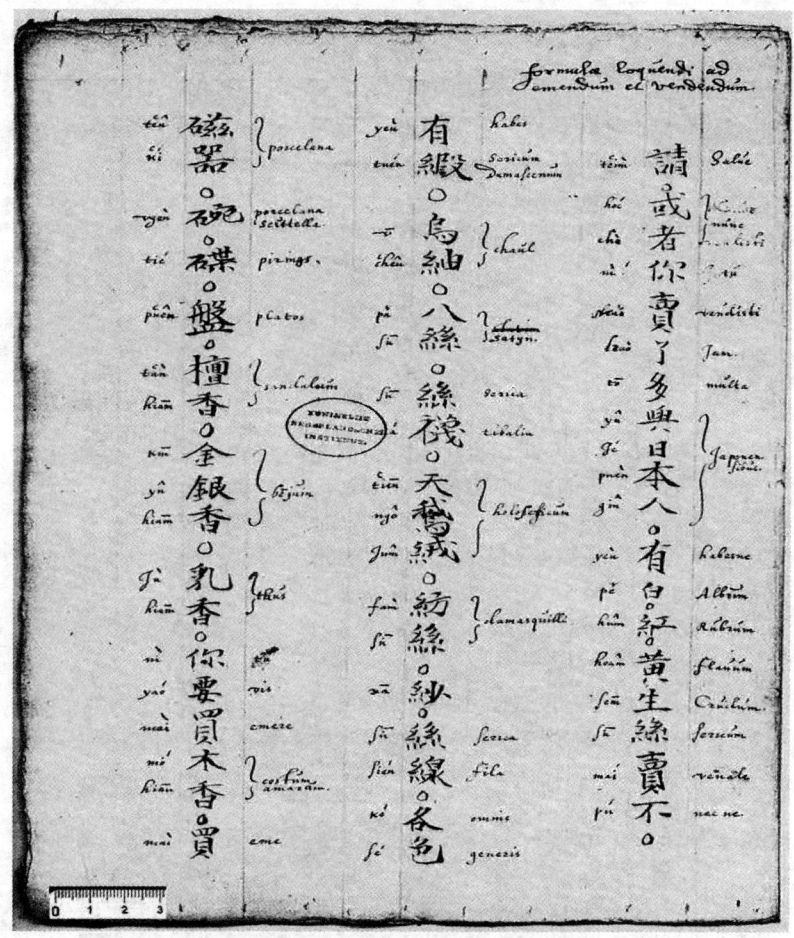

图 4 莱顿《基督教概要》(Acad. 225) 中 f. 1r. 买卖对话的第一页

（有一个商品名单——丝绸、瓷器、香料，金尼阁注音方案；有荷兰皇家科学院的印章）

艾约瑟《上海方言词汇》略说[①]

姚小平[②]

19世纪来华西士编纂的英汉、汉英方言词典,不下数十种,涉及闽、粤、川、甬、沪等多种汉语地理变体。英国伦敦会教士艾约瑟所编《上海方言词汇》[③]是其中之一。从语言文化史上看,此书是一部近代沪方言的词语集,记下了19世纪中叶西洋事物、新鲜观念连同其名称登陆上海、渗入汉语的一幕;而通过与同时期各种英汉方言词典比较,尤能窥得部分语词变迁的轨迹。

一 早期的英汉双语词典:从官话到方言

英汉、汉英双语词典的编纂,盖始于马礼逊《字典》(A Dictionary of the Chinese Language, 1815—1823)。"华英字典"一名,系后人代拟,共分三大部:第一部为《字典》,按部首编排,计三卷;第二部也是汉英,按韵目编排,封面中文书名作《五车韵府》,含两卷;第三部

[①] 此文为2011年第九届全国双语词典学术研讨会会议论文,在此首刊。

[②] 姚小平,北京外国语大学教授,博士生导师,研究领域为西方语言学史和近代汉语史。

[③] Joseph Edkins, *A Vocabulary of the Shanghai Dialect*, Shanghai Presbytarian Mission Press, 1869.

则是英汉,只一卷,封面未见中文书名。

　　无论英汉或汉英,马礼逊的着眼点都是汉语。他要怎样定位这个统称为 Chinese 的对象呢?是针对官话,还是针对方言,或两者兼顾?《字典》首卷的导言篇,有一段不长的文字,论及官话与方言的关系(1815:x)。马礼逊视官话为汉语方言的一种,甚至就称作"官话方言"(Mandarin Dialect,若照字面译回中文,听起来相当别扭);它为受过教育的中国人所通用,堪称"标准方言"(Standard Dialect)。他又称之为"鞑靼-汉语方言"(Tartar-Chinese Dialect,今当称北方方言),通行区域远及江南与河南,其基础则是"宫廷方言"(Court Dialect),所以,只要皇朝继续存在,这种官话方言就有望对"各省方言"(Provincial Dialects)保持强势。但他指出,《大英百科》以为官话是"一种刻意构筑的皇家方言(Royal Dialect),以区别于通俗汉语",却是错误的看法,因为方言差异生自天然,决非人为造成的结果。马礼逊既看好"官话方言",他的对象也就非此莫属。当代读者想必也都会赞同他的选择。我们今天说"现代汉语词典"或"汉语语法",除非另予说明,否则对象正是普通话。

　　可是,各种方言之间、方言与官话之间的关系相当复杂。退回两个世纪,中国社会的语言生活状况与今天有所不同:因交通往来不便,人口较少流动,学校教育尚不普及,又没有公共媒体,可以想见,那时方言之间的隔阂远比今天严重,方言地区能操官话者也比现在少得多。到方言地区传教的西士,不但要会官话,还得通晓方言。他们中间颇有几位,对方言本身抱有语言学的兴趣,便着手编纂方言语法和词典。英国教士艾约瑟就是其中的一位,撰有《上海方言语法》

(1868/1853)①和《官话口语语法》(1864/1857)②。他本打算把《上海方言词汇》(1869)附在《上海方言语法》后面一同发表,但出版商建议他单独成书,于是就有这一单卷的上海方言词语集。

《上海方言词汇》是一部简明的英沪词典。书首 i-vi 页,为凡例,说明音标的用法。正文排作双栏,计 151 页。每条先列英文词,然后给出中文对应词,并提供拉丁注音。对词性不做说明,一则是因为求简,二则也是因为编著者在《上海方言语法》里已就词类讲过很多。对于方言词语的记录,注音尤其重要,但本文并不讨论语音问题,故除非必要,引例时注音均予省却。

二 方言词典,对应词自然首选方言

编一本英汉方言词典,理论上只须在圈定的方言范围内为英语词条选择汉语对应词。实则不能不考虑官话,因为方言里会出现官话词语,二者的界线并不总是很清晰。艾约瑟试图忠实地描写和记录上海话,于是尽量用纯上海方言的词汇来对应于英语。这一点我们从代词上面看得尤为清楚,绝无官话的痕迹。下面的代词系统,整个属于上海话,只偶尔显出邻近方言的影响:

I,我,吾。(按:沪方言里"我""吾"同音,实为同一代词。)

You,侬,那。(按:实为第二人称单、复两个代词。"侬",你;"那",

---

① Joseph Edkins, *A Grammar of colloquial Chinese Language as exhibited in the Shanghai Dialect*. 2nd ed. Shanghai Presbytarian Mission Press, 1868.

② Joseph Edkins, *A Grammar of the Chinese colloquial language, commonly called the Mandarin Dialect*. 2nd Ed. Shanghai Presbytarian Mission Press, 1864.

你们,今写作"俉"。"侬个",你的;"俉个",你们的。一单一复,分得很开。可参看《上海方言语法》101—102页,专门讨论代词。)

He,伊,是其,其。(按:上海话的第三人称单数代词是"伊",从近代到现代并无变化。后二者可疑,似有宁波话的痕迹。不妨比较 W. T. Morrison《字语汇解》①:"He,其;— says,其话;it is — 是其。"估计有宁波裔上海人,说话仍不脱乡音,曾向艾约瑟提供语料。19世纪中叶以后,上海滩上移民增多,宁波人是其中可观的一支,相比于苏北人等,从事的行当大都较体面。)

She,伊。(按:汉语代词并不区分阴阳性,官话、方言都如此。文字上分别"他"和"她",是很晚的事情。)

We,我你。(按:当写作"我伲"。可比较本词典中的另一条:"Ourselves 我伲自家"。"我伲"是老派本地话,《上海话大词典》②标为旧称;也简作"伲",都与普通话的"我们"对应。现在上海郊县一些地方,老人们还说"伲""我伲"。已故语言学家赵世开先生,相与攀谈也一口一个"伲上海人"。新派上海话则说"阿拉",这个代词在《上海方言语法》里也未出现。)

They,伊,是伊,其。(按:此条也可疑。"伊"指他、她,加上后缀"拉",才构成复数代词"伊拉",相当于普通话的"他们"。"是伊"为短语,系词与代词的组合;"其"为宁波话代词,讨论见上。据 W. T. Morrison《字语汇解》,he、she 都对应于"其",而 they 却译为文气的"伊等",不过注音仍如实记为 gyi-lah',显然就是"其拉"。)

---

① W. T. Morrison, *An Anglo-Chinese Vocabulary of the Ningbo Dialect*. Revised and enlarged. Shanghai American Presbyterian Mission Press, 1976. 睦礼逊惠理著《字语汇解》,罗马字系宁波土话,光绪丙子年镌。

② 钱乃荣、许宝华、汤珍珠《上海话大词典》,上海辞书出版社,2007年。

三 日常表达的对应词,以方言为主,夹杂书面成分

动词、形容词等日常用语,大都也直接从方言中择取对应表达:

Absent,忽勒拉 veh leh 'lá,出门者。(按:"勒"像是讹字。在哪里的"在",沪语表达为"勒拉",此处的注音能反映方音实貌。可参照同书上的词条 is,例证为"(is here)勒拉此地"。"勿勒拉"就是人"不在"。"者"当写作"哉",句末助词,表示动作完成,同时带有一定的语气。"出门哉"就是"出门了"或"已出门啦"。)

Accompany,一淘去。(按:"一淘"即"一道",等于说"一起"。"阿拉是一道个"意思是"我们是一起的"。)

Engaged,有事体,有公事,无得空。(按:3 句现在都说。"有事体",无论因公或因私,只要是忙,都可以这样说;"有公事"是单位里有事;"无得空"像是沪上其他方言,上海话当说"呒没空"。)

Especially,特特里。(按:或作"特特为",今口语仍说,强调特意做某事。)

Evanescent,一转眼睛就无没。(按:"无没",今多写作"呒没"。)

Secular,世界上个。(按:这样译,是用百姓的话。文一些,就是世俗。)

但也会出现书面语词。这也同样正常,因为读书人说话不免文绉绉的,何况还会受官话的影响:

Play,字相,(play for money)赌铜钱,(play m,usic)作乐。(按:今写作"白相";"白相人"就是 playboy。后两例意在说明用法,像是官话。沪语"钱"作"钿",如"铜钿"(铜钱、钱)、"几钿"(多少钱?)。整天寻欢作乐,用上海话说是"一天到夜勒拉白相"。)

Shameless,面皮厚,唔没廉耻。(按:也说"皮厚""老面皮"。"唔没廉耻"是沪方言与书面语的混合。)

Absolutely,必定,断断乎,断然,决勿。(按:中间两个词属于文语;最后一个也带书面腔会用它。劝人决不要去,就说"一定勥去"(勥=勿要)。哪个说起话来用"断断乎、断然"这样的词儿,要不是书呆子,就是在打官腔。)

究竟通语、官话在前,还是方言在前,没有定例:

Food,食,吃个物事,(cooked)火食。(按:通语在前,方言在后。)

Gift,送拉个物事,礼物。(按:方言在前,通语在后。)

四 名物词的对应

名物词的对应,可分几种情况。

1. 一个英语词,指称某个自然事物,如果基本上是单义的,就可以用一个汉语词来对译。这一类词处理起来相对容易。艾约瑟选择的中文名称,经常是沪语独有的。

Comrade,淘伴。(按:一起玩儿的,一同行路的,都是"淘伴"。可比较 Lobscheid《增订英华字典》[①],释为"A fellow,伙计,伙伴;an associate in office,僚,伴侣"。)

Cactus,霸王。(按:这个英语词很普通,艾约瑟译作"霸王",想必

[①] W. Lobscheid: *An English and Chinese Dictionary*, Revised and enlarged by Tetsujiro Inouye, Bunggakushi, Tokyo: J. Fujimoto, 1884. 罗布存德原著、井上哲次郎订增《增订英华字典》,明治十六年,藤本氏藏版。

当时沪上就这么说。可比较 Lobscheid《增订英华字典》:"Cactus, the prickly pear,神仙掌,霸王"。)

Maize,珍珠米。(按:《上海方言语法》p.33,举有例词"珍珠米",译为 Indian corn。上海话里"珍珠米"一名至今不变。)

Codfish,柴鱼。(按:即鳕鱼。何以称"柴鱼",不得而知。Lobscheid《增订英华字典》:"Cod, Codfish,鳏鱼,柴鱼。""鳏",即"鳖",可比较 Chalmers《英粤字典》,Cod-fish 条,作"鳖鱼"。一说"鳖"即"鲵",俗称"米鱼"。)

Compasses,(brass)铜规。(按:即圆规。上个世纪中叶学生用的圆规,还是用黄铜制作,后来才换成铁制。比较 Lobscheid《增订英华字典》"Compasses,规"。)

Corner,角落头 koh loh deu。(按:是典型的口语词,也说"角落"。"角落"二字都是入声,故韵尾带 h。)

当然,一对一的简单处理有可能要牺牲词义的微妙色彩:

Cattle,中牲。(按:更常写作"众牲"。沪语此词相当于普通话"牲畜",但如果骂人"众牲",则是畜生之义。)

Guitar,琵琶。(按:虽然都是弦乐器,却大有出入。Condit《英华字典》①此条也作"琵琶"。有人意识到吉他与琵琶不能对应,如 W. T. Morrison《字语汇解》:"Guitar, four stringed-,琵琶; three stringed-,弦子。"称琵琶为"四弦吉他",与把吉他叫作"六弦琵琶"一样好笑。)

Lunch,点心。(按:"点心"有二义,一指午饭,一指小吃。前一义在上海话里已旧,但见于有些浙江方言,如嘉兴话、平湖话。上海人不说"午饭",说"中饭";也不说"晚饭",说"夜饭"。)

---

① I. M. Condit: *English and Chinese Dictionary*, New York: American Tract Society, 1882.《英华字典》,上海美华书馆铜板。

Linguist,通事。(按:"通事",即译员,听起来已古旧了。其实 linguist 并无翻译的意思,要么指从事语言研究的人,要么指会讲多种外国话的人。)

2. 一个英语词,基本对应于一个中文概念,但说法有所不同,或文或白,或通语或方言。

Bride,新娘子,新妇。(按:后一词看起来像文语,实则也是口说的本地词,等于官话"媳妇"。)

Bridegroom,新相公,新郎,新官人。(按:如今"新郎"最通用,不分口语和书面,似乎是普通话的影响所致。"新相公",新派上海话已不说,尚存于郊县嘉定、松江方言,见《汉语方言常用词词典》①"新相公"条。"新官人"仍是通行的口语词,也写作"新倌人"。又叫"新郎官"。)

Butcher,屠夫,杀肉个。(按:前者是通语。后者犹言"卖肉的、摆肉摊的",而非行刑者;"executioner 刽子手"另有词条。"个",结构助词,相当于官话"的",有时也写作"格"。《上海方言语法》71页,专门讲到小词"个":置于一个"动词+名词"的组合式之后,表示施事者,如"吃粮个 soldiers""撑船个 those who work boats""管账个 account-keeper""卖花个 flower-seller""摆渡个 ferryman"。紧接着,72页又特意说明,"的""者"不见于沪方言。比较《上海方言词汇》:accountant 管账个;soldier 兵丁。)

Doctor,医生,郎中。(按:"医生"是西医师,"郎中"是中医师。W. T. Morrison《字语汇解》上,doctor 只译"医生,行医先生";Chalmers《英粤字典》②只作"医生",可知"郎中"一词在退出运用。可比较下面两条。)

Physician,医生,郎中,(a famous)名医,内科医生。

---

① 闵家骥、晁继周、刘介明《汉语方言常用词词典》,浙江教育出版社,1991年。
② John Chalmers: *An English and Cantonese Dictionary*. 6th ed. Hongkong: Kelly and Walsh, Limited, 1891.

Surgeon,医生,外科医生,郎中。

Apparatus,傢生,器皿。(按:"傢生"是纯方言词,实则是通语词"器皿"的上位概念,泛指工具、器具、用具,如"木器傢生"[木制家具]、"扫地傢生"[扫帚、畚箕等]、"吃饭傢生"[1.碗筷调羹等;2.劳动工具]。)

Cabbage,黄芽菜,山东菜。(按:后一名已废。上海人说的黄芽菜,是白菜的一种,不同于北方大白菜。)

Centipede,百脚,蜈蚣。(按:前一词是本地话的叫法。)

Vine,葡萄 bú dau,孛萄 beh dau。(按:此例属于一词二音。当时"孛萄"可能已不及"葡萄"常用,或属于老派发音,故排序在后。比较《简明吴方言词典》①"孛桃,葡萄。也作'勃萄''孛萄'"。)

3. 很多英语词,本身就多义,译成中文自然要处理为几个词。

Basket,篮 lan,篮头,筐,篓 lóh,篓。(按:第一个"篮"是讹字,当作"篮"。)

Case,(box)箱子,(small)匣子,(watch)镖壳,(at law)案件。

Document,摺子,文书,书契,(to carry)执照。

Brother,(elder)阿哥,(younger)兄弟。(按:此条释义略嫌不足。相对于"阿哥"的是"阿弟""弟弟"。"兄弟"的确可指弟弟,但也是哥哥与弟弟的合称。所以,"两兄弟"不是两个弟弟,而是"兄弟俩"。见《上海话大词典》170 页上的有关条目。)

Church,教会,(building)会堂。(按:一般英文单语词典上,对 church 的组织和建筑物二义也多分作两个义项处理。)

Well,井 'tsing,(it is well)好 'hau,(are you well)好拉否

---

① 闵家骥、范晓等《简明吴方言词典》,上海辞书出版社,1986 年。

'hau lá 'vá。(按:此条涉及两个词。注音虽能辨别意义,终究不如分立词条的好。"否",句末语气助词,今写作"哦";"好拉否",今当作"[身体]好哦?"。)

五　扩充释义法

一个英语的名物词,有可能对应于汉语的两个或更多的词。

  Monk,(Buddhist)僧,和尚,(Tauist)道士。
  Ore,(of gold)金沙,(of iron)铁石。
  Able,能(power),会(skill)。

用扩充方式来辨别词义、明了所指,很有必要。名物词相对说来还容易处理,动词、形容词等更不好办。以下几例,通过扩充释义还说明了适用的范围,或列出常用的搭配:

  Abuse,妄用(of things),骂人(of persons)。
  Break,(china)打碎,碎脱,(a stick)折断,(one's word)失信。
  Brave,冒,(rain)冒雨,(danger)冒险,(death)冒死。
  Nurse,(to a baby)抱小囝,(a sick person)服事。
  Abstain,戒(from opium)戒烟。
  Embezzle,(emperor's money)私底下用皇帝个银子。

今人编词典,无论单语的或双语的,仍在沿用这种方法。

六 商业、科学、法律词语

1. 上海当年就是中国最大通商口岸,因此商贸词语也颇多。

Company,(mercantile)公司。(按:Chalmers《英粤字典》释义与此全同。"公司"的定义,见于魏源《海国图志》:"公司者,数十商裒资营运,出则通力合作,归则计本均分,其局大而联。"《汉语外来语词典》①无此条,只有"会社",释义作"公司",源出日语"会社"[かいしゃ],意译自 company、corporation。)

Clearance,(port)出口票。(按:今称"出港证 clearance permit"。Chalmers《英粤字典》译作"(port-)红牌"。)

Endorse,单背后题名。(按:今称"背书"。比较 Lobscheid《增订英华字典》"Endorse,喺背后签字。书外写字;to endorse a cheque,单背签名"。)

Clerk,写字个。(按:今称"职员、办事员"。看来一时还缺一个适宜的定名。沪上称办公室为"写字间",可与此呼应。)

Pilot,引船个人。(按:今称"领航员、引水员"。比较 Lobscheid《增订英华字典》"Pilot,带水,带水人,引水人"。)

Club house,会馆。(按:旧时国人自己也有"会馆",相当于今天外地驻京或驻省城的办事处,或同乡会、同业会所在。艾约瑟说的"会馆",除此还有可能是指外国人的俱乐部。Chalmers《英粤字典》也有"Clubhouse"条,也作"会馆"。)

Passport,路票,路印。(按:今称"护照"。据 Condit《英华字典》,

---

① 刘正埮、高名凯等编《汉语外来语词典》,上海辞书出版社,1984年。

此词也译"路票、照身票";Foster《英华字典》作"路票""执照";R. Morrison《华英字典》卷六、Chalmers《英粤字典》只作"路票"。但查 W. T. Morrison《字语汇解》,已有"护照"一词,并就不同用法做了说明:"Passport,路凭,路照,护照;— given by the Rebels,路票;— to the other world,(Buddhist)路引。"再比较 Lobscheid《增订英华字典》,"护照"也已出现:"Passport,路票,长檄,护照,照身票,执照,†行路执照。")

Retail,零碎卖,做小生意,(retailer)贩户。(按:今称"零售"。当时多称"小生意",《上海方言语法》18页举过这个例词,译为 small retail trade。可比较 W. T. Morrison《字语汇解》,释义作"to sell at-,零拆;拆卖;to do small-trade,做小生意;做小本经纪"。)

Store,(for foreign goods)洋货店,(store house)栈房。(按:"栈房"即今库房。又,动词 store 在其下另立词条,译为"藏,积蓄"。)

以下 3 例,说的是洋货:

Cochineal,芽兰米。(按:今称"胭脂虫",其干体呈米状,制成的颜色称"洋红"。何来"芽兰米"一名,未详。比较 Lobscheid《增订英华字典》:"Cochineal,呀囒,呀囒米,呀囒虫;Cochineal colour,呀囒色。"Chalmers《英粤字典》作"牙兰米"。)

Cheese,牛奶饼。(按:"奶酪"是北方话,后起的词。Condit《英华字典》也译"牛奶饼";又收有"Chocolate 知咕辣,甘豆饼",而艾约瑟未收。另可比较 Lobscheid《增订英华字典》"Cheese,牛奶饼,牛乳饼,乳饼,干酪,奶酪,酪"。"酪",古酪字。Foster《英华字典》、Chalmers《英粤字典》也都作"牛奶饼";W. T. Morrison《字语汇解》作"牛奶饼,乳饼"。)

Potatoe,(sweet)山蓣,蓣,(Chinese yam)山药,(foreign)外国 ngá‘ kóh san yáh。(按:"外国山药"即土豆,今沪语称"洋山芋"。W. T. Morrison《字语汇解》,称"外国山芋"。再比较 Foster《英华字典》,对应词有"荷兰薯""洋薯"(sweet)红薯"。"马铃薯""土豆"都是晚起的名称。关于何以叫"荷兰薯",R. Morrison《华英字典》卷六早有解释:"POTATOE of Europe was brought to China by the Dutch, and is called 荷兰薯. Sweet potatoe 番薯。")

2. 科技术语方面,以数学用语最明确,自明末就有定名。其余科学(格致之学)知识、生产技术等传入还不多,有些英语词一时还没有对应的沪语词,只能辗转解释。

Geometry,(of Euclid)几何原本。

Equilateral,(triangle)等边三角形。(按:另有"Parallel 平行线"等,都通行至今。)

Dimension,长阔高深。(按:今译"维度"。虽然还不像正式的科学术语,意思已经到了,比起 W. T. Morrison《字语汇解》没有释义,只给例句,要好得多:"Dimensions, what are its-? 有多少大? 有怎样大?")

Electricity,电气。(按:《汉语外来语词典》未收。可能是从日语"電気"来的。)

Engine,(steam)火轮机 or 火轮车,(fire)水龙,(automaton oxen and horses)木牛流马。(按:因用途不同,而有不同的短语名称,比 W. T. Morrison《字语汇解》区得当,那里释为"steam-,气机;龙头"。Foster《英华字典》[1]仍作"机气,locomotive e. 火轮车"。又 Chalmers《英粤字典》作"机器",取义于广泛的功能,也不失为一种处理法。"引擎"是晚起的音译词,至少那时还不通用。而在 R. Morrison《华英字典》卷六上,Engine 还只有一个对应词"水车",但不是供农用的,而是指消防的:to throw water on burning houses。)

---

[1] Arnold Foster: *An English and Chinese Pocket Dictionary in the Mandarin Dialect*. 5th ed. Shanghai: Edward Evans & Sons Ltd, 1916.

Machine,(for irrigation)水车,(for weaving)织布机,(for agriculture)农器。(按:在 W. T. Morrison《字语汇解》上,Machine 已译作"机器"。)

Oxygen,助生气,养气。(按:"氧"气的得名,盖因这种气体能"养生"——助生,维持生命。Condit《英华字典》此条作"酸气"。称"酸",可能是受日语"酸素"[さんそ]影响。Lobscheid《增订英华字典》释作"衡气,酸气"。但"酸气"不见于《汉语外来语词典》。W. T. Morrison《字语汇解》、Chalmers《英粤字典》、Foster《英华字典》都未收 Oxygen。今人编英语词典,再袖珍、再简明,也不会缺"氧"。)

Rheumatism,骨头痛,(in the shoulder)肩疯。(按:Condit《英华字典》此条作"疯疾,疯湿"。Lobscheid《增订英华字典》作"风湿,风湿症,风疾",与今无别。)

Equilibrium,轻重相平。(按:今称"平衡"。)

Equivocal,一言两义。(按:今称"歧义、模棱两可"。比较 Lobscheid《增订英华字典》"双关的,两边解的"。)

Mankind,世界上人。(按:不如 Chalmers《英粤字典》,此词已译"人类"。Condit《英华字典》作"人类,人众"。)

Experiment,(to)试一试看。(按:这一释义尚未与"实验"对应起来。比较 Lobscheid《增订英华字典》,释作"试练,试用,试行",或接近于此。但也不如 Chalmers《英粤字典》,译为"试验,比并"。)

Manufactures,人工做出来个物事。

3. 法律用语。

Eye witness,亲眼看见个人。(按:今称"目击者"。比较 Lobscheid《增订英华字典》"Eye-witness,的眼见嘅,证见之人,亲眼见者"。)

Divorce,休妻。(按:R. Morrison《华英字典》卷六,此条作"to put

away a wife 出妻,休妻,分妻";Condit《英华字典》无大别,作"出妻,绝义妻";Lobscheid《增订英华字典》作"分妻,出妻,休妻";Foster《英华字典》作"休妻",也都彰显男人权益。"离婚"一词并不新,如纪晓岚《阅微草堂笔记》,有句子"婿家欲离婚,父讼于官"(卷十三,《槐西杂志》之三)。但不知几时开始,才用它来对译 divorce。)

两年前,笔者在《汉英词典的过去、现在和未来》一文中写道:"词典有诸多功能,其中之一便是实录一个时代独具的字词及用法。词典不但是为今世服务的,词典也是为后人编纂的。"[①]今天我们重拾《上海方言词汇》,就好像翻览一部上海滩老照片的集子。上海的对外开放,新的路子算起来只有 30 余年,起始的一步却是在两个世纪之前就迈出了。

[①] 姚小平《汉英词典的过去、现在和未来》,《汉英词典》第三版序(2010 年 2 月 3 日《中华读书报》),外语教学与研究出版社,2010 年。

《汉字西译》考述①

杨慧玲②

《汉字西译》是汉学史和汉外双语词典史上划时代的一部著作。1813年,在拿破仑的支持下,法国巴黎皇家印务局出版了一部印制精美的汉、拉、法大词典——《汉字西译》(*Dictionnaire Chinois, Francais et Latin*, 1813 Paris),这既是欧洲汉学史上的一件大事,也是欧洲出版印刷界引以为豪的一件盛事。然而,就在词典出版后不久,谁是这部举世闻名的汉外大词典的真正作者引起了一场声势浩大的争论。欧洲的图书馆书目都将这部辞典列入叶尊孝(又名叶尊贤,Basilio Brollo,1648—1704)名下。③笔者结合海外所见欧洲图书馆藏各抄本,对《汉字西译》的作者、成书年代、主要抄本以及演变过程进行考述。

---

① 原刊《中国典籍与文化》2011年第2期,第118—125页。
② 杨慧玲,博士,北京外国语大学副研究员,主要研究19世纪汉英词典史、16—19世纪世界汉语教育史。
③ 他出生名为Mattia Andrew Brollo,在加入方济各会时改名为Basilio Brollo。目前国际学界对叶尊孝的研究以拉丁文、意大利文等文献为主,国内近年来有马西尼的文章《十七、十八世纪西方传教士编撰的双语字典》,卓新平主编《相遇与对话》,宗教文化出版社,2003年。继而有杨慧玲的《叶尊孝的〈汉字西译〉与马礼逊的汉英词典》,《辞书研究》2007年第1期。姚小平《早期汉外字典——梵蒂冈藏西士语文手稿十四种略述》也涉及梵蒂冈藏的叶尊孝手稿汉外词典,《当代语言学》2007年第2期。

一　叶尊孝与《汉字西译》成稿

叶尊孝1648年3月25日出生在意大利威尼斯东北的Gemona城，自幼受到良好的世俗和宗教教育，后进入Gorisia市的耶稣会大学研习人文学科。叶尊孝学业精进，18岁时被接纳为天主教第一大苦修差会方济各会会士。由于叶尊孝在哲学和神学方面的出色表现，1671年被擢升为神父，同时被任命为修道院的哲学和神学教师。

1680年，中国基督教史上的第一位"宗座代牧"陆方济（Francois Pallu，1624—1684）的助手意大利籍方济各会士伊大仁（Bernardinus della Chiesa，1644—1721）①筹划赴华旅程期间，在威尼斯邂逅了叶尊孝。叶尊孝遂萌发了前往中国传教的热切愿望，而传教团的一名方济各会士因故退出后，给予了他来华传教的机会。1684年8月27日叶尊孝、伊大仁、余宜阁（Francisco de Nicolai）一行抵达广州。1684年叶尊孝进入中国的年份，是叶尊孝汉拉词典附录纪年表的起始年份，也是叶尊孝汉拉词典的一个重要标志。

来华初期，叶尊孝依靠西班牙籍会士石振铎（Fr. Pedro de la Pinuela，1650—1704）担任翻译和向导，在积极扩展教务的同时，叶尊孝跟随一位中国老学者学习汉语，取得了很大的进步。至1687年，他已研习了数千个汉字，开始翻译中国的儒家经典。② 1692年康

---

① 参方豪《中国天主教史人物传》，宗教文化出版社，2007年，第484—485页。
② Father Edmund A. Fox, O. F. M.；*Father Basilio Brollo, O. F. M. Missionary and First Vicar Apostolic of Shensi, China*, M. A. Thesis in Fredsam Memorial Library St. Bonaventure University, 1946, p. 31.

熙帝下达容教令,伊大仁和叶尊孝随即前往南京购地建圣约翰堂,叶尊孝负责南京圣约翰堂事务的管理。1700年叶尊孝获悉自己被任命为陕西宗座代牧,遂前往陕西。1692年至1700年在南京安定的生活,是叶尊孝编纂汉拉词典和修订汉拉词典的黄金时期。1700年叶尊孝离开南京,1701年5月2日到达陕西,由于叶尊孝在所辖教区内过于奔波操劳,1704年7月16日在陕西去世。①

叶尊孝于1685年在广州时已经开始编写词典,至1694年他在南京期间完成了第一部汉拉词典。叶尊孝编纂汉拉词典的目的很明确,他在词典的序言中提到:此前用葡萄牙语和西班牙语为词目编写的欧汉词典,如罗明坚、利玛窦的葡汉词典,万济国的西汉词典,如果使用者不精通葡萄牙语和西班牙语则无法使用该词典。因此,叶尊孝选择了入华传教士都懂、欧洲最为通用的学术语言——拉丁语编写汉拉词典。② 叶尊孝自序中还提到了他的汉拉词典的其他特点,如采用了中国字典的排序方法,释义部分也参考了中国字典等诸多优点。在完成第一部汉拉词典后,叶尊孝紧接着编写了另一部按注音检索的汉拉词典。叶尊孝完成两部汉拉词典,在当时的入华传教士中引起了较大反响。1700年入华、曾同叶尊孝短期共事过的方济各会士康和子(Father Carlo Horatii da Castorano,1673—1758)使用汉拉词典后坦言:"我一到中国(1700)就通读了几部词

---

① 教会史资料对于叶尊孝去世时间,互相矛盾,在此采用 Edmund Fox 一说。
② "民族语言继续在语音和语法结构上脱离拉丁语,各自发展;而要在书面语形式上摆脱拉丁语的束缚是一件非常困难的事,而且随着时间的推移,会越来越无意义。然而,即使在为用民族语言书写的作品让路之后,拉丁语仍然保持了一项重要的功能:它依旧是学术讨论的工具,对比那些用罗曼语言写就(并深受欢迎)的通俗题材,学术问题显得要更高一层。"奥斯特勒在《语言帝国——世界语言史》(上海人民出版社,2009年,第304页)中如是描述欧洲民族语言兴起之后拉丁文在学术界享有的独特地位。

典……当我读完叶尊孝神父的词典,和其他几部做比较时,我意识到他的词典更为完善、更加学术。我认为叶尊孝神父堪当永恒的褒奖。他的词典应当被出版。"①据载,叶尊孝还有一部汉语语法著作,但这部汉语语法书是否存在难以证实,为他赢得极高声誉的是汉拉词典。

据马西尼研究,"意大利方济各会修士 Basilio Brollo(1648 年出生于 Gemona del Friuli)循道明会的足迹继续前进。1684 年,Brollo 到达广州,在游历了许多不同的省份后,最后于 1692 年抵达南京。Brollo 的第一部字典完成于 1694 年,这部字典以部首为序,收录了 7000 多个汉字。第二部完成于 1699 年左右,以读音为序,共收录 9000 余汉字。到目前为止,这两部字典的 16 部手稿已被确认:第一部字典 7 本和第二部字典 9 本。最古老的一部是第一部字典的抄本,极有可能是他的亲笔原稿,现存于佛罗伦萨 Mediceo Laurenziana 图书馆(Rinucci 22),标明为汉字欧译,②汉拉字典,由圣方济各会传教士 Basilium a Glemona 公元 1694 年为在中国传教的传教士们编写。第二部字典的原稿迄今尚未发现。现存最早的手抄本完成于 17 世纪,现存于梵蒂冈图书馆中(Estr. Or. 3);题为第二本汉拉字典由圣方济各会传教士 Basilium a Glemona 在山西编写,1732 年赠与 Abbatis Mezzafalce。"③

---

① Father Edmund A. Fox, O. F. M. :*Father Basilio Brollo*, *O. F. M. Missionary and First Vicar Apostolic of Shensi*, *China*, M. A. Thesis in Fredsam Memorial Library St. Bonaventure University, 1946, p.41.

② 笔者认为这是文章译者的错误,马西尼是最早发现并介绍意大利藏《汉字西译》的学者。

③ 马西尼《十七、十八世纪西方传教士编撰的汉语字典》,卓新平主编《相遇与对话》,宗教文化出版社,2003 年,第 334—335 页。

据马西尼提供的线索,笔者亲访佛罗伦萨图书馆(Biblioteca Medicea Laurenziana)并仔细察看了叶尊孝第一部汉拉词典最早的抄本。这部汉拉词典的封面设计非常精美(见图1),有汉字名"汉字西译"、作者名、抄写者名,还清楚地标注了时间1694。内容是按汉字的部首笔画顺序排列的汉拉词典。据此推测,第一部分的完成时间不迟于1694年。

笔者意外发现该图书馆还藏有一部叶尊孝汉拉词典的第二部分抄本,封面上没有汉字,只有拉丁文和拉丁字母注音,有词典名、作者名,还有作者任职地点。这部词典的封面上没有明确标注时间,然而,有很多线索可以追溯这个抄本的时间。首先,通过查对叶尊孝在词典内的注音,还原出词典封面上作者叶尊孝名字后标注的地点为陕西。据教会史记载:叶尊孝在1696年至1704年任陕西代牧,虽然任命早在1696年下达,而直到1700年叶尊孝才得知此项任命,当年离开南京前往陕西赴任。叶尊孝汉拉词典手抄本的一个重要特征就是中西纪年表是从1684年——叶尊孝入华年份开始,在该词典后的中西纪年对照附录中,可以明显看出这部词典的纪年表从1684年到1698年是同一个笔迹和墨迹,此后直到1751年的纪年是不止一种笔迹多次添加的。据叶尊孝自述,他在完成了第一部按汉字排序的词典后编纂了另一部按音排序的词典,他编纂词典时,完成后还要亲自数次核对中国字典。综合上述信息推断,叶尊孝手稿汉拉词典的第二部分最早在1698年完成词典主体内容、不迟于1700年修订完成的。尤其值得一提的是,这个抄本的大小同于1694年的第一部词典,纸张也类同,词典中的个别汉字条目有误,均有修正补订的墨迹。笔者由此推断:这是目前见到的叶尊孝按注音排序

第二部汉拉词典存世最早的一个抄本。① 佛罗伦萨 Biblioteca Medicea Laurenziana 收藏的这两部词典是目前在意大利所能见到的最早版本,据该图书馆馆员介绍,这两部词典并非来自同一捐赠方,而且入馆的时间相距很远。竟然同时被佛罗伦萨的图书馆珍藏,纯属历史偶然。

二 《汉字西译》的重要抄本及其演变

绝大多数现存 16 世纪至 19 世纪初的手稿汉外词典都是不明时间和作者的抄本,因此研究者很难判断这些手稿汉语词典产生时间的先后,更难理清它们之间的继承和创新关系。由于叶尊孝手稿汉拉词典在欧洲抄本数量较多,笔者幸运地在意大利找到了有确切时间、有作者名,均属于 18 世纪上半期的叶尊孝汉拉词典抄本,比较这几个抄本可以看出叶尊孝手稿词典的基本演变过程。

第一个时期的叶尊孝汉拉词典代表作是佛罗伦萨图书馆所藏的两部 1694 年、1698—1700 年汉拉手稿词典,这两部手稿本的时间都在叶尊孝生前;第二个时期的代表作是 1726 年间为了出版叶尊孝汉拉手稿词典,改编后的成熟抄本,即 Lincei Corsini 档案馆和梵蒂冈图书馆的抄本。② 现将这两个时期的抄本情况和演变概述如下。

---

① 马西尼认为叶尊孝按注音排序的第二部汉拉词典的最早抄本藏于梵蒂冈图书馆(Estr. Or. 3),笔者认为梵蒂冈抄本的时间晚于佛罗伦萨图书馆抄本的时间。此外,马西尼文中提到第二部词典封面上注明的地点是"山西",经笔者查对叶尊孝汉拉词典并结合教会史材料,地点确为"陕西"。

② 梵蒂冈图书馆抄本的完成时间约在 1726 年至 1733 年,在此取上限。

图1　1694年部首排序词典(左)和1698—1700注音排序词典(右)

第一个时期的叶尊孝词典手稿抄本质量就已经很高。1694年按部首排序词典已有《汉字西译》的封面设计,有词典检索表(Index),词典正文内容有汉字词目,有些词条中增补了简明汉字释义和同义字词,有注音形式的汉语例词,有拉丁文译义,词典正文后有各种附录。1698—1700年手稿抄本从外观上不如1694年的美观和整齐。作为按注音排序的词典,它兼顾了按字形检索注音查阅词典的需要。这样的检索功能主要通过正文后的一个汉字部首和笔画总表实现的,叶尊孝把汉字的注音标注了出来,这样就实现了从字形查找字音、使用词典的目标。1698—1700年本的拉丁文译义和注音形式的例证较1694年本更为丰富,但是释文中没有1694年本中的汉字释义和汉语同义词两项。

第二个时期抄本的代表作之一是藏于罗马 Biblioteca dell'Accademia Nazionale dei Lincei e Corsiniana、1726 年间在广州抄录完成的按注音排序的汉拉词典抄本，这个抄本来自克莱门十二世教宗（Pope Clemente XII Lorenzo Corsini，1652—1740）家族的捐赠。（见图 2）

图 2　1726 年抄本封一（左）和封二（右）

除了正文部分因为注音方式变化引起的有规律的调整外，第二个时期抄本最显著的变化是在外观设计和附录方面。首先，外封采用了两个中文名字"字汇腊丁略解"和"汉字西译"，内封用拉丁文对广州 1726 年版叶尊孝汉拉词典的内容、索引表、附录进行了描述，之后有一个参考的中文辞书文献，罗列了 10 部中文辞书。这个中文辞书参考书目在第一时期叶尊孝词典抄本中，原来处于 1698—1700 年抄本正文尾页的位置，在这里被提前了。紧接中文辞书书目的是一篇拉丁文序言,对汉字注音方式、汉字的部首检索法进行了解释,特别提到了《篇海》《康熙字典》等中文字典。这同于梵蒂冈书目的介绍,是在叶尊孝身后为了出版该词典由别的传教士代写的序言。笔者研究发现:叶尊孝编纂词典时主要参考的是《字汇》,这就是为什么《汉字西译》在此时期又有另一个名字"字汇腊丁略解"的由来。

附录方面也有显著变化。第一时期 1694 年抄本的附录只有 3 个,1698—1700 年抄本附录已增至 7 个。第二时期 1726 年抄本的附录最多,有"边画目录""列画正谱""字画总谱""对字目录""数目异节"、Annos Sinico、"打字连语""御制百家姓",后面还有一页数字单位和一页中国省名。

为了更清晰地展现叶尊孝生前至 1726 年预备出版汉拉词典期间,叶尊孝汉拉词典重要抄本的具体情况,笔者将其内容制作成表格形式,以展现各抄本的异同。

1694—1698 年叶尊孝汉拉词典的重要抄本

	1694	1698—1700	1726
封面页	有	有	有
序言	有	无	有
索引	有	有	有
正文	按部首笔画数排序,804 单页	按音排序,489 的双页①	按音排序,带序言 503 的双页

---

① 原词典的对开两个单页即为一双页。

(续表)

	1694	1698—1700	1726
附录	1. 相反之字(226组) 2. 相连俗语(118个) 3. Particula Numerales(83个)	1. Index Radicalium 2. 无名(实同相反之字320组) 3. 十干、十二支、六十花甲 4. 无名,数字单位,一、十、百……载 5. 数目异节(87) 6. 御制百家姓 7. 无名,杂一页	1. 边画目录 列画正谱 2. 字画总谱 3. 对字目录(351组) 4. 数目异节(87个) 5. Annos Sinico(1684—1721,剩下的纪年只有汉字和注音,没有拉丁文) 6. 打字连语(119) 7. 御制百家姓 8. 无名,数字单位 9. 无名,中国十八省地名和人数

笔者在 Biblioteca Casanatense Roma 所看到的 1713 年叶尊孝词典抄本竟然有印刷的叶尊孝词典封面页(见图3)。查《梵蒂冈图书馆所藏汉籍目录》对 1726 年 Estr. Oriente 2 的介绍:"汉-拉字典。1726 年 Filippo Telli 在广州抄写的叶尊孝神父的《汉拉字典》的完好手稿,后来他本人在罗马修改并于 1733 年完成。该抄本前面有马国贤神父撰写的'使用说明'。开头按语是 1733 年 12 月 25 日庞克修神父在罗马所作。从中我们可以得知:根据罗马教皇的命令,其应与马国贤神父在广州出版叶尊孝神父的这本词典,但该计划落空了。"[1]罗马教皇在 18 世纪初有意出版叶尊孝的词典,这解释了第二个时期《汉字西译》的抄本为什么会发生变化,1726 年整理后的叶尊孝汉拉词典第二部分,是按照出版要求准备的蓝本词典。据 1733 年 12 月 25 日 P. Cerrù 在罗马的记载,马国贤(Matheo Ripa, 1682—

---

① [法]伯希和编、[日]高田时雄校订补编、郭可译《梵蒂冈图书馆所藏汉籍目录》,中华书局,2006 年,第 87 页。

1745）神父接到了教皇的命令在广州出版叶尊孝的汉语词典,遗憾的是,这个计划未能实现。①

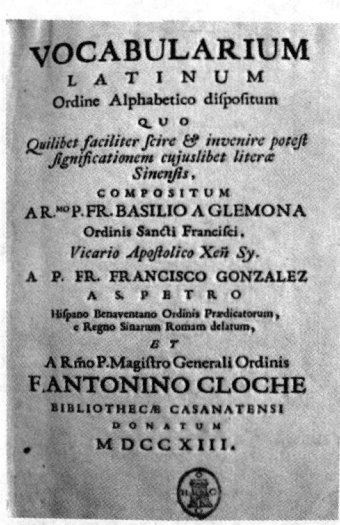

图3　1713年抄本的印刷封面页

《汉字西译》在叶尊孝生前,仅指按部首排序的第一部汉拉词典。自18世纪30年代起,《汉字西译》经常出现在按注音排序的第二部汉拉词典的扉页或封面上。如今,散布世界各国的叶尊孝汉拉词典抄本中,《汉字西译》已成为叶尊孝汉拉词典的代名词,作为入华传教士手稿汉语词典的巅峰之作而享誉双语词典史。

三　《汉字西译》的流传和影响

至1726年,叶尊孝按注音排序、兼具部首检索表的《汉字西译》已经发展为最成熟的形式,等待出版。然而,这部汉拉词典始终未能出版,以抄本的形式在中国和欧洲流传。伦敦亚非学院图书馆和意

---

① 参阅 Beatus Theunissen, Lexicographia Missionaria Linguae Sinensis（1550—1800）,*Collectanea Commissionis Synodalis*（教务丛刊．北京公教教育联合会编辑）1943：16.3/4. 另见姚小平《早期的汉外字典——梵蒂冈藏西士语文手稿十四种略述》提到的《字汇腊丁略解》（乙本）。

大利 Biliotheca Casanatensi 各有一部时间在 18 世纪 40 年代初的抄本,但是这两个抄本并不如 1726 年版完整,仅对注音进行了小范围的调整。伦敦大英图书馆也收藏了若干部《汉字西译》的抄本,编号为 Or 4537—4538 是非常漂亮的抄本,时间可能也比较早。除此之外,最引人注目的是一部 1788 年的《汉字西译》,这部抄本牵涉一桩汉欧词典史上的公案。

1788 年的抄本上署了所有者的名字,还有主人的名章,它的所有者就是法国人德金(Chretien Louis Joseph De Guignes,1759—1845)。[1] 德金的父亲是享誉欧洲的著名东方学家和汉学家,德金自幼跟随父亲学习汉语,约在 1784 年前往中国广州从事法中贸易。这部抄本是他进入中国后得到的,德金对此极为珍爱。在中国生活的 17 年间,德金曾为荷兰使团担任翻译,于 1794 年至 1795 年间陪同使团进京。由于诸多因素,这次出使并不成功,而 18 世纪末法国对华贸易也颇多波折,德金遂于 1801 年返回法国。蒙图斯在 19 世纪初,首倡在欧洲出版一部汉语词典,他本人也在编写汉语词典并四处寻找资助方。德金在法国将抄本汉拉词典敬献给了拿破仑,拿破仑决定资助出版一部汉语词典。虽然另一位著名汉学家哈盖尔(Dr. Hager)一度被邀请至巴黎出版叶尊孝的手稿汉语词典,最终德金被委以出版叶尊孝汉拉词典的重任。至 19 世纪初,仅法国巴黎就有 13 部汉语手稿词典,[2] 其中也有数部汉法手稿词典,而荣获出版的

---

[1] 德金父子因为同名,国内学界多用"德金"(德经)和"小德金"(小德经)区别父子汉学家,这里以词典上所用个人名章为准。许光华《法国汉学史》,学苑出版社,2009 年,第 60 页有对德金父子的简介。

[2] *The Asiatic Journal and Monthly Register for British India and its Dependencies*,Vol. XII. From July to December 1821,London, p. 244.

《汉字西译》是一部编写于 100 年前的汉拉词典,由此可见,叶尊孝的汉拉词典持久的影响力。德金凭借拿破仑的支持以及法国皇家印书局的协助,充分利用了法国自傅尔蒙时代就刻制的汉字,1813 年在法国巴黎出版了一部《汉字西译》(Dictionnaire Chinois, Français, et Latin)(见图 4)。这部精美的汉语词典刚一面世,欧洲的汉学家们对德金在《汉字西译》上的署名发起了攻击,质疑声和责备声数十年间不绝。至今,著名的书目如考狄书目、鲁斯特书目,还有欧洲一些大学的图书馆都将这部词典归于叶尊孝名下,而德金则成为汉欧词典史上最昭著的剽窃者。

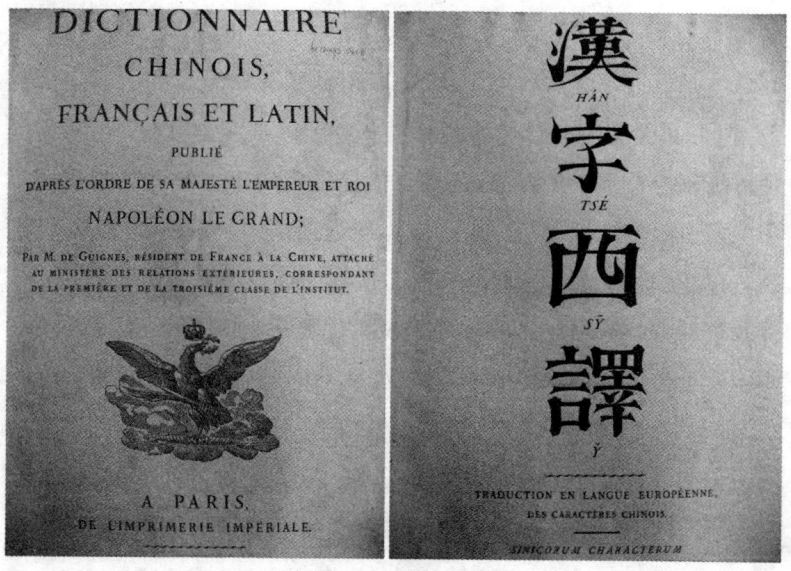

图 4 1813 年巴黎版《汉字西译》封一、封二

雷慕沙(Jean Pierre Abel Rémusat,1788—1832)作为当时欧洲首屈一指的汉学家,是当时最有资格的评论人。1817 年,他在一篇

回顾法国汉学的文章中,①将法国汉学的起源和发展归功于路易十四的支持,赞其为欧洲汉学的奠基人;谈到法国1813年出版的汉语词典时,雷慕沙认为《汉字西译》的出版是法国印刷技术的骄傲,在欧洲刻印、出版、词典设计都有法国的功劳。

虽然早在1726年叶尊孝的汉拉词典就已形成了最漂亮、最完备的抄本,然而在世界各地流传的抄本不全是基于最佳的底本,有一些从其他途径转抄而来,各个抄本质量良莠不齐,这也是手稿形式的汉拉词典流传过程中不可避免的情况。虽然出版叶尊孝词典的想法在欧洲萌发得很早,最终能够成功地将其在欧洲出版,关键是经济问题。以欧洲的印刷铸模技术,刻制所需汉字在技术上已不是问题。和平均30个字母的欧洲语言文字相比,印制一部汉语词典至少需要制作上万个不同汉字字模,从出版费用方面考虑,出版汉语词典的代价极为高昂。18世纪法国皇家财政部(Royal Treasury)支持并赞助巴黎的汉学活动,使得傅尔蒙在长达20年的时间里耗巨资制作了8万个木刻汉字,②欧洲也只有法国有此独一无二的汉学学术机制支持此类昂贵的尝试。汉拉词典的出版有赖于欧洲出版印刷技术的完善,如何实现汉字与欧洲文字同页排版,相信也是当时的技术难题之一。耗资如此巨大的出版项目,出版后在欧洲的销售市场很小,若没有拿破仑的支持以及法国一流的皇家印书局制作,德金也不可能将

---

① Abel Rémusat, Discourse on the origin, the progress, and the utility of the cultivation of the Chinese language in Europe, *The Asiatic Journal* (Vol. IV), London, 1817, pp. 331—337.

② C. Leung, Etienne Fourmont (1683—1745), The Birth of Sinology in the Context of the Institutions of Learning in Eighteenth-Century France, *Sino-Western Cultural Relations Journal* XVII (1995).

其在欧洲出版。1813年出版的《汉字西译》,在词典的外观设计、词典的页面结构、印刷文本内容统一性等诸多方面都胜过手稿汉外词典,这里凝聚着德金的贡献。

德金出版的《汉字西译》在文本内容方面,大量地引用了叶尊孝的汉拉词典并以此为基础进行了增删,然而,德金在词典的封面或序言中没有给予原作者叶尊孝应有的地位和尊重,只署了自己的名字,这是德金最为学者诟病的一点。只是后人矫枉过正,连同德金作为欧洲第一部出版的汉语词典主编的功劳一起抹煞了。

四 《汉字西译》的学术价值

中国与欧洲,地处欧亚大陆两端,海陆丝绸之路将中国与欧洲连接了起来。络绎不绝的商旅不仅带来了东西方的奇器,还丰富了关于异国的想象和传说。中国与欧洲较为深切的相遇始于16世纪中叶以来,欧洲殖民者、冒险家、传教士越洋航海进入中国及周边国家地区,中欧语言和文化进行的接触和交流。进入19世纪后的中西交往留给中国太多的负面记忆,欺辱与战争为主题的政治军事旋律掩盖了语言与文化交流的实际影响,双方如何相互学习对方的语言,如何通过语言沟通彼此文化的历史,已不被今人所知。然而,明清之际中国的语言、文字、科技、制度等曾经引起了欧洲的密切关注,经由入华传教士和欧洲学者传递,在大西洋彼岸另开奇葩。

明清入华传教士的汉语学习和对中国语言、文化的研究及著述几乎是同时展开的。从第一批入华耶稣会士罗明坚、利玛窦等人起,入华各天主教差会都意识到学习中国语言、研习中国文化的重要性,将研习中国语言置于传教战略之首。罗马耶稣会档案馆收藏着一份

1579年的《千字文》，汉字旁注有罗马字母注音和拉丁文释义。此外，罗马耶稣会档案馆还有一份罗明坚用罗马注音记录的对话，内容是一位中国文人与天主教传教士就各种日常生活话题的对话；另有一个汉字字表，其声母和韵母同于周德清的《中原音韵》；词表若干，包括双音节反义词表、同义词表、名量词表、天干地支纪年表、汉字部首、二十四节气等。杨福绵判定这些材料的时间为1583年至1588年，张西平详细描述了这些手稿文献，证明它们是罗明坚、利玛窦学习汉语的重要材料。①

再看明清时期诞生和繁荣的汉欧双语词典编纂史，从记载中最早由西洋传教士奥古斯丁会的拉达（Martin de Rada，1533—1578）开创了西洋传教士编纂汉语词典的序幕，直至1813年德金编辑、巴黎出版的《汉字西译》，这一段长达近三个世纪的手稿汉语词典的历史，仍是当前国际学术界有待研究的一个领域。手稿汉语词典有许多缺点，抄本的数量通常有限，而且流传不广，抄写过程往往会产生一些错误。但是，在这个漫长的探索过程中，手稿汉外双语词典逐渐解决了汉语和欧洲语言间的注音、检索、释义、例证等诸多方面的困难，汉外双语词典编纂体例和方法也日渐成熟。叶尊孝的汉拉词典已经相当成熟完备，为世界上出版的第一部大型汉外词典《汉字西译》(1813)和世界上第一部汉英英汉双语词典(1815—1823)奠定了基础。千里之行始于足下，实地探察海外珍稀文献藏地、查证文献内容是深入研究的开端。

这些海外藏中外文珍贵文献是以往国内学术界所不知、也较少用于研究的重要资料，是考察中国语言和文化在海外接受与流播的

---

① 参阅张西平《西方汉学的奠基人罗明坚》，《历史研究》2001年第3期。

基础文献。目前,国内学界对"域外汉籍"较为重视,然而,"域外汉籍"的概念中仍未囊括历史上外国人(或与中国合作者共同)依据汉语文献而编写的中外文典籍,其中以汉外词典、汉外双语或外语编写的汉语语法书以及汉语语言和文化教材为主。文化的传播以语言传播为先决条件,并与语言水平有着直接的关系,因此,从语言入手研究海外中国文化研究具有极为重要的价值,这批具有源流性质的汉外双语文献资料也应进入中国文化典籍研究者的视野。